加快发展现代职业教育　主动适应经济发展新常态

护理技能大赛启动仪式

技能大赛获奖选手

技能大赛高职组市场营销比赛现场

技能大赛装配钳工比赛现场

技能大赛艺术插花比赛现场

示范校风采

山西工程职业技术学院

教师精心指导

篮球比赛

学生在西门子先进联合示范实训中心实训

工业机器人工程技术中心

建校60周年文艺晚会

著名表演艺术家六小龄童到校与学院师生交流

示 范 校 风 采

平遥现代工程技术学校

大课间操活动

平遥县政府副县长闫丰琴在学校考察

音乐专业学生荣获平遥赛区第一名

美术专业学生进行色彩训练

新型职业农民“互联网＋乡村旅游”培训

太谷县职业中学校

兄弟学校同仁参观
客服专业实战基地

在山西省职业教育座谈会上校长王福贵做办学经验交流

物流专业学生操作

会计专业实训室

酒店专业实训教学

山西教育蓝皮书系列

2016

山西省职业教育年度报告

SHANXI VOCATIONAL EDUCATION
ANNUAL REPORT
（2016）

山西省教育科学研究院
山西省基础教育教学研究室

主　　编　马玉玺
执行主编　冯　宇
副 主 编　薄国华

山西出版传媒集团
山西教育出版社

图书在版编目（CIP）数据

2016山西省职业教育年度报告／马玉玺主编. — 太原：山西教育出版社，2019.1

ISBN 978-7-5703-0288-8

Ⅰ.①2… Ⅱ.①马… Ⅲ.①职业教育-研究报告-山西-2016 Ⅳ.①G719.21

中国版本图书馆CIP数据核字（2018）第296680号

2016 山西省职业教育年度报告

2016 SHANXISHENG ZHIYE JIAOYU NIANDU BAOGAO

责任编辑 康 健

复 审 彭琼梅

终 审 杨 文

装帧设计 王耀斌

印装监制 蔡 洁

出版发行 山西出版传媒集团·山西教育出版社

（太原市水西门街馒头巷7号 电话：0351-4729801 邮编：030002）

印 装 运城日报社印刷厂

开 本 720×1020 1/16

印 张 20

字 数 265千字

版 次 2018年12月第1版 2018年12月第1次印刷

书 号 ISBN 978-7-5703-0288-8

定 价 60.00元

如发现印、装质量问题，影响阅读，请与出版社联系调换。电话：0351-4729718

《2016山西省职业教育年度报告》

序 言

2016年是“十三五”的开局之年，这一年，我们抓住贯彻落实全省职业教育会议精神这一主线，在多个方面取得重大突破。

一是依据首次由省政府办公厅印发的《关于开展职业教育专项督查的通知》，在全省开展职业教育专项督查。经过6个督查组进行实地督促检查，发布《关于职业教育专项督查情况的通报》，一一点明督查中发现的问题，列出问题清单，并提出整改意见。政府办公厅牵头就一类教育对各市、县，省直有关单位专门开展专项督查，这在我省历史上尚属首次，对引起全省对职业教育的重视发挥巨大的震慑作用。

二是职业院校编制和人事制度有创新。在张复明副省长的主持指导下，省教育厅、编办、财政厅、人社厅、国资委等5个部门共同出台了《进一步创新全省职业院校编制和人事管理的意见》，进一步完善了职业院校“双师型”教师队伍引进和使用政策。

三是启动高等职业教育考试招生制度改革。出台《山西省高等职业教育考试招生制度改革方案》，“文化素质+职业技能”的考试办法将成为高职教育招生的鲜明特色，从而引导职业院校进一步强化实践教学，提高技术技能人才培养质量。

四是进一步加强各项工作的过程管理和信息化水

平。我们制定了《山西省职业院校管理水平提升行动计划实施方案》，建立网上“山西省职业院校管理水平提升行动计划管理和监测系统”，实时监测各级教育部门、各类职业院校管理水平提升行动计划开展情况。印发《山西省高等职业院校内部质量保证体系诊断与改进工作实施方案》和《山西省中等职业学校内部质量保证体系诊断与改进工作实施方案》，完善网络信息采集平台。印发《山西省教育厅关于推进职业院校实训基地和重点专业（含特色专业）项目建设的指导意见》，搭建《山西省职业院校实训基地和重点专业项目实行建设质量监测系统》，各学校项目建设状况可随时掌握。

五是启动实施高职创新发展行动计划，为我省高职发展开启新的动力。通过承接国家重点任务和重点项目，落实推进我省职业教育水平提升工程，增强高等职业院校办学活力和整体实力，使人才培养的结构更加合理、质量持续提高，服务中国制造2025的能力和服务山西区域经济社会发展的能力显著提升。

纵观职业教育发展历程，与经济社会发展一样，始终是连续中有突破，突破中有连续。快马加鞭未下鞍，厚积成势勇向前。翻过2016年这座山，我们将迎来崭新的2017年，在省委省政府的高度重视下，在社会各界的大力支持下，在职教战线的努力拼搏下，我省职业教育事业开启了改革发展新征程，焕发出前所未有的蓬勃活力，也必将取得令人瞩目的成绩。

感谢山西省教育科学研究院职教研究中心的同志们一如既往为这本年度报告付出的辛勤劳动，感谢各市教育局和有关职业院校的大力支持和配合。

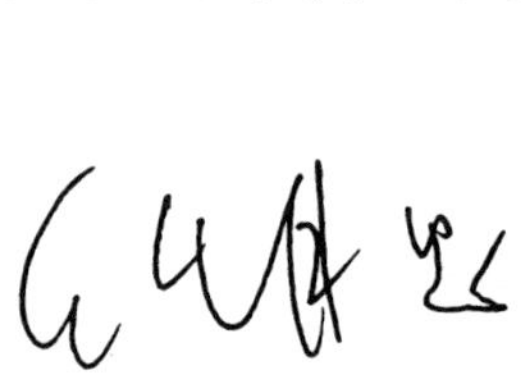

2017年1月15日

前 言

2016年是“十三五”的开局之年，也是山西省职业教育发展重要的一年。这一年，山西省全面贯彻和落实全省职业教育会议精神，开启了全省职业教育改革发展的新征程。总体来说，在2016年，山西省职业教育完成了几件大事：一是山西省在全省范围内开展了职业教育专项督查；二是对职业院校编制和人事制度进行了创新；三是启动了全省高等职业教育考试招生制度改革；四是进一步加强了职业教育各项工作的过程管理和信息化水平；五是启动实施了高职创新发展行动计划，为山西省高职发展开启了新的动力。总之，纵观2016年山西省职业教育的发展历程，其特点是连续中有突破，突破中有创新。

与往年相比，2016年山西省职业教育年度报告在内容上做了一些调整。具体来说，全书分为四个部分：第一部分：山西省职业教育改革与发展。包括《2016年山西省中等职业教育质量年度报告》《2016年山西省高等职业教育质量年度报告》两个报告，在这一部分，全面呈现和分析了山西省职业教育改革发展的年度成绩、问题和对策。第二部分：山西省职业教育重点工作。在2016年，为贯彻落实山西省职业教育工作会议精神和山西省委省政府加快发展现代职业教育的战略部署，山西省政府做了两项重点工作：一是在上半年组织了全省范围的职业教育专项督查，最终形成《关于职业教育专项督查情况的通报》；二是在下半年，张复明副省长带队考察了沪、浙两省市的职业教育工作；省教育厅调研组赴四川省德阳市考察学习职业教育改革发展先进经验，形成《省外职业教育调研报告》。第三部分：2016年度各市职业教育年度报告。各市继续贯彻落实全省工作会议精神，在2015年工作的基础上又有5个市召开了市级职教工作会，8个市出台了推进本市职业教育的政策措施。太原、长治、晋城、阳泉、晋中规划建设职业教育园区，通过园区化发展整合院校结构；晋城、运城、长治、晋中组建了区域性职业教育集团，促进产教融合、校企合作；太原、晋城、运城、晋中市继续举办市级技能大赛，成为技能大赛体系中不可缺少的一环。同时，各市还在实训基地、特色专业、职教中心建设、规范办学、扩大招生及精准扶贫方面连出高招，使山西省职业教育呈现出更多的亮色。第四部分：示范引领。本期年度报告从不同角度撷选了典型案例：平遥县是山西省入围国家级农村职业教育和成人教育示范县的第一县，他们统筹农村职业教育和成人教育工作，发挥职教中心的综合作用，成为职业教育服务区域经济社会发展的典范；山西工程职业技术学院进入后示范时期，他们脚踏实地，以高水平、优质高职院校为目标，事业发展又开生面；太谷县职业中学校以“五养五成”的教育理念为指导，将文化管理作为学校管理的最高层次，实现管理育人的新高度，经过多年探索和实践，有成效、反响好，他们的经验值得推广。

《2016年山西省职业教育年度报告》的出版，得益于山西省教育厅主要领导、职教处和相关处室的高度重视；得益于相关部门和各个地市的支持和配合，特别是山西省教育信息统计中心、各市教育局职教科等单位和山西省教科院相关部门的鼎力相助。在此，十分感谢任月忠副厅长、山西省教育厅职教处王耿升处长为我们提供资料和宝贵意见；感谢信息中心为我们提供大量精准的数据信息；也感谢相关学校的支持与帮助。

经过努力，本年度报告如约与大家见面了。但由于经验和水平有限，出现问题和纰漏在所难免，敬请批评指正。

编　者

2017年1月

目　录

第一部分
2016年山西省
职业教育改革与发展

根据《国家中长期教育改革和发展规划纲要（2010—2020年）》和《国务院关于加快发展现代职业教育的决定》关于建立质量年度报告制度的有关要求，从2016年开始，全省中高职院校将以质量年度报告的形式向全社会公开办学情况，回应社会关切，接受社会监督。从2016年起，我们将全省中高职教育质量年度报告列为年度报告的第一部分，全面反映山西省职业教育的年度发展情况，既有我省职业教育改革发展基本情况、完整呈现全年重点工作，也有典型案例分析，反映职业教育服务山西经济社会发展与产业转型升级情况及落实国家职业教育改革发展政策的情况，全面分析山西职业教育改革发展的年度成绩、问题和对策。

2016年山西省中等职业教育质量年度报告

一、基本情况

（一）规模和结构

2016年，全省共有中等职业教育学校544所，其中普通中等专业学校92所、成人中等专业学校119所、职业高中235所、技工学校98所，比上年增加2所职业高中。全省中等职业学校共招生145033人，比上年减少11091人；在校学生438222人，比上年减少34788人；毕业生168048人，比上年减少5958人。2016年全省普通高中共招生244539人，高中阶段学校普职招生比例为1∶0.59，比上年的1∶0.63减少4个百分点。2016年全省共有普通高中在校生753777人，高中阶段学校普职在校生比例为1∶0.58，比上年的1∶0.59减少1个百分点。

（二）设施设备

2015—2016学年，全省中等职业学校（不含技工学校）生均建筑面积、生均仪器设备和生均图书三项指标较2014—2015学年明显增长（见表1），我省近年来为改善中等职业学校办学条件采取的措施取得一定成效。

表1　山西省中等职业学校办学条件情况（不含技工学校）

项目	建筑面积/平方米		仪器设备/万元		图书/册	
	计	生均	计	生均	计	生均
2014—2015学年初	6767062	16.95	137152.9	0.34	9678216	24.25
2015—2016学年初	6783183	18.49	150296	0.41	9933069	27.08

资料来源：《山西省教育统计年鉴》（2014—2016），山西省教育厅

（三）教师队伍

1. 师资队伍总体情况

2015—2016学年，中等职业教育教职工总数为32850人，与2014—2015学年相比有所增加。其中，专任教师在教职工总数中的比例持续提高，学生数与专任教师数之比持续下降（见表2）。

表2 中等职业教育师资发展情况（不含技工学校）

单位：人

	教职工总数	专任教师数	专任教师比例	学生数与专任教师数比例
2014—2015学年初	32830	25127	76.5%	15.9∶1
2015—2016学年初	32850	25353	77.2%	14.5∶1

资料来源：《山西省教育统计年鉴》（2014—2016），山西省教育厅

2. 专任教师学历结构

2015—2016学年，全省中等职业学校专任教师队伍中，大学本科毕业及以上学历者占88%，比2014—2015学年增加2个百分点，中职专任教师学历水平稳步提高（见表3）。

表3 山西省中等职业教育专任教师学历结构（不含技工学校）

单位：人

	合计	博士	硕士	本科	专科	高中阶段及以下
2014—2015学年初	25127	27	1092	20565	3281	162
2015—2016学年初	25353	8	1218	21026	2951	150

资料来源：《山西省教育统计年鉴》（2014—2016），山西省教育厅

3. 专任教师职称结构

2015—2016学年，具有高级职称的教师人数4272人，比2014—2015学年增加了283人；具有高级职称的教师占专任教师总数的16.9%，比2014—2015

学年增加1个百分点（见表4）。

表4　山西省中等职业教育专任教师职称结构（不含技工学校）

单位：人

	总计	正高级	副高级	中级	初级	未定级
2014—2015学年初	25127	87	3902	9707	9383	2048
2015—2016学年初	25353	72	4200	9771	9108	2202

资料来源：《山西省教育统计年鉴》（2014—2016），山西省教育厅

4. 专任教师分科结构

2015—2016学年，授课专任教师中专业课、实习指导课教师的比例为47.5%，与2014—2015学年基本持平；专业课、实习指导课教师中“双师型”教师占31%，仅比2014—2015学年增加155人。2015—2016学年，为弥补专任教师师资不足，聘请兼职教师4564人，是授课专任教师人数的18.4%，与2014—2015学年基本持平（见表5）。

表5　中等职业学校分科专任教师情况（不含技工学校）

单位：人

	授课专任教师				授课聘请校外教师			
	总计	公共基础课	专业课、实习指导课		总计	公共基础课	专业课、实习指导课	
			总计	双师型及比例			总计	双师型及比例
2014—2015学年初	24689	12914	11775	3472/29.5%	4572	1050	3522	867/24.6%
2015—2016学年初	24851	13038	11813	3627/31%	4564	993	3571	990/27.7%

资料来源：《山西省教育统计年鉴》（2014—2016），山西省教育厅

二、学生发展

（一）学生素质

2016年全省各中职院校坚定“以服务发展为宗旨，以促进就业为导向”理念不动摇，“服务发展”不仅是服务经济发展，服务社会发展，更是服务学生的发展。各中职院校坚持立德树人，全面推进素质教育，结合院校实际和学生特点，通过开展扎实细致的工作和丰富多彩的活动，弘扬社会主义核心价值体系，帮助全省广大职业院校学生成长成才。各中职院校依据省教育厅职教处颁发的中职学科教学大纲加强文化课、专业课教学工作，开展课程体系改革和教学模式改革，重视发展体育运动，强化对学生健康意识和终身锻炼意识的培养，学生综合素质明显提高。

山西省贸易学校：以行为养成教育为重点，全员育人，强化德育工作。一是发挥德育课的主渠道作用。整合、优化德育课程体系，丰富德育课程内容，把社会主义核心价值观贯穿德育课程全过程，实行必修课与专题讲座、理论与实践相结合的德育课程教学模式，将德育内容融入教学的各个环节。以“三贴近”为原则，将课堂教学和课余活动有机结合，增强德育的实践性、体验性，保证了德育目标的落实。二是高度重视文化育人工作。组织开展中华经典颂读，以弘扬“先进文化”“中华文明”“职业道德”为主题，积极开展校园环境和文化建设，让传统文化、现代文化、企业文化相互融合、彼此渗透。三是开展丰富多彩的校园活动。以每年一届的文明风采竞赛、体育运动会、校园文化艺术节、校园技能大赛、行为养成教育五大杯赛等大型活动为龙头，辅之以各教学系部和学生社团开展的征文比赛、演讲比赛、歌咏比赛、才艺比赛等活动，陶冶学生情操。四是依托学生会开展自治自律。学生会统筹安排，系学生会组织实施，分工协作，密切配合，充分发挥学生“自我教育、自我管理、自我服务”的作用。五是实施“全员育人”工程。把德育工作贯穿学校工作的全过程，坚持教书育人、管理育人、服务育人，做到人人参与、人人有责、人人有为，有效地提升了学生的文明素质。学生文化课合格率97%、专业技能合格率95%、体质测评合格率81.89%，双证书获取率99.93%，毕业率99.93%。

举办异彩纷呈的校园文化活动，陶冶学生情操

大同市卫生学校：推进阳光体育活动。把学生阳光体育运动作为全面推进素质教育的重要突破口，鼓励学生走向操场，走到阳光下。每天上好两操，加上当天的体育课和课外活动，确保学生每天锻炼一小时。并根据学校实际开展形式多样、丰富多彩的阳光体育活动。每学年至少举行一次校际运动会。加强学生体育社团建设，组织各种体育项目兴趣小组，定期或不定期举办各类项目比赛、运动会、体育文化节等。通过活动，增强了学生体质，磨炼了学生意志，增强了学生的团队意识，激发了学生健康、积极的生活热情，学生综合考评优秀率突破30%，特别是体质健康合格率突破了95%，优秀率突破了15%。

运城市财经学校：学校奉行文化知识与职业技能并举、毕业证书与职业资格证书并重的人才培养理念，一方面积极抓好文化课教学，合理设置文化课与专业课课时比例，开足开全文化基础课；另一方面制定专业技能达标标准，按学期开展校园技能大赛，积极参加省市职业技能竞赛，强化职业资格技能的培训和考核工作。学生文化课合格率达95%以上；100%的学生参加校园技能大赛和达标考核，毕业生均参加职业资格证书考试培训和鉴定，“双证书”获取率100%，毕业率达96%；在2016年山西省职业院校技能大赛中，荣获市场营销专业组团体一等奖，会计专业组团体二等奖，个人二等奖3人、个人三等奖1人，运城市计算机职业技能大赛1人获二等奖。学校切实贯彻《国务院办公厅关于强化学校体育促进学生身心健康全面发展的意见》和《国家学生体质健康标准》，保证学生每天的活动时间达标，学生体质测评合格率达60%以上。

（二）就业质量

2016年在经济下行压力较大、就业相对困难的形势下，山西省职业教育坚持以就业为导向，积极推进人才培养模式改革，构建全程化的创新创业、就业指导体系和多元化的就业管理服务体系，着力提升中职学生就业质量。人才培养质量、就业率、对口就业率、初次就业月收入、创业率等各项指标均有一定提高。

1. 做好对口升学和“三二分段”人才培养工作，畅通学生升学通道

2016年3月，山西省教育厅印发了《2016年对口升学专业课考试大纲》和《山西省教育厅关于做好2016年中等职业学校毕业生对口升学工作的通知》，明确了各项具体工作事项，确保对口招生工作顺利完成，促进中、高职有效衔接、协调发展。印发了《关于做好2016年度“三二分段”五年制职业教育招生工作的通知》，组织各相关职业院校报送培养意向书。6月，在院校申报的基础上，综合社会需求、专业布局等情况，公布了2016年度“三二分段”五年制职业教育职业中专招生院校和专业，要求各相关职业院校认真执行人才培养方案，保证教育教学质量，满足学生多样化成长、成才需要。

大同市卫生学校：2016年，针对因贫困而升学困难、因学历低而在本地公立医院就业困难的现状，学校积极响应山西省政府“医疗护理员”培训计划，将护理专业中专毕业的109名贫困生纳入该计划中，经过12天的集中培

训，通过理论和实践操作考核，全部取得了国家医疗护理员（中级）合格证书，经过省卫生计生委和国家、北京市卫生计生委对接推送，首批32名学生走上了北京安贞医院、北京清华长庚医院、北京大学肿瘤医院、解放军第309医院和天津泰达国际心血管医院等5家京津公立三级甲等医院的医疗护理员工作岗位，开启了贫困生津京就业的新篇章。

芮城县第一职业学校：学校提出了“教育内容课程化”的教育理念。一年级以安业教育为主，加强对学生进行组织纪律教育、爱国法治教育、专业思想教育、良好个性心理品质教育、传统美德教育等。二年级以乐业教育为主，有针对性的对学生进行理想前途教育、社会技术教育、社会公德教育、成人预备期教育等。三年级以敬业教育为主，结合企业用人标准对学生进行职业道德教育、职业态度教育、职业志向教育、职业操守教育等。2016年毕业人数822人中参加对口升学399人，本科达线297人，专科达线102人。在毕业生安置过程中，依托地方经济发展和社会发展的需要，为本地企业输送了大批合格的员工。2016年就业人数423人，就业率达到100%，对口就业率高达73%，初始月薪不低于2000元。学生和家长对企业工作环境、工资待遇等非常满意，受到社会各界的广泛赞誉。

山西城乡建设学校：为提高就业稳定率，学校通过就业指导，按照“哪里来，哪里去”和“先就业，后择业”的就业原则，引导学生树立为企业服务、到基层就业的思想，积极到股份制企业、民营企业、个体企业、县乡企业等中小型企业、乡镇企业中去，极大地拓宽了学生就业领域，使得毕业生就业稳定率保持在95%以上。学校连续3年的就业率为98.1%、98.4%、98.8%；对口就业率达96.7%、95.6%、95.6%。

三、质量保障措施

（一）专业布局

1. 专业概况

全省中职设置专业数为251个，专业布点为2464个。专业布点数位居前十的是计算机应用、会计、音乐、汽车运用与维修、机电技术应用、美术绘画、旅游服务与管理、高星级饭店运营与管理、焊接技术应用、电子商务。

2. 动态调整情况

——主动适应产业结构调整，专业动态调整机制进一步完善。近年来，山西省职业教育主动适应产业结构调整、经济转型发展需要，进一步加强专业设置的宏观调控和指导，大力推进专业结构优化升级，中职停招了108个陈旧落后、需求不旺的专业点，中等专业学校新增专业106个。

——发挥重点、特色专业引领作用，进一步优化专业结构。我省在实训基地和重点专业建设中，实施重点、特色专业建设项目储备计划，采取“以奖代补”“以强促弱”“典型引路”“扶持储备”等措施，对不同专业“优化一批”“打造一批”“扶持一批”。近三年，高职重点专业、特色专业覆盖16个专业大类，占到专业大类总数的84.2%。数量排在前五位的专业大类是财经、制造、土建、电子信息、资源开发预测绘。中职重点、示范专业覆盖11个专业大类，占到专业大类总数的57.89%。主要集中在计算机、美发与形象设计，它们分别占重点、示范专业总数的42.86%和5.71%。

经院校申报和中职专业评审工作组专家集体评审，公布2016年中等职业教育新增招生专业，同意山西省雁北煤炭工业学校等39所职业院校新增“焊接技术应用”等75个专业或专业方向。

3. 专业结构与山西产业吻合度

我省中职学校的专业除了渔业、石油与天然气、地质、气象、有色金属、船舶与海洋工程装备、航空装备、邮政、侦查类没有设置以外，专业种类涉及了我省多数行业。面向第一产业的专业点数100个，占总数的4%；面向第二产业的专业点数529个，占总数的21%；面向第三产业的专业点数1835个，占总数的75%。面向第三产业的最多，面向第一产业的最少。

涉农专业发展能力较弱。2016年经济工作会议强调，继续着力抓好“三农”工作，持续增加“三农”投入，加强农业基础设施建设，加快农业结构调整步伐，加快转变农业发展方式，进一步深化农村改革，积极推进农业现代化和新农村建设。近年来，山西的粮食、畜牧业、林业、加工业发展水平明显提高。2014年各类现代农业产业园区已达1193个，新建各类养殖园区555个，新增蔬菜种植面积约1.9万公顷，改造老果园和发展新果园2.3万公顷，新发展中药材3.1万公顷。产业规模化、科学化发展势头明显，需要大批专业人才。目前，全省中职涉农学校由原来的每个地市都有一所萎缩到只剩下太原、原平2所。涉农专业招生也愈加困难，2015年招生人数占全省招生总人数比例由5.5%下降到1.4%，学校规模急剧萎缩。这就形成了现代农业发展和新农村建设对农业职业教育的实用人才需求与农业职业教育的培养能力、服务能力之间的强烈反差。

第二产业大类的专业布局与产业转型不相适应。面向第二产业的专业布局位居前六的是：计算机应用、电子商务、计算机网络技术、建筑工程技术、汽车检测与维修技术、煤矿开采技术专业，总体来看仍然是面向煤、焦、冶、电传统支柱产业的比例相对较大。目前的专业结构与我省产业发展及结构调整的要求还有距离。

第三产业大类专业人才结构与产业需求契合度不高。中职在第一、二产业专业和专业人才分布偏小，第三产业分布较大，分别为1.3%、9.5%和89.2%，中职教育第三产业人才供给远大于需求。中职人才培养目标定位在初中级以上技能技术人才。但是我省工业化程度很难保证学生能在质量较高的岗位就业，大多数学生就学时选择就业宽泛的服务业所对应的专业，以保证就业时岗位的品质和质量。对于院校来讲，该类专业办学成本低，难度较小，开办起来较为容易。山西省教育年鉴统计2015年中职艺术类招生13398人，占招生总数的12.17%，仅音乐、美术绘画两个专业就分别招了3916人和3771人，其中大多数学生是准备升学。为了保证在校生规模，学生这种需求也成为学校办学的重要部分。

战略性新兴产业相关专业已经起步。近年来，我省采取措施支持鼓励院校培育开设我省转型发展急需的紧缺专业，增加了适应我省产业结构调整，技术含量高的专业，有煤层气抽采技术、煤化工、无人机应用技术、工业机器人技术、新能源汽车技术、移动应用开发、测绘地理信息、金属材料质量检测、城市轨道交通、电梯工程技术、互联网金融、云计算技术与应用等，中职教育新专业刚刚起步，还需要加快发展。

文化旅游产业、现代服务业相关专业发展势头良好。2014年中职的酒店管理（高星级酒店运营与管理）、旅游管理专业已分别增加到28个专业点。2015年起新增了风景园林设计、中草药栽培技术、中药生产与加工、食品加工技术、休闲农业、民族音乐与舞蹈、民族民居装饰、民族工艺品制作、家政服务与管理、老年人服务与管理等专业。为山西现代服务业、文化旅游业的人才培养奠定了基础。

（二）质量保证

1. *启动职业教育教学诊断改进工作*

按照教育部总体部署，成立专家委员会，印发《山西省中等职业院校内部质量保证体系诊断与改进工作实施方案》，要求各中职学校成立校级工作机构，认真制订本校诊断与改正工作实施方案，年内全面启动内部诊断与改正工作。

2. 加强重点专业和实训基地项目建设的过程监控

2016年，会同省财政厅，利用中央财政现代职业教育质量提升计划专项资金和职业教育奖补资金共计30080.5万元，立项建设实训基地项目和重点专业项目193个，所有项目经费已经全部下达。目前，全省建成或在建的实训基地和重点专业项目达到695个，职业院校实训条件得到显著改善。为进一步加强对相关建设项目管理，提高专项资金使用效益，保证项目建设科学、规范、顺利推进，印发《山西省教育厅关于推进职业院校实训基地和重点专业（含特色专业）项目建设的指导意见》，开发并启用了“山西省职业院校实训基地和重点专业建设质量监测系统”，依托该系统对实训基地项目建设过程进行质量监测。目前，各项目院校已全部登录质量监测系统完成注册，并在相应时间节点完成了数据填报。

3. 进一步完善技能大赛制度，继续举办省级职业院校技能大赛和文明风采竞赛活动

2016年举办山西省第十届职业院校技能大赛。大赛分设中职组和高职组，比赛项目分19个专业大类，84个比赛小项，其中中职组又分为中职学生组、中职教师组。在校、市二级比赛的基础上，全省职业院校的4600多名师生参加了省级决赛，比赛共决出一等奖319个、二等奖626个、三等奖953个，有25所职业院校、山西省教育科研院和山西省职业技能鉴定中心获得优秀组织奖，45个合作企业获得特殊贡献奖。

参加全国职业院校技能大赛成绩喜人。2016年全国职业院校技能大赛，我省有64所中高职学校的410名参赛选手参加了70个专业项目的比赛，获得7个一等奖、20个二等奖、55个三等奖，获一等奖学生的指导教师获得指导教师奖。山西省财政税务专科学校成功承办了全国高职院校会计技能大赛。

举办山西省第八届中等职业学校“文明风采”竞赛活动。技能大赛同期举办了第八届中等职业学校“文明风采”竞赛活动，本届“文明风采”竞赛活动

设有征文、摄影及微电影制作、职业生涯规划、动漫设计、才艺展演等6类7项比赛，共有120所职业院校学生参加了“文明风采”竞赛，校级初赛作品83600件，省级复赛作品2153件，评选出一等奖作品402件、二等奖作品601件、三等奖作品590件，5个市的教育局和16所职业院校获得优秀组织奖。

（三）落实教师编制，教师培养培训情况

2016年与省教育厅、编办、财政厅、人社厅、国资委等5部门共同出台了《进一步创新全省职业院校编制和人事管理的意见》，在2015年省政府办公厅《关于加强职业院校“双师型”教师队伍建设的意见》的基础上，进一步完善职业院校“双师型”教师队伍引进和使用政策。这两项政策的出台，切实解决了制约我省职业教育师资队伍建设的体制机制问题，为今后职业院校“双师型”教师队伍建设提供了有力的制度保障。

四、校企合作

（一）校企合作开展情况和效果

1. 出台政策

2015年全省职教会上出台了《山西省职业教育校企合作促进办法（试行）》（见晋政办发〔2015〕74号），对参与校企合作各方（政府、行业协会、企业、职业院校）的权利义务做出明确规定，是我省首个关于职业院校与企业合作办学、协同育人的规范性文件。

2. 实施“百校千企”工程

从2014年起，我省在职业院校中开展“百校千企”工程，下发《山西省教育厅关于实施职业教育“百校千企”工程的通知》（晋教职〔2014〕31号）和《山西省教育厅关于进一步深入实施职业教育“百校千企”工程的通知》（晋教职函〔2015〕59号），确定106所职业院校与1082家企业的校企合作项目，作为“百校千企”工程正式项目，合作内容包括：共同推进专业建设和课

程建设；共建“双师型”教师队伍；共同建设实习实训基地；共同推进招生就业；共同开展企业员工继续教育；共同开展技术研发；共同进行能力评价；共同进行学生管理等八个方面。这项工程正在实施中，我们将适时对相关学校和企业合作情况进行检查，奖优罚劣，推进行业企业发挥重要办学主体作用，与职业院校深度合作，增强职业教育服务经济社会发展的能力。

（二）学生实习情况

1. *有关政策要求*

2015年全省职教会出台的《山西省人民政府办公厅关于加强职业教育实训基地建设的意见》（晋政办发〔2015〕75号）中，要求职业院校制订规范的教学计划、教学大纲、实训教学考核办法等教学文件，对实训内容的安排也有明确规定。在《山西省职业教育校企合作促进办法》中对企业与职业院校在学生实习中各自的职责与权益做了要求。我省将职业学校实习实训管理工作纳入中职学校星级管理学校评估指标体系和高职学校人才培养水平评估指标体系，提高学生实习实训管理和安全的权重。推动职业院校为学生办理实习责任险，切实维护学生合法权益。

2016年4月，教育部等5部门联合下发了《关于印发〈职业教育学校学生实习管理规定〉的通知》（教职成〔2016〕3号），我省教育厅联合相关部门转发了该通知，要求各市、各职业院校组织开展学习，充分认识规范顶岗实习工作的重要意义，按照顶岗实习管理规定要求，严格审核入校招聘企业资质，实行学生和实习单位自愿双向选择，签订学校、实习单位、学生三方协议，重视学生离校入企的安全教育，按时投保学生实习责任保险，强化实习学生的跟踪服务。2016年11月收到《通报》后，要求各市、各职业院校迅速组织开展对《职业学校学生实习管理规定》和《通报》有关要求和精神的进一步深入学习，全面提高对管理水平提升工作和顶岗实习管理工作的认识，查找顶岗实习管理工作的薄弱环节，修订、完善实习管理制度，建立长效机制，加强过程管理。

2. 落实主体责任，切实加强指导和监管

要求全省各市、各职业院校切实担负起主体责任，按照各专业人才培养方案组织学生顶岗实习，与顶岗实习单位共同加强管理。学校主管部门切实加强对学生实习工作的监督和指导，并根据情况开展专项检查，及时处置违规顶岗实习行为。对敷衍塞责、屡推不动、治理不利的地区和学校，约谈有关责任人，督促落实主体责任。

3. 利用信息化手段，深入开展专项治理

我省发布《山西省职业教育管理水平提升行动计划实施方案（2015—2018年）》，同时开发“山西省职业院校管理水平提升行动计划管理与监测系统”，通过系统职业院校可以及时反映工作动态、交流工作经验、展示建设成果，各级教育行政部门可以对我省职业院校管理水平提升工作状态进行监测，大大提高了工作效率。在系统启用不到2个月的时间里，在“突出问题专项治理行动”的实习管理规范工作模块，就已经有近100所学校报送了400余条关于顶岗实习工作的动态，为全省职业院校做好顶岗实习管理工作积累了大量宝贵经验。及时转发《教育部等五部门关于印发〈职业学校学生实习管理规定〉的通知》，进一步规范了职业学校学生实习工作，维护学生、学校和实习单位的合法权益，提高技术技能人才培养质量。

（三）集团化办学情况

1. 我省目前职业教育集团化办学概况

2007年以来，我省组建了9个省级行业性职业教育集团，参与集团化办学的成员单位共817家，其中政府部门行业组织8个，行业协会、学会29个，科研院所37个，企业事业单位498家，职业院校176所，其他经济组织5个。10年来，职业教育集团化办学的广泛开展，对于促进职业院校与行业企业、科研院所以及院校之间的密切合作，实现资源共享、优势互补、合作育人、共同发展等起到了积极作用，积累了宝贵经验。

2. 继续推动职业教育集团化办学的政策措施

落实省政府文件“省级行业性职业教育集团由行业部门和组织牵头运行”的要求，拟定职业教育集团牵头部门交接方案，保证交接工作顺利实施，推动职业院校与行业、企业进一步深化合作内涵，职业院校人才培养更加符合经济社会发展需求。相关交接工作年底前在职业教育部门联席会议框架内完成。

2016年12月出台《山西省教育厅关于进一步推进职业教育集团化办学的意见》（晋教职〔2016〕25号），要求各职业院校深刻理解职业教育集团化办学的重要意义，从服务我省“六大发展”的高度推进政、行、校、企多方参与和发展职业教育，主要的措施有：创新职业教育集团治理结构，行业性职教集团由行业部门和组织牵头组织运行。支持其他部门、行业、企业和职业院校，围绕行业人才需求，牵头组建新的职业教育集团。支持各地围绕区域发展规划和产业结构特点，组建面向区域主导产业、特色产业的区域性职业教育集团。支持地方之间、行业之间的合作，组建跨区域、跨行业的复合型职业教育集团。建立备案制度和工作报告制度，各职业教育集团的组建、变更、撤销、管理情况要报同级教育行政部门备案，并按照要求报告工作开展情况，以利于统筹开展工作。完善职业教育集团内部治理结构，建立联席会、理事会或董事会等治理结构和管理决策机制，健全工作章程、管理制度、工作程序。找准利益共同点，强化产教融合、校企合作，推动建设以相关各方“利益链”为纽带，集生产、教学和研发等功能于一体的生产性实训基地和技术创新平台，实现各成员单位之间资源共享、优势互补、互惠共赢。不断提高职业教育集团的服务转型发展的能力，提升服务区域协调发展的能力，提升服务创新人才培养的能力和服务现代职业教育体系建设的能力。在组织领导、政策支持和投入等方面加强对职业教育集团的支撑保障，形成职业教育集团良性发展的环境氛围。

五、社会贡献

（一）技术技能人才培养

2016年，全省各中等职业学校坚持“以立德树人为根本，以服务发展为宗旨，以促进就业为导向，知识技能品德并重，就业创业升学并举”的办学方向，依据区域经济发展需求开设专业，不断深化教育教学改革，办学质量和社会影响力显著提高，服务社会、贡献社会的能力明显提升。

太原铁路机械职业学校：学校充分发挥职教优势和校企合作平台作用，坚持围绕行业、产业的发展需要，主动为行业企业进行技术技能人才培养。多年来，隶属于太原铁路机械学校的山西铁路国家职业技能鉴定所不仅保质保量地完成本校学生的职业技能鉴定工作，而且还积极与太原铁路局建立了良好的合作关系，太原铁路局将其所属的职业技能鉴定的全铁路局通用职业（工种）的职业技能鉴定均委托山西铁路国家职业技能鉴定所进行鉴定。2016年度，山西铁路国家职业技能鉴定所共完成太原铁路局委托的403人鉴定任务，其中初、中、高级工243人，技师、高级技师160人。此外，山西铁路国家职业技能鉴定所还积极为其他行业企业、院校进行技术技能人才培养。2016年，山西铁路国家职业技能鉴定所为山西煤炭职业技术学院、晋煤集团、太原综合职业高中、山西胜达铁路牵引供电有限公司等5家企业和院校进行职业技能鉴定286人，其中山西煤炭职业技术学院105人、晋煤集团37人、太原综合职业高中98人、山西胜达铁路牵引供电有限公司46人。

介休市职业中专学校：“大师”引领“校友”参与培养创新型技术技能人才。为适应当地产业结构调整、经济转型升级的需要，经过多年的探索，学校在人才培养上，与企业密切合作，聘请行业企业专家，建立“大师”工作室，引领学校专业发展；吸收在企业工作的校友参与，收集来自一线的真实资料，与学校教师、学生合作进行专业建设；通过承接科研课题、技术攻关，开发了许多实用产品，培养了创新型人才，促进了当地经济和社会发展。学校电子电器应用与维修专业、汽车运用与维修专业学生在“大师”工作室团队的指导下，共设计并制作相关专业产品210件，其中汽车发动机工作顺序判读尺获得省级成果一等奖，高低压电机保护器获得省级成果二等奖。

（二）社会服务

2016年，全省各中职学校坚持“开放办学、服务社会”，在发展自身的同时，积极承担社会责任，开展社会服务。

2016年5月，山西省2016年职业教育活动周在全省举行，主题是“弘扬工匠精神，打造技能强国”。省人大常委会副主任周然，副省长张复明，省政协副主席李悦娥为活动周启动仪式揭幕，张复明副省长作了重要讲话。省、市、校三级活动同期开展，全省职业院校全部参加，共举办各类活动300多场，接待中小学生、家长和社区居民35000多人（次），营造了学生、家长、社会广泛参与职业教育的良好氛围，让全社会了解职业教育，培养职业兴趣和职业意识，扩大了职业教育的影响力。

山西城乡建设学校：建设职业技能鉴定国家题库。受省职业技能鉴定中心委托，编写完成了仓库保管工、电工、管道工、垃圾处理工、绿化工、消防战斗员、中式烹调师、收银审核员等8个职业技能鉴定国家题库初级工、中级工、高级工、技师理论知识和操作技能题库建设；编写完成了工程测量工职业技能鉴定国家题库初级工、中级工、高级工理论知识和操作技能题库及技师、高级技师理论知识和操作技能卷库。

高平市中等专业学校：学校发挥自身优势，积极为晋城市、高平市转型跨越发展、区域经济社会发展提供支持。一是积极加强人才培养。学校每年毕业学生1000余人，本地就业率83%，就业形势良好。二是积极开展职业培训。目前，我校为晋城市人才创业培训基地、高平市农村劳动力转移和农民工技能培训基地，承担了众多社会培训任务。三是积极为社会提供技术支持和服务。

如我校数控技术应用和焊接技术应用两个专业参与了高平昌平煤机产品研发及生产等。四是积极承担文化传承工作。2012年开设上党戏曲专业，积极承担地方非物质文化遗产的传承工作。五是积极助力地方转型发展。2014年学校申报开设旅游服务与管理专业，助力高平市文化旅游事业的发展，并承担了2016年高平市“海峡两岸炎帝农耕文化旅游”系列活动的导游接待任务。

山西省贸易学校：一是为全省粮食行业开展粮油保管、粮油检化验、会计、统计等专业技术业务人员培训6期585人次；开展全省中级职业技能鉴定300人次；承办全省粮食行业“爱粮、敬粮、兴粮”知识大赛和演讲比赛；承办2016年第四届全国粮食行业职业技能大赛参赛选手集训，选手获2个三等奖和优秀组织奖，为历史最好成绩，得到省粮食局高度评价。二是积极开展社会服务，继续承办第十届全省职业院校计算机技能大赛和全省职业院校信息化教学大赛，取得圆满成功；承办省人事考试中心等单位的各类考试2000余人次，受到人社厅称赞；举办山西省中职财经骨干教师ERP沙盘和电算化营改增实务操作培训，参培教师150余人次，达到预期效果。

（三）对口支援

2016年，全省召开职业教育精准扶贫对口帮扶工作推进会，60所对口帮扶职业院校的校长和58个贫困县职业教育中心负责人举行了对接活动，并对今后一段时间的职业教育扶贫具体工作进行了安排，要求各职业院校帮助贫困县加快发展职业教育，加强职业技能培训，力争使所有建档立卡的适龄贫困人口都能接受相应的职业教育和培训，提高新成长劳动力的就业创业能力，增强成年贫困人口增收致富能力，发挥出职业教育在扶贫攻坚中的独特作用。

为了贯彻落实全省脱贫攻坚领导小组专题会议关于要不失时机地把扶贫工作重点转移到抓落实上的要求，通知各市、县教育行政部门及有关学校要根据《山西省教育扶贫行动方案》和《山西省2016年教育扶贫行动计划》尽快制订教育扶贫行动方案和2016年教育扶贫行动计划。

太原铁路机械职业学校：2016年我校教师协助神池县职教中心开展省级农业机械使用与维护实训基地的前期调研、招标工作。2016年12月，学校委派4名教师赴神池县开展农民工技能培训，培训涉及电工、焊工等4个工种，共计培训农民工155人。

晋中市卫生学校：持续发力真帮真扶，扶贫攻坚成效显著。2016年我校扶贫点在榆社县北寨乡青峪村，扶贫工作队埋头苦干，工作成效明显。一是积极呼吁争取筹建爱心食堂。学校扶贫工作队多次联系民政部门，为青峪村拨款10万元，建设供60岁以上老人就餐的爱心食堂，该项目现已完成招标。二是扩大拱棚种植，增加农民收入。校领导多次带队实地调研，帮助村民扩大反季节蔬菜种植，为种植户提供技术支持，蔬菜种植一季变两季，多方拓宽销路。2015年反季节蔬菜种植面积达310亩，拱棚95个，产销两旺，收入较2014年有明显提高。三是争取资金支持，改善生产条件。青峪村道路建设严重滞后，雨季车辆无法通行，严重影响村民生产生活和产品销售。扶贫队积极协助村委完成田间道路建设项目申报，向上级争取3万元用于田间道路建设，同时学校出资2万元用于配套建设。四是每逢重大节日，扶贫队都会进村入户，实地走访慰问。春节期间，入村慰问30户老党员、老干部、特困户，发放价值6500元的慰问品。五是加大精准扶贫力度。校领导多次与村两委班子谋划制订年度帮扶计划，确立扶贫项目。积极落实“五个一批”工程，确定脱贫对象139户331人。列出“双联双建”党员帮扶活动联系清单，开展点对点扶贫。春耕期间，帮助村民新建50个蔬菜大棚，配套新打70米深水井一眼。扶贫队员和驻村第一书记吃住在村，深入田间地头指导帮助村民生产建设。

清徐县职业教育中心：贯彻职教会精神，积极推进新型职业农民培训工作。2016年完成200名专业技能型学员的培训，完成6个村800名学员的结业证书、职业资格证书发放工作，做好回访总结工作。学校电子商务专业被县政府确定为电子商务人才培养基地，2016年与“乐村淘”“好朋友”合作开展电子商务培训，先后培训400余人次。

六、政府履责

（一）经费

1. 教育经费支出

2015—2016学年，我省全面落实中职免学费全覆盖和中职助学金政策，加强中等职业学校基础能力建设，中等职业教育经费投入力度明显加大。

全省中等职业教育总支出达到34.15亿元，比2014—2015学年增加约6.38亿元，增加了23%，增幅超全省教育经费总支出5个百分点，但中等职业教育经费占全省教育经费总支出的比例仍仅有5%，比例偏低，仍需提高（见表6）。

表6 山西省中等职业教育经费支出情况

单位：亿元

	全省教育经费支出	全省中等职业教育经费支出	中等职业教育经费支出占全省教育经费支出的比例
2014—2015学年初	572.03784	27.77247	4.9%
2015—2016学年初	676.91157	34.15104	5%

2. 生均教育经费支出

2015—2016学年，全省中职教育生均教育经费支出较2014—2015学年增加了2340元，增幅达33.6%，但仍比普通高中生均教育经费支出低1580元，仍需加大对中职教育的投入，推动高中阶段教育中职学校与普通高中协调发展（见表7）。

表7 山西省中职学生生均教育经费情况

单位：元

	生均教育经费支出	
	中等职业学校	普通高中
2014—2015学年初	6960	9810
2015—2016学年初	9300	10880

资料来源：《山西省教育统计年鉴》（2014—2016），山西省教育厅

3. 项目经费支出

相比2014—2015学年，2015—2016学年中职教育事业性经费基本支出和项目支出增幅都比普通高中明显增大，总量差距在逐步缩小，项目支出方面尤其明显。

表8 山西省中职教育事业性经费支出情况

单位：千元

	教育事业性经费基本支出		教育事业性经费项目支出	
	中等职业学校	普通高中	中等职业学校	普通高中
2014—2015学年初	1947547	6093066	819904	1879232
2015—2016学年初	2378755	6237870	1006013	1837601

资料来源：《山西省教育统计年鉴》(2014—2016)，山西省教育厅

（二）政策措施

调整充实职业教育工作部门联席会议制度。2016年，由省教育厅牵头，对职业教育工作部门联席会议制度进行了调整充实，明确了联席会议工作规则和工作要求。各联席会议成员单位密切协作，形成合力，统筹全省职业教育工作，及时研究解决职业教育工作中的有关问题，为加快构建我省现代职业教育体系提供有力保障。

建立以市为主的高中阶段学校招生工作统筹管理机制。《山西省人民政府关于贯彻落实〈国务院关于加快发展现代职业教育的决定〉的实施意见》要求，巩固提高中等职业教育的基础地位和发展水平，以设区市为主，统筹高中阶段教育招生工作，确保高中阶段招生普职比例保持大体相当。为推动普职协调发展，全面贯彻落实全省职业教育工作会议精神，2016年上半年，省政府组织开展全省职业教育专项督查，将市域内普职招生规模大体相当列入督查要点，并对高中阶段学校招生普职比例严重失衡的市在全省点名通报，有力促进以市为主的高中阶段学校招生工作统筹管理机制的落实。

创新职业院校编制和人事管理制度。在2015年《山西省人民政府办公厅关于加强职业院校“双师型”教师队伍建设的意见》（晋政办发〔2015〕76号）的基础上，2016年省教育厅、编办、财政厅、人社厅、国资委等5部门又联合印发了《关于进一步创新全省职业院校编制和人事管理的意见》，建立了职业院校编制动态管理机制，打通了职业院校教师和企业工程技术人员、高技能人才双向交流通道，进一步完善了“双师型”教师队伍引进和使用政策，切实解决制约职业教育师资队伍建设的体制机制问题，实现了教师人事制度改革的重大突破。

推进职业教育招生考试制度改革。出台了《山西省高等职业教育考试招生制度改革方案》，在部分专业中职毕业生对口升学考试和高等职业院校单独招生中，开展“文化素质＋职业技能”考试办法试点工作，引导中等职业学校进一步强化实践教学，提高技术技能人才培养质量。

建立中职生均拨款制度，提高中等职业学校经费保障水平。山西省财政厅、山西省教育厅联合出台了《关于建立山西省中等职业教育生均拨款制度的实施意见》，从2017年起，我省开始实施中等职业学校生均拨款制度，全省公办中职学校生均财政拨款达到8000元。

七、特色创新

（一）山西省潞安职业中等专业学校：依托企业办职校奋发图强谋发展

先进的职教理念深入人心。一年间，通过“请进来、走出去”的方式，对全校教职员工进行理念更新，大家在教育思想、教育观念上发生了很大的变化，逐步树立现代职教思想，为学校以质量建设为核心的转型发展、以内涵建设为核心的持续发展做了最宝贵的精神支撑。

学校成立了项目建设领导小组。学校所有重要建设项目，均由校长挂帅，对项目建设作出整体规划和顶层设计；为充分发挥党组织的作用，促进党政一体深度融合，成立了党政一体化推进办公室，群策群力工科重点建设项目；由副校长牵头，主要负责学校各项建设的督促与检查、建设成果的评价与验收；项目具体执行负责人由系主任或专业带头人担任，团队成员由专业教师、行业企业人员和学校行政科室人员组成，形成了“高屋建瓴，起到方向性引领作用；中坚力量雄厚，执行能力强”的学校发展模式。

全面进行制度建设，创新管理体制机制。加强常规管理，在全校安装了脸部识别考勤系统，创新管理体制，成立绩效考核办公室，引入“平衡计分卡”工具，每月对各部门进行考核。学校的动力在教职工，阻力也在教职工，为此我校对教师进行三重奖励：苦劳、功劳和阶段性奖励。对任务完成情况较好的教师，可实行低职高聘。奖惩方案的实施，改变了学校原有的各种工作“推而不动，动而不力”的局面，广大教师已从被动接受变成主动参与。

重视培训学习，强化沟通，解决了信息交流与资源共享问题。近年分别派出十多个批次赴北京、杭州、成都等地全面考察培训，转换思想；组织校内外专家培训教职员工，将全校上下的思想统一到现代职教理念和学校建设工作上来；开设了学校专题网站，开通了QQ交流平台，加强了与上级部门和兄弟学校之间的交流，建成了集教学、管理、服务于一体的现代化校园网；在潞安电视台播放建设专题片，在潞安矿报社刊发表专题报道，编发《建设简报》，建立了项目组和学校各部门联络员制度。

注重过程监控，解决了项目建设进度和质量问题。定期召开重点、难点工作研讨会，攻克建设难题；学校建设各项目负责人每两周填写一次跟踪检查表，及时掌握建设动态。对建设进度和质量不合要求的依据该考核办法进行处罚，限期整改。

积极开展职工培训，为潞安集团等企业培养了大批技能型人才。一年来先后组织培训共计90期12370人次，涉及安管人员、技能人员、新员工，素质提升、拓展训练等类别培训。2013年，在第二届山西省“同煤杯”职工职业技能大赛中，我校培训学员赵云露、任建业、王树元分别荣获综采维修电工第二、三、五名的好成绩；在第五届全国煤炭行业职业技能大赛“中国平煤神马杯”中，我校3名培训学员代表潞安集团参赛，其中两人分获综采维修电工第五名和第八名的好成绩，刷新了潞安集团在全国职业技能大赛中的最好成绩。

（二）晋城市中等专业学校：走“师徒结对，校企共建”之路，合作培养专业师资队伍

学校酒店服务与管理专业设立时间较短，专业课教师多为转型教师，部分专业教师动手实践经验少、职业技能较欠缺；“双师型”教师数量严重不足，教师实践能力需要提高和巩固。为适应酒店行业人才培养需要，解决这些专业建设的难题。学校酒店服务与管理专业确立了“师徒结对，校企共建”的师资队伍建设思路，通过树立名师典型、师徒结对、校企合作共建等途径，培养了一支“结构合理、素质优良、技艺精湛”的师资队伍。

1. 树立以专业带头人为代表的专业名师典型，鼓励专业带头人与青年教师和转型教师进行师徒结对，帮助青年教师和转型教师成长。发掘典型，树立榜样。在专业教师队伍中遴选出王海英和马庆瑾两名“师德修养较高、业务素质精良、教学技能全面、教学基本功过硬、具有一定教科研能力、适应技能型人才培养要求”的教师作为专业带头人及专业名师典型，加大对名师典型事迹宣传力度，形成浓厚的舆论氛围，鼓励广大教师学习身边的名师楷模，使教师学有榜样，追有目标。同时，要求专业名师每年都要和至少一名青年教师或转型教师建立师徒关系，全方位帮助他们成长，达到名师出名徒的良好成效。在师徒结对过程中教学相长，师徒的教学水平和实训技能都得到了显著提升。专业带头人还逐步引导、辅助青年教师加入指导技能竞赛团队，发挥各自的长处，以团队协作的方式共同指导学生参加技能大赛，以赛促教，促进了专业教师的成长。师徒结对，效果良好。

2. 专业教师只有进入企业一线锻炼才能真正掌握专业技能。我校与海天大酒店、泽州大酒店等企业签订了《酒店服务与管理专业校企共建实训基地协议》。根据协议，我校每学期派出专业教师到合作酒店实践，合作酒店派经验丰富的技术人员对专业教师进行必要的技能指导，专业教师和企业技术人员也形成实际意义上的“师徒关系”。校企合作共建“三步走”，共同打造“结构合理、素质优良、技艺精湛”的师资队伍。第一步：与海天大酒店、泽州大酒店等企业签订合作协议，聘请合作企业技术骨干和行业专家到我校担任兼职教师，补充专业教师队伍，优化教师队伍结构。第二步：邀请合作企业技术骨干、行业专家到我校与教师深度交流，通过讲座、座谈等方式，帮助专业教师提升专业理论水平和职业能力，了解行业前景，开拓发展视野。第三步：“授之于鱼，不如授之于渔”，专业教师进企业，从“拜师学艺”到“独当一面”。

教师充分利用寒暑假和日常业余时间到实习酒店了解酒店服务与管理过程，体验酒店工作氛围，探讨解决教学中遇到的疑难问题，进行真实环境下的企业实践活动，在完成实践锻炼任务的同时提高了专业实践能力。此外，专业教师在此过程中会协助合作酒店对实习学生进行管理、考核和评价，参与校企合作班的教学工作，真正实现了校企合作紧密化，让“合作共赢”成为促进校企合作的黏合剂。专业教师积极参与了校外培训工作，为合作酒店和社会培养相关人才2000余人次。专业教师在校企合作中的付出得到了相关合作单位的好评，收到了良好的社会效益。

3. 通过实践打造校本教材、实训手册。在经历培训进修、师徒结对和下企业实践几个环节后，专业教师理论水平和实践技能都有所提高，专业教师共发表专业论文8篇，内容涉及课程体系设置、教学方法改革、专业课教学和实践新探及校企合作、工学结合等方面，这些论文反映了酒店专业教师对专业建设的投入，也体现了专业教师的理论水平。他们结合自身专业特长，针对酒店对员工的培训要求，师徒共同参与，且邀请合作企业专家一起精心编写了酒店专业校本教材和实训手册。校本教材在专业教学中更具有实用性，也更贴近本校、本专业学生特点，大大增强了教学效果；而实训手册则成为专业教师教学的辅助工具和学生实习的指导手册。目前，我校酒店服务与管理专业教师又编写了两本校本教材——《酒店服务礼仪》《酒店情景英语》和11本实训手册，在校内教学实践、学生顶岗实习及酒店对新进员工的培训等方面都发挥着重要作用。它们是“师徒结对、校企共建”培养师资队伍的成果之一，同时这些成果又将运用于“校企合作”运行过程中，实现校企共享培育成果。

（三）介休市职业中学校：弘扬介子文化，让慈孝走进中职学子的心田

当前，社会价值观呈现多元态势。中职的一些学生，由于个人学习能力弱、行为习惯差、家庭教育方法不当等原因，极容易受到拜金主义、享乐主义、读书无用等不良风气的误导。为此，学校立足加强青少年思想道德意识、营造青少年健康成长的环境需要，结合介休市建设“慈孝之都”的文化纲领目标，探索出一条深掘本土文化内涵，疏堵结合，循序渐进，大幅提高学生文化修养和职业素养的新路子。

介休是清明寒食节的文化发源地，享有“慈孝之都”的盛誉。介休绵山风景开发有限公司是学校的校企合作企业。作为国家5A级旅游胜地，由于介子推及其母亲的事迹，绵山风景区成为全国首个慈孝文化研究院基地。我们以绵山风景开发有限公司为依托，整合相关单位和企业的文化资源，通过弘扬介子文化，开展以“慈孝”为主导的文化系列活动，引导学生感知介子文化的深厚底蕴，培养学生“爱父母，爱师长，爱学校，爱家园”的高尚情怀，激励全体学子形成努力学习、钻研技能、感恩社会、报效祖国的昂扬斗志和精神风貌，开掘出一条适用于中职学生的知行介子文化的路子。

1. 开发慈孝课程资源，感知人文底蕴

（1）编写教材，缅怀先贤

介子文化，历史悠久，誉载千秋。时至今日，全国各地的游客都会慕名前往绵山，络绎不绝。清明寒食节，更是被立为凭吊先贤、缅怀先贤的国家节日。介子文化也渗透到介休及周边县市寻常百姓的衣食住行，绵山陈醋、绵山白酒、介母饼、绵山建筑、绵山杂粮等等不一而举。正是基于这样的文化磁场中心地位，我们组织相关专业教师，充分挖掘介子文化的内涵，多方参证，实地考察，编写了《家乡美》《绵山文化》《介子春秋》《清明》《寒食漫笔》等系列校本教材。同时，我校十分注重电子课程资源的开发，先后建设了绵山文化的素材库和音频库。影视《绵山活佛》、晋剧《介子推》、纪录片《晋文公》《割股奉君课本剧》等系列音频，成为职中学子的必修课。

（2）营造氛围，追思怀远

我们以校园网、广播站、校刊、LED屏、板报、墙报、公示栏等媒介和载体，把以“慈孝”为主题的绘画、文学、音频、手工、雕塑等多种表现形式的作品，立体化地呈现给师生。置身校园中，处处闻慈孝。教室、宿舍、食堂、实训室、足球场、打水房、车棚，处处有“慈孝”的教化。春风化雨的同时，学校鼓励同学们大胆创作，踊跃展示自己的作品，充分发挥了学生的能动性。

2. 夯实慈孝研学平台，探幽介子人文轨迹

（1）政、企、校，三方联手共探研学新思路

介休市区域内，和介子文化相关的人文古迹多达17处之多。通过市政府的主导和协调，我们在介休文化局、介休旅游局、绵山风景区、介休电视台等相关部门和公司的大力协作下，安全有序地参访了绵山、银淀山、介休烈士陵园、张壁古堡、介林、后悔沟、介休博物馆、后土庙等和介子文化相关的人文古迹和文化场所。

（2）班、部、校，三方互促共建研学新模式

学校实行分管校长总负责，各专业部部长具体组织实施的教育教学管理模式。结合各专业部的人才培养模式，各班、各部探索出各自的研学模式。班级研学，主要是“学生自发、班级引导、家庭协助”的研学模式。有条件、有兴趣的班级还可以加入介休本地的“绵山文化协会”“绵山义务向导队”等群众

性协会，利用节假日免费为各地的游客引导旅游路线，讲解介子文化。部级研学，主要以情境教育为主。我们把学生带到介子推雕塑、烈士陵园、明清街等文化场所，举办了“清明，我们的节日”诗歌朗诵赛、“最美孝心青年”等活动。学校提倡各班、各部开展“慈孝”文化活动，适时适地组织全校性的“慈孝”公益和集体追思活动，特别要注重培养学生的重大使命意识和追思怀远的志向。

3. 发掘慈孝文化蕴意，践行介子人文情怀

（1）兼容并蓄，与时俱进

在慈孝主题的挖掘上，我们十分重视吐故纳新，与时俱进。我校的慈孝文化研学组和介子文化协会、介休文联、介休史志办、介休档案室、介休博物馆等单位保持着长期密切的联系。我校购置了《优秀员工》《责任胜于能力》等37套现代企业文化学习资料，通过校园网，全部面向师生免费开放。

慈孝文化的外延不断扩大，特别是和现代企业文化的结合，使得同学们对慈孝文化的理解更加深刻，对当地历史文化更加珍惜和热爱。

（2）校企联手，共育英才

我们的学生到绵山风景区开发公司，不论是实训实习，还是就业创业，各个育人环节都必须由学校教师和企业专家共同指导。学生的慈孝文化素养，在这个独特的学习和工作环境下，得到进一步强化和升华。最终，慈孝文化内化为学生要求自我成长的源动力。

我们还聘请绵山风景区开发公司的企业专家参与到学生的德育评定建设中来，并大幅度增加企业专家对学生的德育评价权重。

通过几年的慈孝文化教育，师生的慈孝文化修养和职业素质在潜移默化中得到了提高。我们把社会上一些人所说的“听得美、看得酸、不敢行”的慈孝文化，变成了我校中职学生“可感可知，可评可行”的文化素养和职业素养，得到了家长的强烈赞同和社会的高度评价。绵山风景区开发公司对学生在其企业实训、顶岗实习及就业创业期间，所表现的慈孝文化素养和职业文化素质，

给予高度肯定。通过绵山旅游这个平台，学校的优秀实习生和就业创业者使来自海内外的游客切实感受到慈孝文化的感人魅力。我们的慈孝文化，正在社会这个大舞台上发扬光大。

八、学校党建工作情况

2016年，全省各中职院校党委认真贯彻落实党的十八大和十八届三中、四中、五中、六中全会精神，认真学习贯彻习近平总书记系列重要讲话精神，坚决贯彻省委提出的“一个指引”“两手硬”的重大思路和要求，认真落实全面从严治党主体责任，党建工作开创新局面，取得新成绩。

大同市卫生学校：着力推进学习型党组织建设。学习型党组织建设是一项系统的新的工程，学校确定了“全员学习，终身学习”的理念，通过充实的内容、实在的活动载体，来提高党员干部学习的主动性和自觉性，确保学习不浮于表面，不走过场，不搞形式主义，营造出党组织示范引领和全体党员勤于学习、勇于创新的良好氛围。一是配齐了各个支部的学习资料，保证了学习的有效开展。二是改进学习方式，完善载体建设。三是把领导干部讲党课纳入规范化、制度化轨道。四是深入调研，推进各项工作的顺利开展。

晋城市中等专业学校：积极开展“六个一”活动。开展百题知识竞赛和两个条例试题解答；组织党员和入党积极分子赴武乡八路军太行纪念馆参观学习，瞻仰了先烈，重温了入党誓词；观看了《贪与欲》警示教育片；开辟了《三学六守换届九严禁》警示栏等。这些活动的开展丰富了学习教育的内容，拓展了学习教育的方式，增强了学习教育的效果，加深了党员对党纪党规的理解。

学校党员重温入党誓词

山西省贸易学校：党委高度重视党建工作，认真履行职责，落实“两个责任”。以“两学一做”学习教育为抓手，深入推进党的思想建设、组织建设、作风建设、制度建设、党风廉政建设。党委班子注重自身建设，“四个意识”强，民主作风好，工作作风实，自身要求严。班子团结，敬业有为，带领全校党员干部和职工开拓进取，努力争先，学校被山西省粮食局树立为全省粮食系统的一面旗帜，在全省职教领域也发挥着骨干示范作用。学校党委多次被上级主管部门评为先进基层党组织。

“党在我心中”暨职教周·青春杯歌咏比赛现场

“两学一做”知识竞赛

承办全省粮食系统“爱粮、敬粮、兴粮，做合格党员”主题演讲比赛

“两学一做”政治理论学习现场

九、主要问题和改进措施

（一）主要困难和问题

1. 布局分散，优质资源短缺

一是中等职业学校数量多，规模小，资源分散。2016年，全省中职学校校均规模仅822人。二是强校少，弱校多。国家级中职示范校23所（不含技工学校），占全省中职学校5%。三是职业教育资源短缺。全省中等职业学校短缺校舍建筑55.4万平方米，现有校舍中还有相当数量不达新的抗震设防标准，急需加固或改造；30个县（市、区）还没有建成合格的县级职教中心，占全省县（市、区）总数的1/4。四是职业院校教师结构不合理，“双师型”教师占专

业教师和实习指导教师的比例仅有30%。

2. 办学活力不足

一是职业教育体系不健全，本科层次职业教育、专业学位研究生培养模式尚未设立，中职学生向高端发展的路径亟待打通。二是招生考试制度改革还需进一步深化，开展中职与高职专科5年连读，以及中职“3+4”等形式的中职与高职专科及应用本科贯通衔接的职业教育人才培养工作存在诸多障碍。三是社会力量、企业举办或参与职业教育在我省职业教育发展中发挥的作用有限，全社会合力共同发展职业教育的局面尚未形成。

3. 服务能力不强

一是中职学校办学特色不鲜明，专业建设跟不上产业发展速度，专业设置与产业发展需求之间仍然存在差距。二是中职学校办学理念、教学内容、方法、手段还不能完全适应岗位一线的需求，人才培养模式改革创新亟待进一步深化。三是中职学校对接企业不紧密，多数职业院校与企业的合作仅停留在招生就业、实习实训层面，缺乏更广泛的深层次合作。四是中职学校社会培训不足，科技成果的研发、应用、服务能力弱，对经济社会发展直接贡献少。

（二）改进措施

全面贯彻落实《国务院关于加快发展现代职业教育的决定》和全国、全省职业教育工作会议要求，以及《山西省人民政府关于贯彻落实〈国务院关于加快发展现代职业教育的决定〉的实施意见》等一系列配套政策文件精神，从解决我省职业教育主要矛盾与困难入手，以能力建设为重点，以增强活力为突破，以提高技能为核心，以服务转型为目标，建设符合省情、体现先进水平、高效服务转型发展的现代职业教育体系，为山西转型发展、振兴崛起提供强有力的技术技能人才支撑。

1. 大力加强职业教育基础能力建设

大力实施“职业教育水平提升工程”，通过实施职业院校办学条件达标计划、县级职教中心建设计划、实习实训基地建设计划、重点专业建设计划、“双师型”教师队伍建设计划、骨干示范职业院校建设计划等6项计划，夯实中等职业教育基础条件，提高中等职业教育办学水平。探索职业教育园区化发展，发挥设区市政府的主导作用，依托工业园区、科技开发区等技术技能聚集区，集成整合中高职院校，建设优势互补、资源共享的职业教育园区。到2020年，全省中、高等职业院校基本办学条件达到国家规定的办学标准。

2. 大力推进现代职业教育体系建设

强化设区市对中等职业教育的统筹规划，根据本地实际，统筹推进职业学校布局调整和职业教育体系及专业结构优化，确保每个县（市、区）办好1所县级职业教育中心（中等职业学校）。鼓励优质学校通过兼并、托管、合作办学的形式，整合办学资源，形成规模效益和质量效益。积极支持推动一批普通本科高校向应用技术型转变，探索建立以职业需求为导向、以实践能力培养为重点、以产学研结合为途径的专业学位研究生培养模式，逐步完善从中职、高职到应用本科、专业学位研究生各个层次贯通衔接，学历教育与继续教育互为补充的现代职业教育体系。

3. 深化体制机制改革创新，激发职业教育的活力

一是全面落实《山西省职业教育校企合作促进办法》，以服务我省经济社会发展为目标，不断完善产教融合制度、行业指导制度、校企合作制度和集团化办学制度。二是全面落实我省关于加强职业院校“双师型”教师队伍建设相关政策，提高中等职业学校教师实践教学水平和技术服务能力。三是加快推进职业教育招生考试制度改革。建立中等职业学校与普通高中统筹招生制度和统一招生平台，健全“文化素质+职业技能”、综合评价招生、优秀毕业生和技能拔尖人才免试等考试招生办法，为学生接受不同层次高等职业教育提供多样化入学形式。四是完善社会力量兴办职业教育制度，支持各类办学主体通过独资、合资、合作等多种形式举办民办职业教育。

4. 深化教育教学领域各项改革，提高人才培养质量

一是适应我省产业结构调整的需要，建立专业设置随产业发展动态调整机制，形成与产业链相衔接、与创新驱动相匹配、与产业布局相适应、与发展需求相一致的专业设置格局。二是推行项目教学、案例教学、工作过程导向教学等教学模式，开展好职业院校技能大赛，加大实习实训在教学中的比重，提高学生的职业技能。三是以立德树人为根本，坚持工学结合、知行合一的培养原则，全面实施素质教育，培养职业院校学生爱岗敬业、精益求精、重视传承、敢于创新的工匠精神。四是建立中职学校教学诊断改革制度，推行人才培养质量年度报告制度，加强中等职业学校内涵建设和内部管理，加强质量监控，保证培养质量。

2016年山西省高等职业教育质量年度报告

一、山西省高职院校总体特征

（一）高职院校数量及分布状况

2016年，山西省共独立设置高职院校47所。与2015年山西省48所高职院校相比，院校数量减少1所，山西警官高等专科学校升格为本科院校。47所高职院校分布在全省11个市，如图1所示，其中太原市域内院校数量最多为24所，占院校总数的51.06%。

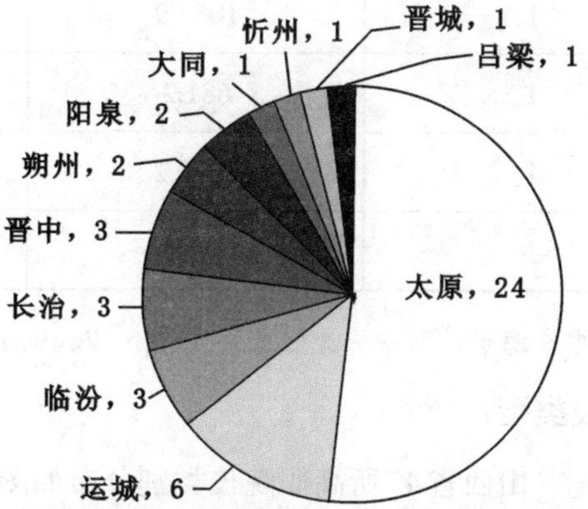

图1 2016年山西省高职院校市域分布图（单位：所）

表1是山西省各市域内高职院校数量与各市GDP总值排名对照表，从表中可以看出，山西省各市域内高职院校数量与各市GDP总值排名基本保持正相关，山西省高等职业教育较好地支撑了地方经济的发展。

表1　山西省各市域内高职院校数量与各市GDP总值排名对照表

地级市	高职院校数量（所）	2015年GDP总值（亿元）	高职院校数量排名/GDP总值排名
太原市	24	2735.34	1/1
运城市	6	1174	2/3
临汾市	3	1161.1	3/4
长治市	3	1195.1	3/2
晋中市	3	1046.1	3/6
朔州市	2	901.1	6/9
阳泉市	2	595.7	6/11
大同市	1	1052.9	8/5
忻州市	1	681.2	8/10
晋城市	1	1040.2	8/7
吕梁市	1	955.8	8/8

注：各市GDP数据来源于山西省统计信息网（http：//www.stats-sx.gov.cn/）

（二）高职院校类型

院校类别多样化，山西省47所高职院校类别分布如图2所示。占比第一的是理工类院校，总计14所，比例为29.79%；占比第二的是综合类院校，总计10所，比例为21.28%；占比第三的是财经类院校，总计7所，比例为14.89%。

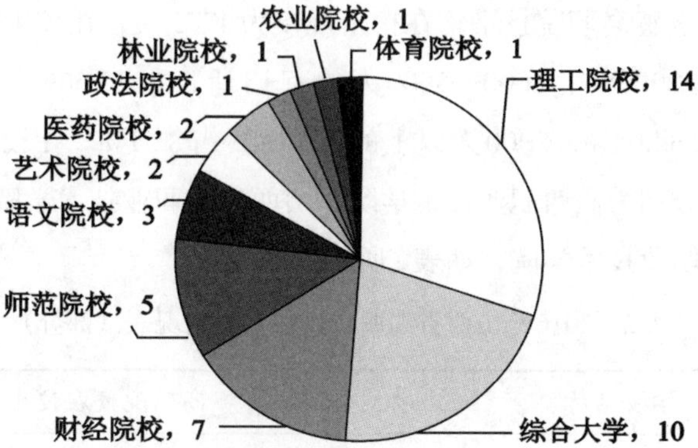

图2　2016年山西省高职院校类别分布图（单位：所）

院校举办者多元化，47所高职院校中有公办院校39所（其中教育厅属7所，其他厅级单位属16所，市县属16所），企业（集团）举办院校3所，民办院校5所。

（三）高职院校规模

2016年，山西省47所独立设置高职院校共有全日制在校生224303人，比上年减少14381人。如图3所示，山西省独立设置高职院校在校生人数近五年来稳中有升，2016年在校生人数有所下降，各院校应对高职生源危机有所警觉。

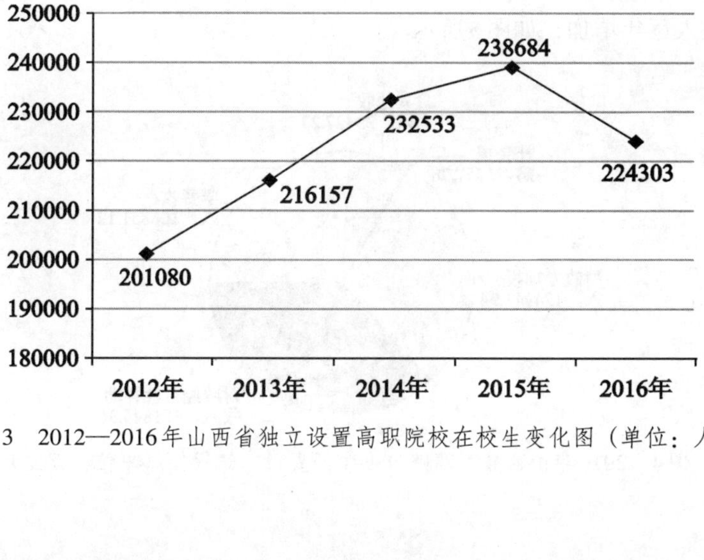

图3　2012—2016年山西省独立设置高职院校在校生变化图（单位：人）

47所独立设置高职院校平均在校生规模为4772人，在校生在3000人以下的有14所，占29.79%；3000—5000人的有13所，占27.66%；5000—8000人的有16所，占34.04%，8000人以上的有4所，占8.51%。在校生人数在8000人以上的院校分别为山西职业技术学院、山西建筑职业技术学院、临汾职业技术学院和晋中职业技术学院，如表2所示。

表2 2016年山西省高职院校在校生情况表（部分）

学校名称	高职院校在校生（人）
山西职业技术学院	11268
山西建筑职业技术学院	9828
临汾职业技术学院	8794
晋中职业技术学院	8500

（四）高职院校办学经费收支状况

2016年，山西省47所独立设置高职院校经费收入共计414022.43万元，其中，学费收入106851.12万元，占总收入的25.81%；财政经常性补助收入为151844.36万元，占总收入的36.68%；财政专项投入124141.94万元，占总收入29.98%；社会捐赠1757.78万元，占总收入的0.42%；其他收入29427.23万元，占总收入的7.11%，如图4所示。2012—2016年山西省高职院校财政经常性补助收入逐年增加，如图5所示。

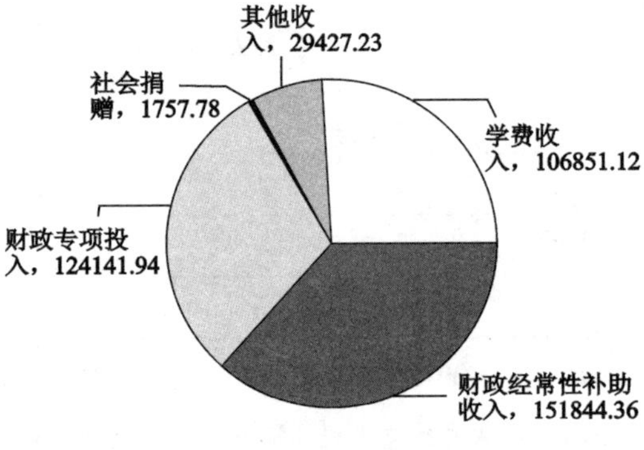

图4 2016年山西省高职院校办学经费投入情况图（单位：万元）

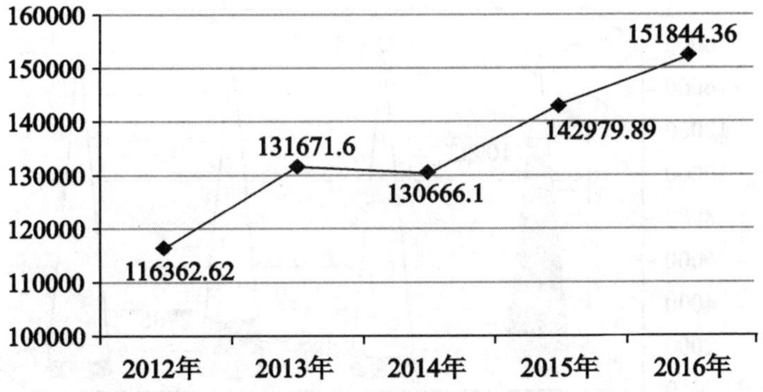

图5　2012—2016年山西省高职院校财政经常性补助情况图（单位：万元）

2016年，山西省47所独立设置高职院校经费支出共计416400.6万元。其中支出排在前三名的是：其他支出195796.77万元，占总支出47.02%；基础设施建设109604.18万元，占总支出26.32%；日常教学经费49993.03万元，占总支出12.01%，如图6所示。

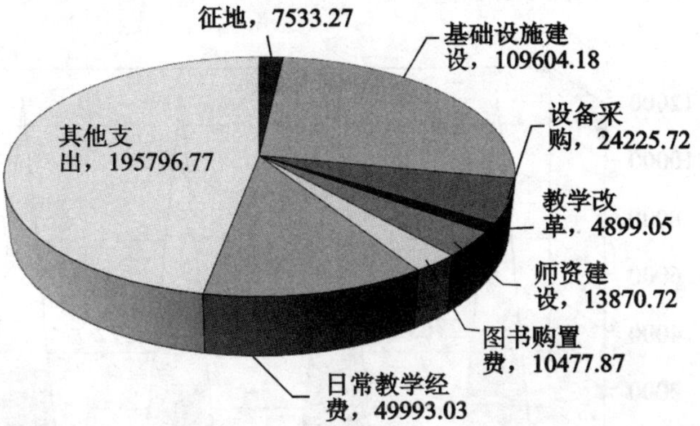

图6　2016年山西省高职院校办学经费支出情况图（单位：万元）

（五）高职院校师资队伍状况

我省47所独立设置高职院校教师中，现有专任教师10922人，占教师总数的71.78%；校内兼课教师887人，占教师总数的5.83%；校外兼职教师2706人，占教师总数的17.78%；校外兼课教师702人，占教师总数的4.61%，如图7所示。

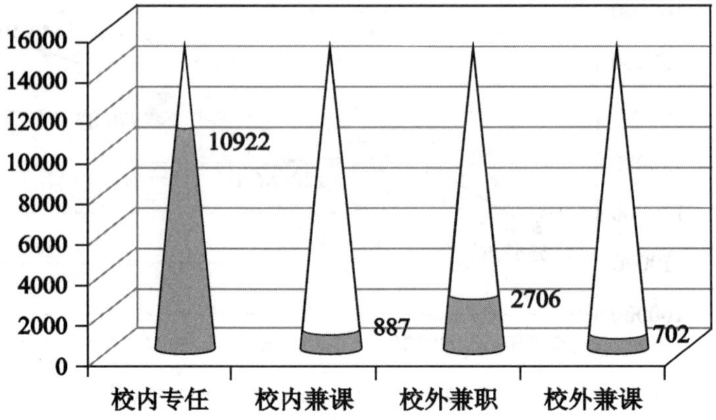

图7　2016年山西省高职院校各类教师情况图（单位：人）

我省47所独立设置高职院校专任教师中，高级职称教师比例为25.32%，中级职称教师比例最大，占36.39%，初级职称教师比例为23.1%，其他教师比例为15.19%，如图8所示。

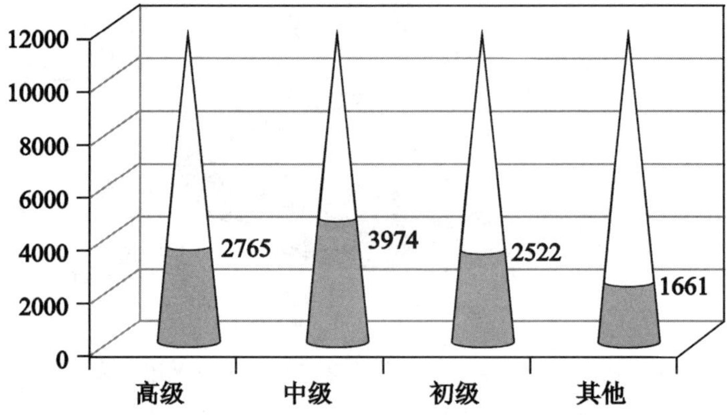

图8　2016年山西省高职院校专任教师职称情况图（单位：人）

我省47所独立设置高职院校专任教师中，本科学历的专任教师占69.58%，硕士研究生学历的教师约占27.6%，博士学历的教师约占0.62%，专科及以下的教师占2.20%，如图9所示。

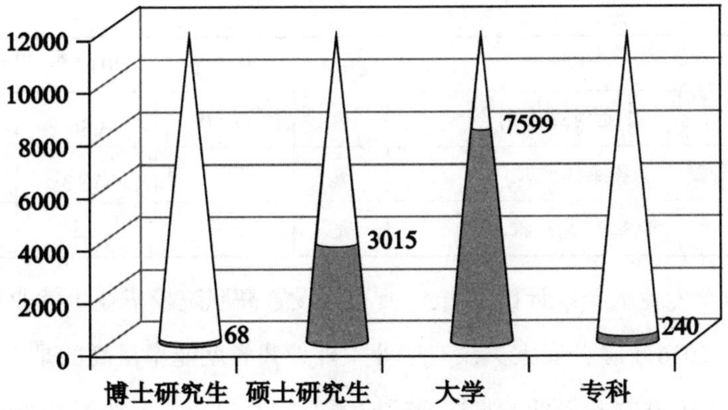

图9　2016年山西省高职院校专任教师学历情况图（单位：人）

二、学生成长与发展

（一）就业质量

2016年在经济下行压力较大、就业相对困难的形势下，山西省高等职业教育坚持以就业为导向，积极推进人才培养模式改革，构建全程化的创新创业、就业指导体系和多元化的就业管理服务体系，在人才培养质量、创新创业教育成效、就业工作各项指标等方面均取得了较好的成绩。2016年与2015年山西高等职业教育“计分卡”数据对比显示，除了自主创业比例为3.36%，比2015年毕业生同期下降了4.1%外，就业率、月收入、母校满意度、雇主满意度等指标均稳步提升，如表3所示。

表3　山西省高职院校2015年和2016年“计分卡”对照表

序号	指标	单位	2015年	2016年	增量
1	就业率	%	83.21	84.77	1.56
2	月收入	元	2204	2248.36	44.36
3	理工农医类专业相关度	%	65.63	74.47	8.84
4	母校满意度	%	89.07	91.84	2.77

续表

序号	指标	单位	2015年	2016年	增量
5	自主创业比例	%	7.46	3.36	-4.1
6	雇主满意度	%	79.7	95.13	15.43
7	专业大类月收入	元	—	—	—

按19个专业大类统计山西省47所独立设置高职院校毕业生就业率（9月1日之前），2016年除公安大类没有毕业生外，我省就业率最高的是生化与药品大类，达到91.07%；最低的是交通运输大类，为52.46%，如图10所示。

按19个专业大类统计山西省47所独立设置高职院校毕业生起薪线，2016年除公安大类没有毕业生外，我省起薪线最高的是环保、气象与安全大类，达到2473.80元；最低的是法律大类，为818.02元，如图11所示。

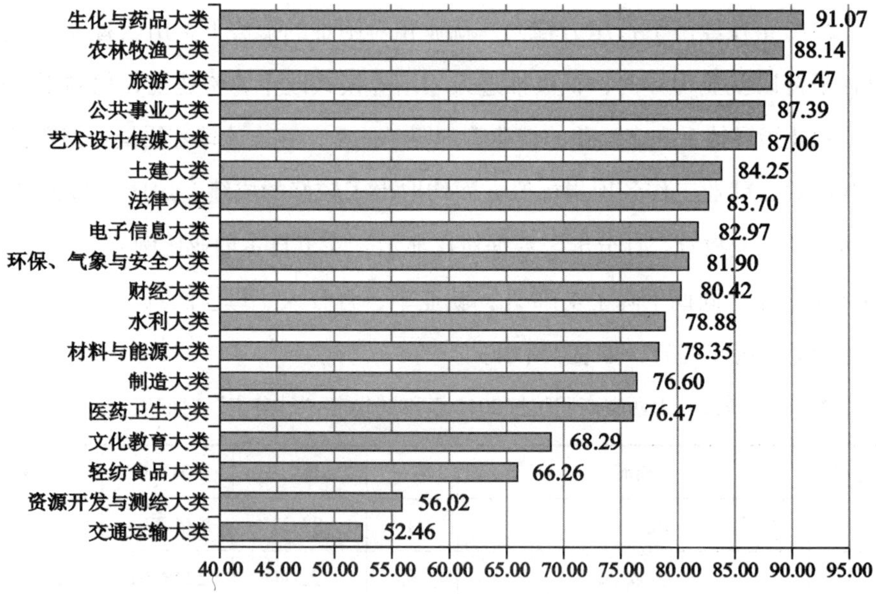

图10　2016年山西省高职院校专业大类就业率情况图（单位：%）

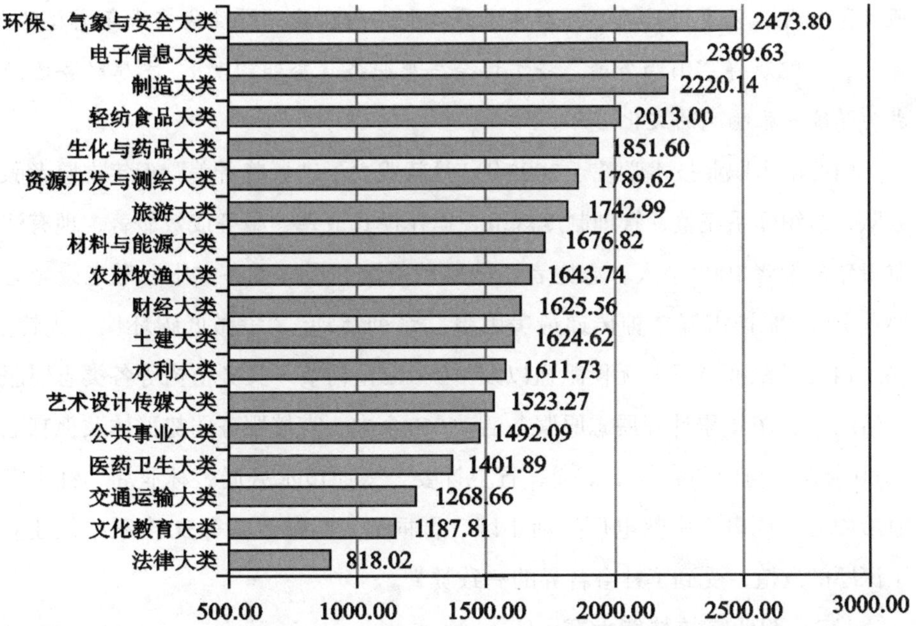

图11 2016年山西省高职院校各专业大类起薪线情况图（单位：元）

（二）素质教育

坚定“以服务发展为宗旨，以促进就业为导向”理念不动摇，“服务发展”，不仅仅是服务经济发展，服务社会发展，更是服务学生的发展。全省高职院校坚持立德树人，全面推进素质教育，结合院校实际和学生特点，通过开展扎实细致的工作和丰富多彩的活动，弘扬社会主义核心价值体系，帮助全省广大高职院校学生成长成才，学生综合素质明显提高。

案例1：志愿者服务。山西经贸职业学院拥有一支优秀的青年志愿者团队，2015年9月至2016年8月，共有2万多人次的志愿者参加包括山西省第二届文博会、花塔小学和大唐实验小学的助教服务、“壹基金”温暖包发放活动、生态环保宣讲、太原市红十字血液中心献血活动、晋祠养老院以及关爱方舟自闭症儿童等活动。259名学生荣获“优秀青年志愿者”称号，“阳光携手，爱在方舟”天使行动服务项目等16个项目获“学院优秀青年志愿者服务项目”称号，艺术设计系志愿服务队等4个服务队获“学院优秀青年志愿队”称号，学院获得“山西省第二届文博会志愿服务优秀组织奖”，志愿服务已经成为学院一张响亮的文化名片。

山西电力职业技术学院于2005年3月就成立了“晋善晋美”青年志愿者服务队，组织体系完整、管理制度规范、运作模式成熟、服务成效显著，现有注册青年志愿者1000余人。志愿者团队坚持不懈开展“爱在夕阳”敬老爱老志愿服务、“弘扬雷锋精神传递最美力量”系列活动、“争做低碳环保”先锋、“6·14无偿献血者日”无偿献血以及“3·12植树节”义务植树等各类志愿服务活动。2016年累计开展志愿服务活动660余次，直接服务弱势群体及孤寡老人60余人，与山西省红十字会、省卫计委、太原市水务局、林业局、红十字血液中心、国电太一热电厂生活小区、晋祠福久昌敬老院等30多家单位建立了深厚的友谊，受到了社会各界的一致赞誉。

（三）职业院校技能大赛

2016年4月，山西省教育厅、山西省人力资源和社会保障厅及山西省总工会共同举办山西省第十届职业院校技能大赛，大赛由28所职业院校承办各项赛事，省级比赛项目涉及19个专业大类共设84个小项，参赛选手达到4600多人，70个行业协会、企业参与。经过半个月的激烈比赛，共产生一等奖319个，二等奖626个，三等奖953个。2016年全国职业院校技能大赛，我省有64所中高职学校的410名参赛选手参加了70个专业项目的比赛，获得7个一等奖，20个二等奖、55个三等奖，获一等奖学生的指导教师获得指导教师奖。通过大赛，推动职业院校和行业企业多层次、全方位合作，大赛期间还开展了校企合作论坛、新设备展示、新技术体验、用人招聘会等活动，有力地促进了校企合作开展和学生职业能力增强。

案例2：丰富第二课堂活动，“双导师”指导学生全面提升职业素养。山西水利职业技术学院为进一步推进素质教育，培养学生的实践能力，利用第二课堂，由校内导师和校外导师联合指导学生。校外导师是从校企合作单位中业务素质高、专业能力强、职业道德好的业务骨干中选聘，然后签订协议，规定各自的权利和义务，保证了校外导师指导工作的顺利进行。在“双导师”们的精心指导下，学生的实训技能和职业素养得到很大的提升。

案例3：校企合作，培养航天工匠；弘扬航天精神，传承精湛技艺。2016年5月4日第97个青年节当天，中央电视台焦点访谈栏目“五一特别节目”以《师徒（三）四代同堂》为题报道了中国航天科工二院283厂马景来工作室师徒四代“航天工匠”，矢志不渝，薪火相传，奉献祖国航天事业的感人事迹。其中马景来师父的第一代徒弟曹彦生，第二代徒弟常晓飞，第三代徒弟曹彦文，均是山西机电职业技术学院毕业生。

曹彦生，原数控28班学生，2005年毕业，中共党员，在校期间代表学院参加第一届全省数控技能大赛获加工中心（学生组）第一名，全国第九名。

常晓飞，原数控45班学生，2007年毕业，曾代表学院参加第三届全省数控技能大赛获数控铣（学生组）第一名，加工中心第一名。

曹彦文，原数控12115班学生，2015年毕业，中共党员，曾代表学院参加2014年全国职业院校技能大赛三维数字化设计与制造赛项，获省级一等奖，全国二等奖，并在同年的全国数控技能大赛五轴加工中心项目比赛中获山西省第一名、全国第三名。

2016年5月10日，山西机电职业技术学院举办第二届职业教育活动周和第19届科技文化体育艺术节之际，曹彦生回到母校，与学院师生代表举行座谈，畅谈自己的成长感悟和从业经验，展望数控技术的发展趋势。曹彦生将他用当前世界最先进的五轴联动数控机床加工成的一个精雕花瓶作为礼物送给母校，并用“江河万里总有源，树高千尺也有根”来表达他和常晓飞、曹彦文等同学对母校的感激之情。

（四）创新创业教育

为全面贯彻落实《山西省人民政府办公厅关于扶持高校毕业生创业的意见》（晋政办发〔2014〕40号）文件精神，山西省人社厅、财政厅和教育厅联合印发了《关于开展普通高校大学生毕业学年创业培训专项活动的通知》（晋人社厅发〔2014〕36号），通过完善创业培训政策体系、强化创业培训工作措施、创新创业培训工作机制，将有创业意愿的高校应届毕业生全部纳入创业培训服务范围，力争实现全省组织开展创业培训的高校和每一名有创业意愿的应届毕业生都能受到由政府补贴的创业培训“两个全覆盖”，激发高校毕业生创业激情，提高创业能力，充分发挥创业带动就业作用，推动高校毕业生实现更高质量就业。2016年，由省人社厅、财政厅共同认定的11所高职院校创业培训定点机构组织开展了大学生创业培训，15848人参加了创业培训并合格，1208人参加了创办企业培训并合格。按照创业意识培训每人150元、创办企业培训每人500元的补贴标准，2016年共下达财政补贴资金298.12万元，其中创业意识培训补贴237.72万元，创办企业培训补贴60.4万元。

案例4：成立“晋中职院·万讯创新创业学院”。2016年6月，由政府、高校、行业、企业四方合力构建的大学生创业孵化基地——万讯创新创业学院在广东工贸职业技术学院成立，晋中职业技术学院成为万讯创新创业学院高校联盟发起人单位之一。“万讯创新创业学院”拿出300万资金，为每一个创业项目提供3万元创业资金，降低了创业风险，提高了创业成功率，政校行企合作共建的扶持大学生创新创业的一种新的模式全面开始运行。2016年9月20日，“晋中职院·万讯创新创业学院”正式签约，晋中职院“万讯创客城”项目正式启动。

“晋中职院·万讯创新创业学院”实行院方、企业方双院长制，指导创新创业教育改革和制度建设；实施创新创业教学改革与实践；开展创新创业实践项目；组织创新创业竞赛活动；推动大学生创业孵化基地及创客城建设；管理创新创业的新专业学生和创新创业实习。构建了特色的创新创业生态系统：第一层面，通过开展创业必修课，面向全院学生进行创业意识培训，激发创业热情；第二层面，针对有意愿创新创业的学生，依托经管系的把企业搬进校园的实战模拟训练基地，进行创业技能训练；第三层面，对能力强，有投资潜力的项目团队进行资金扶持，开展导师跟踪的创业实践。2016年学院举办了4期GYB创业意识培训班，培训学生1463名，合格率100%。

（五）国际化教育

深入贯彻落实《国务院关于加快发展现代职业教育的决定》要求，完善中外合作机制，支持职业院校引进国（境）外高水平专家和优质教育资源，鼓励中外职业院校教师互派、学生互换。国际合作交流不断深化。各高职院校在中外合作办学、师生交流、举办国际论坛、参加国际竞赛，引进国际标准等方面进行了积极的探索实践。

案例5：山西工程职业技术学院合作办学项目顺利开班。2016年10月14日，山西工程职业技术学院、加拿大北方应用理工学院合作办学项目举行开学典礼，会后召开了中加合作办学项目学生见面会，双方签订了《中国山西工程职业技术学院加拿大北方应用理工学院谅解备忘录》，并将以此为起点进一步推进国际合作，全面提升国际合作与交流水平。

案例6：深化中外合作办学项目教学交流活动，引进专业课程包。2016年6月17日—22日，太原旅游职业学院与德国北黑森应用技术大学进行了为期一周的教学交流活动。北黑森应用技术大学西尔教授就目前国际关注的旅游热点问题、旅游教学法、户外实践课等问题和太原旅游职业学院教师进行了深入的探讨和交流，双方还达成1个中德合作课题研究的意向。

学院继续推进“引进德国北黑森应用技术大学旅游管理专业课程包”项目，将引进的旅游管理专业课程标准和教材转化为“本土化”课程，构建具有国际化特色的本土课程体系。同时与太原理工大学国际教育交流学院合作，联合开发外国留学生中国文化课程，不断增强学院办学社会影响力。

三、学校改革与成效

（一）开展专业建设调研，调整优化专业设置

2016年，省教育厅主导成立课题组，开展了山西省职业教育专业建设专题调研，通过对院校专业设置、专业分布与结构、教师师资队伍建设、实训基地建设、院校布局等关键问题进行广泛调研，汇总、分析全省现状和具体数据，找出存在的困难和问题，提出相应的解决意见和建议，最终形成9个专项调研报告。

在深入调研的基础上，我省主动适应产业结构调整、经济转型发展需要，进一步加强专业设置的宏观调控和指导，大力推进专业结构优化升级。近三年共淘汰471个陈旧落后需求不旺的专业点，新增241个我省支柱产业发展急需的紧缺专业点。除水利大类没有撤销专业点以外，其他18个专业大类均有专业点被撤销。撤销专业排在前五位的依次是：教育与体育、电子信息、文化艺术、装备制造、财经大类，其中教育与体育大类撤销专业点最多为118个，电子信息大类次之为41个。新增专业数量位居前五的依次是装备制造大类、土木建筑大类、电子信息大类、旅游大类和文化艺术大类；电子信息和文化艺术大类有撤有增，撤销的主要是计算机应用技术、计算机信息管理、电脑设计、艺术设计等传统通用专业；新增专业集中在与我省优先接续产业、战略新兴产

业相关的专业，如云计算技术与应用、互联网络金融、移动互联应用技术、数字媒体技术等专业。反映了我省高职专业动态调整机制逐渐成熟，适应产业需求的主动性和前瞻性明显增强。

案例7：2016年山西省高职专业设置情况。山西省47所独立设置高职院校开设1022个专业点，覆盖到高职高专教育专业目录中的19个专业大类，314种专业。其中专业布点前三位的为财经商贸大类、电子信息大类和装备制造大类，布点均在100个以上；专业布点后三位的为水利大类、轻工纺织大类和公安与司法大类，布点均在10个以下，如图12所示。

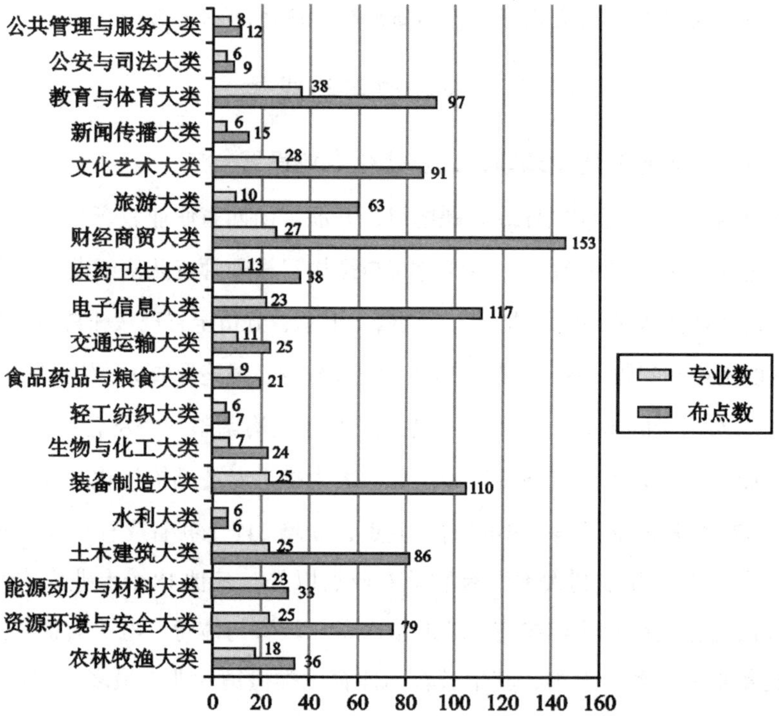

图12　2016年山西省高职院校专业类别分布情况图（单位：个）

（二）深化人才培养模式改革，推进现代学徒制探索

2016年，我省有山西工程职业技术学院、山西职业技术学院、山西药科

职业学院等3所高职院校列入教育部现代学徒制试点单位。试点院校积极探索办学模式改革，开展校企联合招生、联合培养，通过校企深度合作，发挥企业人才培养主体作用，创新校企合作办学、合作育人、合作发展的协调机制，深入实施“现代学徒制”人才培养。

案例8：“现代学徒制”试点。山西工程职业技术学院积极推进物流管理专业招生与招工一体化，根据合作企业对学徒的要求，采取自愿报名、先招生再招工的方式，与企业共同从2015级新生中招聘与选拔学徒40名，同时，签订三方协议，组成物流管理专业现代学徒制试点班。试点班按照“学生→学徒→准员工→员工”四位一体的人才培养总体思路，实行三段式育人机制，践行“双主体育人、工学交替”的人才培养模式；校企双方密切合作，打破现有教师编制和用工制度的束缚，择优选聘校内导师和企业导师，实施“双导师”制；按照“现代学徒制试点班”教学安排，完成专业课程理论学习以及职业素质培养的任务，以工学结合、校企并重方式进行，校内专业课程教学充分利用现有实训基地，开展教学做一体化教学模式，在企业落实师傅带徒弟制度，1个师傅带3至5个徒弟，组成学习小组，确保学生学习到相关岗位的专业知识，同时切实掌握实践岗位所需的技能。

山西职业技术学院按照现代学徒制人才模式改革试点项目要求，2016年6月，学院与太原市轨道交通发展有限公司签署了订单培养协议；2016年7月与富士康精密电子（太原）有限公司成立了CAA—IDPBGTY校企合作专班。

学院共与136家企业建立合作关系，先后取得实用新型专利9项，发明专利1项，完成16项省级以上教科研项目的结题工作，新增省级以上教科研课题25项。学院资产经营有限公司积极发挥校企合作实体平台作用，坚持为学院专业建设、课程开发、师资队伍建设以及提高学生职业技能水平等服务的理念，架设专业系部与企业深度合作的桥梁。本学年，资产公司及下属公司先后完成技术服务及产品开发项目37项，完成产值89.7万元。

（三）促进校企合作，推动职业教育集团化办学

为使职业院校人才培养更加符合经济社会发展需求，我省深入贯彻落实《山西省人民政府办公厅关于印发〈山西省职业教育校企合作促进办法（试行）〉的通知》（晋政办发〔2015〕74号）文件精神，落实“省级行业性职业教育集团由行业部门和组织牵头运行”的要求，完成拟定职业教育集团牵头部门交接方案，推动职业院校与行业、企业进一步深化合作内涵，保证交接工作顺利实施。

（四）加强基础建设，提升信息化建设水平

各院校高度重视信息化建设，不断加强网络和信息化硬件系统“三通两平台”建设，提高教师信息技术应用能力，全面推进智慧校园建设，提高了信息化服务教学和管理的支撑能力。围绕精品资源共享课、虚拟仿真实训软件开发、电子网络教学资源建设，取得了一批优秀建设成果，积极推动了教学改革和学生自主式学习，信息技术在教学、实习实训和学校管理中得到有效应用，成效明显。

2016年，我省继续举办山西省职业院校信息化教学大赛，大赛分中等职业教育组和高等职业教育组进行。经过专家评审，共产生一等奖12个、二等奖18个、三等奖30个。

2016年4月，省教育厅组织专家对我省山西交通职业技术学院等6所教育部第一批教育信息化试点单位进行了验收。经验收，6所院校均全面完成了试点工作，试点工作内容、项目和完成程度均超过了《试点工作实施方案》，超额实现试点目标。

案例9：开发大赛平台软件，提高会计职业教育信息化建设水平。山西省财政税务专科学校设计并承办了2016年全国职业院校技能大赛高职组会计技能大赛、山西省职业院校技能大赛高职组会计技能大赛和2016年山西省职工珠算及珠心算大赛。学校先后与厦门网中网软件公司合作开发全国职业院校技能竞赛高职组会计技能竞赛手工业务处理环节竞赛平台，与新道科技股份有限公司合作开发全国职业院校技能竞赛高职组会计技能竞赛信息化业务处理环节竞赛平台，与大连理工大学出版社、锦绣人生公司合作开发《会计专业实践教学平台》，与科云信息科技有限公司合作开发"科技创造云学习"平台，与中教畅享科技有限公司合作开发中职会计技能竞赛手工操作平台等，既为高职院校职业技能大赛会计赛项提供了平台，为高职院校会计专业实践教学提供了有效支持，又推动了会计职业教育信息化建设水平的提高。

（五）完善内部治理，提升院校管理水平

根据教育部《职业院校管理水平提升行动计划（2015—2018年）》，结合山西省实际情况，我省研究制定了《山西省职业院校管理水平提升行动计划实施方案》，在全省职业院校倡导"改变从今天开始"，以6项行动20项活动为载体，把落实实施行动计划与日常管理工作系统有机地结合起来，坚持立知、立行、立改，通过扎扎实实的活动，进一步提升管理水平，推动我省职业院校内部管理工作再上新台阶。为加强行动计划的过程监管，我们在山西职教网建立"山西省职业院校管理水平提升行动计划管理和监测系统"，监测各级教育部门、各类职业院校6项行动20项活动开展情况，督促指导职业院校及时反映工作动态，交流工作经验。今年上半年，系统首先由6所国家教育信息化建设试点职业院校试用3个月，通过试用、反馈、交流、总结，目前已将6项行动20项活动细化为96个工作参考点，并增加了管理创新内容，进一步明确了院校的具体工作任务和工作要求。

以大学章程建设为契机，不断完善学校治理结构和决策机制，提升学校现代治理能力。截至2016年9月，山西省共有28所独立设置高职院校章程通过教育厅核准，表4为高职院校章程被山西省教育厅核准高职校名单。

表4　高职院校章程被山西省教育厅核准高职校名单

序号	学校名称	序号	学校名称
1	山西省财政税务专科学校	15	忻州职业技术学院
2	山西职业技术学院	16	山西水利职业技术学院
3	山西旅游职业学院	17	晋中师范高等专科学校
4	山西青年职业学院	18	山西机电职业技术学院
5	山西经贸职业学院	19	山西财贸职业技术学院
6	山西运城农业职业技术学院	20	山西轻工职业技术学院
7	山西金融职业学院	21	山西建筑职业技术学院
8	山西戏剧职业学院	22	山西体育职业学院
9	山西警官职业学院	23	山西林业职业技术学院
10	山西管理职业学院	24	山西电力职业技术学院
11	大同煤炭职业技术学院	25	山西国际商务职业学院
12	山西工程职业技术学院	26	山西交通职业技术学院
13	山西艺术职业学院	27	山西煤炭职业技术学院
14	太原城市职业技术学院	28	山西药科职业学院

四、服务与贡献

（一）服务区域社会经济发展，提供高素质人才保障

2016年，山西省47所独立设置高职院校毕业生总数为59752人，与2015年的72804人相比，减少13052人。2016年，山西省47所独立设置高职院校毕业生就业人数为51865人，与2015年64299人相比，毕业生就业人数减少了12434人。

表5　山西省高职院校服务贡献表

序号	指标	单位	2015年	2016年	增量
1	毕业生人数（合计）	人	72804	59752	-13052
	其中：就业人数（合计）	人	64299	51865	-12434
	毕业生就业去向：	—	—	—	—
	A类：留在当地就业比例	%	65.92	67.72	1.8
	B类：到中小微企业等基层服务比例	%	61.11	71.69	10.58
	C类：到国家骨干企业就业比例	%	10.35	12.16	1.81
2	横向技术服务到款额	万元	32.03	894.22	862.19
3	纵向科研经费到款额	万元	13.77	272.84	259.07
4	技术交易到款额	万元	3.65	84.9	81.25
5	非学历培训到款额	万元	146.93	5798.06	5651.13
6	公益性培训服务	人日	4285	296805.50	292520.5
主要办学经费来源（单选）：省级（　　）　地市级（　　）　行业或企业（　　）　其他（　　）					

服务区域经济发展，为地方经济社会发展注入活力。坚持高等职业教育“服务发展、促进就业”的宗旨，发挥高职教育地方性和行业性的特点，重点服务区域发展，特别是中小微企业发展。2016年，全省高职院校毕业生留在当地就业的学生比例为67.72%，留在中小微企业等基层服务的学生比例为71.69%；与2015年相比，分别增加1.8%和10.58%。

各院校更加注重技术积累与技术转化，大力开展社会培训，横向技术服务到款额、纵向科研经费到款额、技术交易到款额、非学历培训到款额、公益性培训服务等指标较上年有大幅增加。

案例10：山西体育职业学院传统优势竞技体育项目取得优异成绩。近年来，山西体育职业学院共向国家级专业运动队输送优秀运动员13名，向省级专业运动队输送优秀运动员72名。2012年英国伦敦奥运会上，学生董栋获得男子蹦床项目金牌，实现了我省运动员代表中国参加奥运会金牌“零”的突破；2014年第17届韩国仁川亚运会上，学院共有4名学生参加比赛，获得金牌1枚、铜牌1枚；2016年巴西里约热内卢奥运会上，学生郝佳露获得女子击剑项目银牌。

（二）职业教育精准扶贫，推进对口帮扶工作

省教育厅专门召开职业教育精准扶贫对口帮扶工作推进会，60所对口帮扶职业院校的校长和58个贫困县职业教育中心负责人举行了对接活动，并对今后一段时间的职业教育扶贫具体工作进行了安排，要求各职业院校要帮助贫困县加快发展职业教育，加强职业技能培训，力争使所有建档立卡的适龄贫困人口都能接受相应的职业教育和培训，提高新成长劳动力的就业创业能力，增强成年贫困人口增强致富能力，发挥职业教育在扶贫攻坚中的独特作用。

案例11：晋中职业技术学院成立了由院党委书记和院长为“双组长”的精准扶贫领导组，组建了晋中职业技术学院2015—2016年下乡扶贫工作组，赴左权县辽阳镇七里店村进行精准扶贫工作。工作组以“院包村、党总支支部包户、党员干部包人”为核心思路，制订了切实可行的精准扶贫实施意见和详

细帮扶计划。学院充分发挥高等职业教育的技术和服务优势，选派致富带头人8名，由学院筹资5600余元分两期在榆次参加新型农民培训，并赴运城苹果基地实践考察，掌握先进的栽培技术；电子信息系老师对广大村民进行了“农村电子商务商贸物流”的专题培训；生物工程系老师对广大村民进行了“牛羊鸡养殖及常见病防害技术”的专题培训，以及对养牛基地的立项、规划、建设等各方面都进行了现场指导；成人教育培训中心老师对广大村民进行了“现代乡镇企业经营与管理及农村专业合作社建议”等知识技能培训；园林专业老师带领学生冒雨实地考察、测量，对七里店村背后的荒坡、丘陵进行绿化美化规划，并设计了11个村级文化活动广场的规划方案，该规划方案已论证定稿，正在施工建设中。通过精心组织，多方促进，激发并带动乡亲们积极脱贫致富。

案例12：开展校县合作。2016年5月20日，山西经贸职业学院与岚县人民政府正式签署校县合作框架协议。双方就合作顶层设计、干部教育培训、高职教育等进行了交流磋商，搭建了合作项目初步框架。项目有利于借助政府的主导作用，同时利用学院自身教育资源优势，寻求双方的利益共赢，按照双方协议，学院需发挥科技、人文、人才等优势，利用当地农业、旅游资源等平台开展科学研究、教育教学实践、社会服务、教育培训等工作，促进岚县经济社会发展。截至目前，学院旅游管理系已形成具体合作方案，2017年启动开设“校企合作岚县酒店管理宏志班”。

五、国际影响力

由于我省地处内陆，国际交流合作开展时间相对较短，规模较小。通过表6山西省高职院校国际影响表统计可见，目前我省高职院校国际影响力较弱，2016年，山西省高职院校新增中外合作项目1项，中外合作办学的院校数共7所。

表6　山西省高职院校国际影响表

序号	指　　标	单位	2015年	2016年
1	全日制国（境）外留学生人数	人	—	0
2	非全日制国（境）外人员培训量	人日	—	0
3	在校生服务“走出去”企业国（境）外实习时间	人日	—	8720
4	专任教师服务“走出去”企业国（境）外指导时间	人日	—	1450
5	在国（境）外组织担任职务的专任教师人数	人	—	5
6	开发国（境）外认可的行业或专业教学标准数	个	—	0
7	国（境）外技能大赛获奖数量	项	—	0

案例12：山西电力职业技术学院，学生培养“国际化”，服务企业“走出国门”。学院通过开展中外合作办学项目，引入澳大利亚学历教育与岗位技能培训相融合的TAFE教育培训体系，采用“培养模式国际化、培养方案本地化”的运行模式，实现了培养的学生成为既具有坚实的专业技能又兼具较强的英语表达能力、通晓国际规则的具有“国际化”视野的复合型技能人才。2015年学院实施了项目内学生赴澳大利亚启思蒙学院短期留学项目，有6名学生赴澳大利亚启思蒙学院进行为期5周的短期留学。2014年学院与安中国际石油有限公司工业项目部开展合作，当年有12名学生远赴非洲参与安哥拉中基罗安达电厂运维工作，2015年又有10名学生参与安中莫桑比克项目建设工作，为中国企业海外的发展提供了人才支撑。

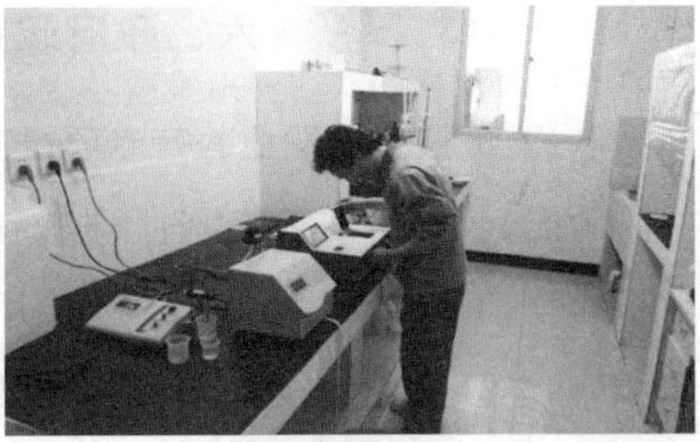

案例13：2016年4月6日，山西华澳商贸职业学院亚太电商研究中心与俄罗斯亚太合作发展中心、中华企业家联合会举行合作签约仪式。三方共同开展教育、文化、艺术、学术等方面的一系列国际交流活动，着重在交流活动中加强企业、产业的参与和互动，依托国际华裔科学家联盟，由多方联合发起建立一个国际化的集人才培养、科研、科技成果转化知识产权交流、交易于一体的国际交流平台，共同进行包括跨境电商在内的多层次、多领域的深度合作。

六、政府政策保障与履职

（一）开展全省职业教育专项督查工作

为推动全面贯彻落实全省职业教育工作会议精神和省委省政府加快发展现代职业教育的战略部署，省政府办公厅印发《关于开展职业教育专项督查的通知》，在全省开展职业教育专项督查。2016年3月下旬，在各单位自查总结的基础上，省政府派出6个督查组进行实地督促检查。7月14日，省政府督查室印发了《关于职业教育专项督查情况的通报》，向全省通报督查结果，指出了督查过程中发现的问题，并提出相应的整改意见，督促各地、各单位对照问题，逐一整改，确保省委省政府加快发展现代职业教育战略部署全面落实。

（二）调整完善职业教育工作部门联席会议制度

根据省政府《实施意见》要求和省政府主要领导指示，经与各相关部门（单位）对接沟通，对职业教育工作部门联席会议单位进行了调整充实。联席会议由张文栋厅长担任召集人，任月忠副厅长担任副召集人，各相关部门（单位）分管领导担任成员，各部门（单位）相关处室负责人担任联络员，并明确了联席会议工作规则和工作要求。联席会议制度的调整完善，有助于各部门形成合力，统筹全省职业教育工作，及时研究解决职业教育工作中的有关问题，为加快构建我省现代职业教育体系提供了有力保障。

（三）加大经费投入，加强职业院校实训基地和重点专业建设

2016年，会同省财政厅，利用中央财政现代职业教育质量提升计划专项资金和职业教育奖补资金共计44600万元，立项建设实训基地项目和重点专业项目255个，所有项目经费已经全部下达。目前，全省建成或在建的实训基地和重点专业项目达到652个，职业院校实训条件得到显著改善。为进一步加强对相关建设项目管理，提高专项资金使用效益，保证项目建设科学、规范、顺利推进，印发《山西省教育厅关于推进职业院校实训基地和重点专业（含特色

专业）项目建设的指导意见》，开发并启用了“山西省职业院校实训基地和重点专业建设质量监测系统”，依托该系统对实训基地项目建设过程进行质量监测。目前，院校已将各项目全部登录质量监测系统，并完成注册，而且在相应时间节点完成了数据填报。

表7 山西省高职院校落实政策表

序号	指标	单位	2015年	2016年	增量
1	年生均财政拨款水平	元	9000	9353.08	353.08
2	其中：年生均财政专项经费	元	2412.3	2669.49	257.19
3	教职员工额定编制数	人	15140	15150	10
	在岗教职员工总数	人	15905	15727	−178
4	生均实习企业财政经费补贴	元/月	23.91	29.66	5.75
5	生均企业实习责任保险补贴	元	7.21	10.87	3.66
6	企业兼职教师人均财政补贴	元	700.11	363.47	−336.64
7	专任教师总数	人	11374	11492	118
	专任教师参加省级培训量	人日	29413	600799.57	571386.57

（四）实施办学条件达标计划，不断优化办学资源

根据省政府《实施意见》要求，制定了“十三五”期间职业院校办学条件达标分年度工作规划，并将办学条件达标计划与布局结构调整结合起来，统筹规划。

表8为山西省高职院校“资源表”，总共7项指标中，其中3项指标有提高，反映出校内办学资源得到了不断改善。如2016年全省高职院校生师比有所优化，降低了0.56；双师素质专任教师比例提高了0.98%等。但是，企业兼职教师专业课课时占比和生均校外实习实训基地实习时间均有所下降，要进一步加强教师和学生的校外实践锻炼。

表8 山西省高职院校资源表

序号	指标	单位	2015年	2016年	增量
1	生师比	—	15.16	14.6	0.56
2	双师素质专任教师比例	%	49.34	50.32	0.98
3	专任教师人均企业实践时间	天	28	28.11	0.11
4	企业兼职教师专业课课时占比	%	24.75	23.72	-1.03
5	生均教学科研仪器设备值	元/生	9383.71	8802.16	-581.55
6	生均校内实践教学工位数	个/生	—	0.6	—
7	生均校外实习实训基地实习时间	天/生	90	78.69	-11.31

（五）完成评估总结，推动高职院校诊改工作实施

为了推动全省高职高专院校加强内涵建设、深化人才培养模式改革创新、全面提高办学水平和教育质量，促进院校举办方履行办学责任、进一步加强院校建设、改善办学条件，推动我省高等职业教育持续、稳定、健康发展，根据教育部关于开展高职高专院校人才培养工作水平评估工作相关要求，2014年5月—2015年6月，省教育厅组织评估专家组，对全省48所独立设置的高职高专院校进行了新一轮全面评估，2016年完成对全省高职高专院校人才培养工作水平评估的全面总结。

2016年省教育厅推进职业院校内部质量保证体系诊断与改进工作。按照教育部总体部署，成立专家委员会，印发《山西省高等职业院校内部质量保证体系诊断与改进工作实施方案》，要求各高职院校成立校级工作机构，认真制订本校诊改工作实施方案，年内全面启动内部诊改工作。

（六）推进高等职业教育创新发展行动计划

按照教育部总体部署，起草了《山西省贯彻落实〈高等职业教育创新发展

行动计划（2015—2018年）〉实施方案》，报教育部审核批准。方案明确了“十三五”期间全省高等职业教育创新发展的指导思想、目标任务和保障措施，对接47项任务和14项项目，安排各院校进行了项目对接。

（七）举办2016年全省职业教育活动周

2016年5月9日—15日，山西省2016年职业教育活动周在全省举行，主题是“弘扬工匠精神，打造技能强国”。省人大常委会副主任周然，副省长张复明，省政协副主席李悦娥为活动周启动仪式揭幕，张复明副省长作了重要讲话。省、市、校三级活动同期开展，全省职业院校全部参加，共举办各类活动300多场，接待中小学生、家长和社区居民35000多人（次），营造了学生、家长、社会广泛参与职业教育的良好氛围，让全社会了解职业教育，培养职业兴趣和职业意识，扩大职业教育的影响力。

（八）建立合规核查机制，提高年报编写质量

按照教育部《关于编制和报送高等职业教育质量年度报告（2017）的通知》（教职成司函〔2016〕121号）要求，省教育厅印发了《山西省教育厅关于报送高等职业教育质量年度报告（2017）的通知》（晋教职函〔2016〕65号），通知要求各院校领导要高度重视，加强对编制工作的督促和指导，不断提高院校年报的编制质量，为此评估数据中心编制了《山西省高职院校质量年度报告合规审核表》，要求各高职院校在编写质量年度报告时严格按照审核表进行自查，切实提高质量年度报告编写质量。截至2016年12月31日，评估数据中心对全省47所高职院校的质量年度报告进行了全面合规审核，通过合规审核发现全省各院校质量年度报告编写质量水平明显提高，今年我省有3所院校提交了企业质量年报。

表9 山西省高职院校质量年度报告合规审核表

审核项目	审核要素	审核点（列举点为必写内容）	完成质量			备注
			A	B	C	
基本内容	学生发展	就业质量、思想政治教育、职业发展、创新创业教育等				
	教学改革	产教融合、专业建设、师资建设、教学资源建设等				
	政策保障	政策落实、专项建设进展、内部质量保证体系建设、经费保障等				
	服务贡献	校企合作、服务行业或区域经济社会发展、社会服务，如培训等				
	国际合作	国际化学生培养、国际院校合作、服务企业“走出去”等				
	面临挑战	学校发展面临挑战、相应对策、未来展望等				
报告重点要求方面	审核点是否有遗漏	实际办学条件情况、实训设备配置水平、现代信息技术应用情况、“双师型”教师队伍建设情况、诊断与改进进展情况				
基本数据	计分卡	填写完整、规范、准确				
	资源表	填写完整、规范、准确				
	国际影响表	填写完整、规范、准确				
	服务贡献表	填写完整、规范、准确				
	落实政策表	填写完整、规范、准确				
其他项目	典型案例	报告中每一章至少要有一个典型案例				
	企业年报					
	内容真实性责任声明	要求法人代表签字				

说明：

1.“基本内容”审核等级标准：A等：审核点要求撰写内容完整且撰写详实，采用举证式撰写（包括政策制度依据、实施过程和实施结果，以图、表、案例等形式呈现为佳）；B等：审核点要求撰写内容基本完整，但未采用举证式撰写，政策制度依据、实施过程和实施结果只有部分涉及；C等：审核点要求撰写内容不完整。

2.“报告重点要求方面”：A等：审核点全部撰写；B等：审核点遗漏1个；C等：审核点遗漏2个及以上。

3.基本数据：A等：填写完全合规；B等：填写基本合规；C等：填写不合规。

4.不能按时报送，降低院校报告审核等级一个等次。

5.学校报告中案例如被省级报告采纳，提高相应“审核要素”的分项等级。

6.报告不足8000字的不得评为良好及以上等级。

特别要求：

5张附表必须包含在报告正文中，附表内容在报告撰写中要加以阐述，具体对应关系：学生发展-计分卡；教学改革—资源表；政策保障—落实政策表；服务贡献—服务贡献表；国际合作—国际影响表。

七、挑战与展望

（一）挑战

办学活力不足。一是现代职业教育体系不健全，我省本科层次职业教育、专业学位研究生培养模式尚未设立，职业院校学生向高端发展的路径亟待打通。二是招生考试制度改革还需进一步深化，开展中职与高职专科5年连读，高职“3+2”等形式的中、高职与应用本科贯通衔接的职业教育人才培养存在诸多障碍。三是职教集团运行机制不健全，职教集团在促进教育链和产业链有机融合中的重要作用没有真正发挥。四是社会力量、企业举办或参与职业教育在我省职业教育发展中发挥的作用有限，全社会合力共同发展职业教育的局面尚未形成。

服务能力不强。一是部分院校办学特色不够鲜明，专业建设跟不上产业发展速度，专业设置与产业发展需求之间仍然存在差距。二是职业院校办学理念、教学内容、方法、手段还不能完全适应岗位一线的需求，人才培养模式改革创新亟待进一步深化。三是职业院校对接企业不紧密，多数职业院校与企业的合作仅停留在招生就业、实习实训层面，缺乏更广泛的深层次合作。四是多数院校社会培训不足，科技成果的研发、应用、服务能力弱，对经济社会发展直接贡献少。

（二）展望

我省职业教育“十三五”发展目标任务和政策措施已经明确，我们应该从上到下树立“抓职业教育就是抓经济、抓未来”的理念，统一思想，统一认识，采取有力措施抓好落实，集中各方面力量，建设一条输送高素质技术技能人才的高速公路，为再树山西新形象、再铸山西新辉煌提供有力支持。

以提高人才培养质量为核心。提高教育质量是“十三五”时期各级各类教育发展的主题，对于高职教育而言，提升服务能力和社会吸引力、影响力的关键在于提高人才培养质量，提高质量应该成为职业教育的核心理念。坚持立德树人、全面发展，坚持系统培养、多样成才，坚持产教融合、校企合作，坚持工学结合、知行合一，坚持国际合作、开放创新，深入实施具有我省特色的高等职业院校内部质量诊断与改进制度，建立健全职业院校内部质量诊断改进机制，把提高学生职业技能和培养职业精神高度融合，进一步强化学生动手实践能力，培养学生创新创业能力，增强学生文化修养和文化自信，全面提升技术技能人才培养质量。

进一步优化院校和专业布局。紧密围绕我省经济转型、产业升级和城镇化建设的需要，调整优化职业院校布局结构，按照“科学规划，合理整合，形成特色，提高效益”的原则，推动职业院校走园区化发展道路，整合资源、扩大规模、办出特色，形成与我省经济社会发展需要相适应的职业院校合理布局。调整优化职业院校专业结构，建立高职教育专业设置随产业发展动态调整机制，做强优势专业，培育紧缺专业，减少同类专业在同一地区的重复设置，形成与产业链相衔接、与创新驱动相匹配、与产业布局相适应、与发展需求相一致的专业设置格局，有效提升专业设置与经济社会发展的契合度。

创新人才培养模式、创新专业课程体系。深入推行产教融合的职业教育模式，不断完善产教融合制度、行业指导制度、校企合作制度和集团化办学制度，创新校企合作育人的途径和方法，充分发挥企业的重要主体作用。推动校企共建校内外生产性实训基地、技术服务和产品开发中心、技能大师工作室、创业教育实践平台等，强势增强职业院校技术技能积累能力和学生就业创业能力。发挥集团化办学的优势，以产业或专业（群）为纽带，推动专业人才培养与岗位需求对接，人才培养链与产业链相融合。

深化专业课程改革，认真贯彻教育部颁布的专业教学标准和课程标准，积极开发具有地方特色的专业教学指导方案和课程标准，以增强学生核心素养、综合职业能力和可持续发展能力为导向，对接行业、职业最新标准和岗位规范，优化专业课程结构，更新教学内容和教学方法；合理确定各阶段课程内容的难度、深度、广度和能力要求，构建综合化、模块化和项目化的专业课程体系。

附件：

表1　记分卡

院校代码	院校名称	指　　标		单位	2015年	2016年
14	山西省	1	就业率	%	83.21	84.77
		2	月收入	元	2204	2248.36
		3	理工农医类专业相关度	%	65.63	74.47
		4	母校满意度	%	89.07	91.84
		5	自主创业比例	%	7.46	3.36
		6	雇主满意度	%	79.7	95.13
		7	专业大类月收入	元	—	—

表2　资源表

院校代码	院校名称	指　　标		单位	2015年	2016年
14	山西省	1	生师比	—	15.16	14.6
		2	双师素质专任教师比例	%	49.34	50.32
		3	专任教师人均企业实践时间	天	28	28.11
		4	企业兼职教师专业课课时占比	%	24.75	23.72
		5	生均教学科研仪器设备值	元/生	9383.71	8802.16
		6	生均校内实践教学工位数	个/生	—	0.60
		7	生均校外实习实训基地实习时间	天/生	90	78.69

表3　国际影响表

院校代码	院校名称	指标		单位	2015年	2016年
14	山西省	1	全日制 国（境）外留学生人数	人	—	0
		2	非全日制 国（境）外人员培训量	人日	—	0
		3	在校生服务“走出去” 企业国（境）外实习时间	人日	—	8720
		4	专任教师服务“走出去” 企业国（境）外指导时间	人日	—	1450
		5	在国（境）外组织担任职务的 专任教师人数	人	—	5
		6	开发国（境）外认可的 行业或专业教学标准数	个	—	0
		7	国（境）外技能大赛获奖数量	项	—	0

表4　服务贡献表

院校代码	院校名称	指标		单位	2015年	2016年
14	山西省	1	毕业生人数（合计）	人	72804	59752
			其中：就业人数（合计）	人	64299	51865
			毕业生就业去向（以下三类都填，总和不受100%约束）：	—	—	—
			A类：留在当地就业比例	%	65.92	67.72
			B类：到中小微企业等基层服务比例	%	61.11	71.69
			C类：到国家骨干企业就业比例	%	10.35	12.16
		2	横向技术服务到款额	万元	32.03	894.22
		3	纵向科研经费到款额	万元	13.77	272.84
		4	技术交易到款额	万元	3.65	84.9

续表

<table>
<tr><th>院校代码</th><th>院校名称</th><th colspan="2">指　　标</th><th>单位</th><th>2015年</th><th>2016年</th></tr>
<tr><td rowspan="3">14</td><td rowspan="3">山西省</td><td>5</td><td>非学历培训到款额</td><td>万元</td><td>146.93</td><td>5798.06</td></tr>
<tr><td>6</td><td>公益性培训服务</td><td>人日</td><td>4285</td><td>296805.5</td></tr>
<tr><td colspan="5">主要办学经费来源（单选）：省级（　　）　地市级（　　）
行业或企业（　　）　其他（　　）</td></tr>
</table>

表5　落实政策表

<table>
<tr><th>院校代码</th><th>院校名称</th><th colspan="2">指　　标</th><th>单位</th><th>2015年</th><th>2016年</th></tr>
<tr><td rowspan="9">14</td><td rowspan="9">山西省</td><td>1</td><td>年生均财政拨款水平</td><td>元</td><td>9000</td><td>9353.08</td></tr>
<tr><td>2</td><td>其中：年生均财政专项经费</td><td>元</td><td>2412.3</td><td>2669.49</td></tr>
<tr><td rowspan="2">3</td><td>教职员工额定编制数</td><td>人</td><td>15140</td><td>15150</td></tr>
<tr><td>在岗教职员工总数</td><td>人</td><td>15905</td><td>15727</td></tr>
<tr><td>4</td><td>生均实习企业财政经费补贴</td><td>元/月</td><td>23.91</td><td>29.66</td></tr>
<tr><td>5</td><td>生均企业实习责任保险补贴</td><td>元</td><td>7.21</td><td>10.87</td></tr>
<tr><td>6</td><td>企业兼职教师人均财政补贴</td><td>元</td><td>700.11</td><td>363.47</td></tr>
<tr><td rowspan="2">7</td><td>专任教师总数</td><td>人</td><td>11374</td><td>11492</td></tr>
<tr><td>专任教师参加省级培训量</td><td>人日</td><td>29413</td><td>600799.57</td></tr>
</table>

第二部分
重点工作

为贯彻落实好全省职业教育工作会议精神和省委省政府加快发展现代职业教育的战略部署，2016年省政府做了两项重点工作，一是在上半年组织了全省范围的职业教育专项督查，最终形成《关于职业教育专项督查情况的通报》；二是在下半年，张复明副省长带队前往上海、浙江考察；省教育厅调研组赴四川省德阳市考察学习职业教育改革发展先进经验。在学习考察两省市的职业教育工作基础上形成《省外职业教育调研报告》。这两项工作的开展一方面摸清了我省职业教育改革发展的实情，一方面找到我们与发达省市的差距，对今后我省职业教育改革发展起到重要推动作用。

山西省政府关于职业教育专项督查情况的通报

晋政督函〔2016〕36号

各市、县人民政府，省直有关部门，有关省属国有企业，各职业院校：

为全面贯彻落实全省职业教育工作会议精神和省委省政府加快发展现代职业教育的战略部署，3月21日至27日，在各单位自查总结的基础上，省政府派出6个督查组在全省开展职业教育专项督查。各督查组通过听取汇报、查阅文件资料和账册数据、实地查看、个别访谈、召开座谈会等形式，对照督查任务清单逐一检查，核对落实情况，重点抽查了22个县、12所省属职业院校和55所市县职业院校，并以问卷形式全面督查了119个县级人民政府和全省职业院校的贯彻落实情况。根据省政府安排，现将督查情况通报如下：

一、基本情况

全省共有中等职业学校542所，其中普通中专92所，职业高中233所，成人中专119所，技工学校98所。2015年，中等职业学校招生15.6万人，在校生47.3万人，招生规模占高中阶段教育招生总规模的38.6%；独立设置的高职高专院校48所，2015年招生10万人，在校生28.8万人，招生规模占到高等教育招生总规模的45%。从督查情况来看，各地相关部门对职业教育工作的重视程度明显提高，省直有关部门按照《山西省人民政府办公厅关于加快发展现代职业教育重点任务分工的通知》（晋政办函〔2015〕130号）要求，积极推进分工负责的任务；市、县政府对职业教育的财政投入逐渐加大，新建和改、扩建了一批职业院校，职业院校办学条件得到明显改善；多数高等职业院校生均拨款政策得到落实，绝大多数县（市、区）完成中职免学费配套资金拨付。在加强基本建设的同时，各地、各职业院校积极推进内涵建设，努力提升职业教育服务经济社会发展能力，各项工作均取得了一定成绩，具备了发展现代职业教育的工作基础。

二、督查发现的问题

（一）职业教育战略定位不高，统筹力度不够

一是部分市落实全省职业教育工作会议精神不够认真及时，多数市出台的政策文件，目标规划性的内容多，结合本市实际的推进措施少。二是职业院校布局统筹不力，“多、小、散、弱”的问题仍然比较突出。三是高中阶段教育招生统筹不力，有的市职普比连续几年保持1∶2、1∶3，甚至更高的比例，没有采取切实有效的引导和调控措施。四是县级政府对县域内职业教育和职业培训统筹不力，没有充分发挥县级职教中心的作用。

（二）职业院校办学条件差距明显

一是中等职业学校办学条件较差。按照国家《中等职业学校设置标准》规定，中等职业学校校舍建筑面积短缺121.6万平方米。部分中职学校办学条件差，基础设施短缺，实验实训设施陈旧或严重不足，有的学校校舍存在大量危房，全省还有30个县（市、区）没有建成合格的县级职教中心（名单附后）。二是高职院校办学空间狭小。校园占地面积不足的院校有26所，教学与行政用房建筑面积不足的院校有27所。

（三）职业教育经费保障政策落实不到位

一是高等职业院校生均拨款政策没有全面落实到位。二是地方教育附加费用于职业教育不低于30%的政策没有全面落实到位。4个市总体落实不到位，占36.4%；全省落实不到位的县（市、区）有73个，占61.3%。三是中等职业

教育免学费政策没有全面落实到位。全省有5个县（市、区）级中职免学费配套资金没有足额落实到位（具体情况附后）。

（四）职业院校办学活力不足，服务能力不强

一是职业院校专业设置趋同，办学特色不鲜明。二是职业院校产教融合、校企合作不深入。多数职业院校与企业的合作仅停留在招生就业、实习实训层面，缺乏更广泛的深层次合作。三是师资队伍建设成为制约办学质量的瓶颈。有的职业学校生师比例倒挂，有的职业院校师资力量不足，生师比未达到国家规定的最低要求；师资队伍结构不合理，文化课教师偏多，专业课教师相对较少，“双师型”教师短缺；外聘教师薪酬待遇缺乏来源保障，能工巧匠由企业向学校流动需要政策支撑，步子没有迈开。四是职业院校服务经济社会发展能力不足。职业院校面向社会开展培训服务的潜力未充分发挥，现有教育教学资源的使用效益不高。

三、整改意见

（一）进一步加大政府统筹力度

一是各级政府要进一步提高认识，全面贯彻落实省委省政府加快发展现代职业教育的战略部署，切实履行发展职业教育的职责。各级政府要将职业教育纳入本地“十三五”经济社会发展整体规划，把职业教育发展作为各级政府主要领导业绩考核指标。二是强化各级政府的统筹作用。各市人民政府要采取切实有效措施，统筹中等职业教育与普通高中协调发展，将学校布局与专业布局纳入当地产业发展规划，推进职业教育与当地产业协调发展。各县政府要强化县级职教中心的社会服务能力，加强县域内各类职业培训的统筹管理，发挥好各类培训资金的效益、县级职教中心学历教育和职业培训的双重功能。

（二）加强基本建设，改善职业院校办学条件

一是各市要充分发挥市级政府区域性统筹作用，加大市域内职业院校资源整合力度，在确保每个县办好一所县级职教中心的基础上，按照全市统一规划，将现有职业学校按照专业设置相近、优势资源互补、打破原有建制的思路进行整合，多渠道筹集建设资金，扩大校均规模，改善办学条件。二是规划建设职业教育园区的市级人民政府应尽快推动建设，早见成效。三是各市要采取切实有效的政策措施，确保如期完成职业院校达标计划和县级职教中心建设计划。四是由省级教育、人社部门牵头，研究解决学校外聘教师职称评定问题，协调各省属职业院校主管单位，打破现有建制，推进省属职业院校资源整合，改善省属职业院校办学条件。

（三）健全职业教育经费保障机制

按照国家要求尽快制定中等职业学校生均经费政策，全面落实高等职业院校生均拨款政策，充分保障职业教育的健康发展。将落实职业教育经费投入政策作为下一阶段整改落实的重点，强化保障措施，确保职业教育基本经费政策不打折扣。《国务院关于进一步加大财政教育投入的意见》（国发〔2011〕22号）指出，不得因地方教育附加费而减少其他应由公共财政预算安排的教育经费。因此，落实地方教育附加费用于职业教育的比例不低于30%，不包括中职免学费支出和职业院校教职工工资支出等由公共财政预算安排的教育经费。

（四）切实提高职业教育服务经济社会发展能力

一是进一步完善校企合作机制。各市人民政府要根据省政府文件精神，制定具体的实施办法，健全必要的激励机制和成本补偿机制，调动校企双方深入合作的积极性。二是加强“双师型”教师队伍建设。各市人民政府和省直有关部门要根据省政府文件精神，尽快出台加强职业教育教师队伍建设的具体实施办法。各级政府应安排专项经费，用于职业院校聘请“能工巧匠”到学校担任专职和兼职教师。三是各级各类职业院校要建立和完善内部质量保障体系，健全自我评价机制，提高教育教学质量。四是各级教育督导部门要建立本地区职业教育质量监测和评估体系，加大对职业院校教育教学工作的督导，及时向社会公布督导报告，推动职业院校加强内涵建设，更好地服务于当地经济社会发展。

各单位要对照问题，举一反三，逐一整改，整改结果于2016年9月底前报省政府。

附件：

1. 职业教育专项督查问题清单

2. 未建成合格县级职教中心的县（市、区）名单

3. 全省中职免学费县级配套资金落实情况汇总表

4. 全省地方教育附加费用于职业教育的经费投入政策落实情况汇总表

5. 不落实典型事项清单

山西省人民政府督查室

2016年7月4日

附件1：

职业教育专项督查问题清单

1. 长治市、吕梁市、朔州市高中阶段教育职普招生比例严重失衡，长治市、吕梁市职普招生比例达到1∶2，朔州市达到1∶3。

2. 30个县未建成合格县级职教中心。

3. 大同市、朔州市高等职业院校生均拨款政策落实不到位。

4.“地方教育附加费用于职业教育不低于30%的政策”4个市总体落实不

到位，6个市市本级落实不到位，73个县（市、区）落实不到位。

5. 4个市的5个县（市、区）中等职业教育免学费县级配套资金落实不到位。

6. 县级政府对县域内职业教育和职业培训统筹不力，多数县（市、区）各类职业培训各自为政，没有充分发挥县级职教中心的作用。

7. 师资配备不合理，有的学校生师比倒挂，有的学校师资力量不足。

8. 县办职业高中学校办学方向普遍以升学为主，不重视学生技能培养，学生培养质量有待提高。

9. 外聘教师薪酬待遇缺乏经费保障，职称评定存在困难。

附件2：

未建成合格县级职教中心的县(市、区)名单

太原市：古交市、娄烦县

大同市：大同县、天镇县、新荣区、大同矿区、南郊区

朔州市：右玉县、山阴县

忻州市：宁武县、静乐县、五寨县

吕梁市：汾阳市、临县、文水县、离石区、方山县、兴县、中阳县

长治市：长治郊区、沁县、襄垣县

临汾市：永和县、大宁县、汾西县、安泽县、隰县

运城市：夏县、绛县、盐湖区

附件3：

全省中职免学费县级配套资金落实情况汇总表

地　市	县（市、区）	中等职业教育免学费全覆盖政策落实情况		
		应配套资金（万元）	实际配套（万元）	完成比例
运城	县级合计	2550.39	2550.39	100%
	夏县	12.86	12.86	100%
	临猗县	230.52	230.52	100%
	绛县	72.49	72.49	100%
	芮城县	310.13	310.13	100%
	闻喜县	60.75	60.75	100%
	河津市	165.94	165.94	100%
	稷山县	134.94	134.94	100%
	永济市	253.78	253.78	100%
	平陆县	57.51	57.51	100%
	垣曲县	103.29	103.29	100%
	新绛县	130.24	130.24	100%
	盐湖区	924.21	924.21	100%
	万荣县	93.73	93.73	100%
太原	县级合计	434.75	434.75	100%
	小店区	38.45	38.45	100%
	晋源区	6.31	6.31	100%

续表

地 市	县（市、区）	中等职业教育免学费全覆盖政策落实情况		
		应配套资金（万元）	实际配套（万元）	完成比例
太原	尖草坪区	47.18	47.18	100%
	杏花岭区	19	19	100%
	娄烦县	2.3	2.3	100%
	阳曲县	30.63	30.63	100%
	清徐县	258.88	258.88	100%
	古交市	32	32	100%
长治	县级合计	1313.78	1210.23	92.12%
	城区	330.63	378.55	114%
	沁源县	48.98	48.98	100%
	郊区	188.47	2.2	1.17%
	襄垣县	31.49	31.49	100%
	黎城县	22.32	22.32	100%
	平顺县	14.5	14.5	100%
	屯留县	68.78	68.78	100%
	潞城市	103.7	103.7	100%
	沁县	10.5	10.92	104%
	壶关县	104.72	124.72	119.1%
	武乡县	122.65	122.65	100%
	长子县	86.58	86.58	100%

续表

地 市	县（市、区）	中等职业教育免学费全覆盖政策落实情况		
		应配套资金（万元）	实际配套（万元）	完成比例
长治	长治县	180.46	194.84	108%
晋城	县级合计	1036.04	1069.99	103.3%
	城区	50.55	50.55	100%
	高平市	417.79	417.79	100%
	阳城县	288.07	322.02	112%
	陵川县	21.34	21.34	100%
	泽州县	203.79	203.79	100%
	沁水县	54.5	54.5	100%
临汾	县级合计	1463.65	1475.01	100.8%
	洪洞县	193.4	193.4	100%
	乡宁县	124.87	136.23	109%
	永和县	11.56	11.56	100%
	安泽县	8.61	8.61	100%
	大宁县	3.3	3.3	100%
	汾西县	11.17	11.17	100%
	浮山县	19.68	19.68	100%
	古县	18.83	18.83	100%
	侯马市	185.52	185.52	100%
	蒲县	15.01	15.01	100%

续表

地　市	县（市、区）	中等职业教育免学费全覆盖政策落实情况		
		应配套资金（万元）	实际配套（万元）	完成比例
临汾	曲沃县	141.46	141.46	100%
	隰县	4.1	4.1	100%
	襄汾县	196.24	196.24	100%
	尧都区	401.4	401.4	100%
	翼城县	80.22	80.22	100%
	霍州市	15.7	15.7	100%
	吉县	32.58	32.58	100%
大同	县级合计	244.91	244.91	100%
	左云县	20.22	20.22	100%
	大同县	2.91	2.91	100%
	浑源县	90.78	90.78	100%
	阳高县	34.53	34.53	100%
	灵丘县	6.47	6.47	100%
	广灵县	25.67	25.67	100%
	天镇县	21.2	21.2	100%
	南郊区	1.84	1.84	100%
	城区	2.8	2.8	100%
	矿区	36.05	36.05	100%
	新荣区	2.44	2.44	100%

续表

地　市	县（市、区）	中等职业教育免学费全覆盖政策落实情况		
		应配套资金（万元）	实际配套（万元）	完成比例
朔州	县级合计	1052.69	563.77	53.56%
	朔城区	221.47	221.47	100%
	平鲁区	45.83	45.83	100%
	怀仁县	596.89	91.81	15.4%
	山阴县	78.48	78.48	100%
	应县	103.84	120	116%
	右玉县	6.18	6.18	100%
晋中	县级合计	2441.56	2434.21	99.7%
	平遥县	920.22	920.22	100%
	榆次区	260.69	260.69	100%
	太谷县	339.12	339.12	100%
	祁县	14.35	139	95%
	介休市	349.83	349.83	100%
	灵石县	146.38	146.38	100%
	昔阳县	60.87	60.87	100%
	榆社县	27.18	27.18	100%
	寿阳县	81.87	81.87	100%
	左权县	73.05	73.05	100%
	和顺县	36	36	100%

续表

地　市	县（市、区）	中等职业教育免学费全覆盖政策落实情况		
		应配套资金（万元）	实际配套（万元）	完成比例
吕梁	县级合计	984.35	1001.85	101.8%
	离石区	25.35	11.16	44.02%
	中阳县	6.78	6.78	100%
	交城县	59.11	59.11	100%
	文水县	82.69	82.69	100%
	汾阳市	295.96	295.96	100%
	孝义市	203.13	203.13	100%
	柳林县	76.1	93.50	122.9%
	石楼县	41.92	41.92	100%
	交口县	27.99	27.99	100%
	方山县	17.73	17.73	100%
	临县	95.67	109.96	115%
	兴县	9.54	9.54	100%
	岚县	42.38	42.38	100%
忻州	县级合计	1309.35	1309.35	100%
	忻府区	485.38	485.38	100%
	原平市	280.36	280.36	100%
	定襄县	62.35	62.35	100%
	五台县	154.28	154.28	100%

续表

地　市	县（市、区）	中等职业教育免学费全覆盖政策落实情况		
		应配套资金（万元）	实际配套（万元）	完成比例
忻州	繁峙县	153.93	153.93	100%
	宁武县	7.84	7.84	100%
	静乐县	4.06	4.06	100%
	神池县	3.68	3.68	100%
	五寨县	9.32	9.32	100%
	岢岚县	0.76	0.76	100%
	河曲县	86.66	86.66	100%
	保德县	50.47	50.47	100%
	代县	8.08	8.08	100%
	偏关县	2.18	2.18	100%
阳泉	县级合计	290.7	290.7	100%
	平定县	110.58	110.58	100%
	盂县	54.2	54.2	100%
	郊区	125.92	125.92	100%

附件4：

全省地方教育附加费用于职业教育的经费投入政策落实情况汇总表

地　市	县（市、区）	地方教育附加费用于职业教育的经费投入政策落实情况		
		征收总额（万元）	用于职业教育（万元）	完成比例
运城	合计	11860	3954.37	35.43%
	市本级	326	0	0%
	夏县	278	70	25.18%
	临猗县	536	200	37.31%
	绛县	296	40	13.51%
	芮城县	760	378	49.74%
	闻喜县	548	66.44	12.12%
	河津市	2425	233.87	9.64%
	稷山县	421	310	73.63%
	永济市	1921	341.54	17.78%
	平陆县	362	62	17.13%
	垣曲县	527	119.44	22.66%
	新绛县	500	169.5	33.9%
	盐湖区	1848	1634	88.42%
	万荣县	412	329.58	80%

续表

地　市	县（市、区）	地方教育附加费用于职业教育的经费投入政策落实情况		
		征收总额（万元）	用于职业教育（万元）	完成比例
太原	合计	35135	25344.97	72.14%
	市本级	22839	23777.43	104.11%
	小店区	3970	130	3.27%
	晋源区	1116	0	0%
	尖草坪区	1433	212	14.79%
	杏花岭区	2704	575.28	21.28%
	娄烦县	542	50	9.23%
	阳曲县	605	104.7	17.31%
	清徐县	1191	390	32.75%
	古交市	735	105.56	14.36%
长治	合计	17575	3730.42	21.23%
	市本级	3097	0	0%
	城区	821	421.8	51.38%
	沁源县	1434	750	52.3%
	郊区	975	639.4	65.58%
	襄垣县	3192	671	21.02%
	黎城县	420	100	23.81%
	平顺县	154	33.5	21.75%
	屯留县	1108	240	21.66%

续表

地　市	县（市、区）	地方教育附加费用于职业教育的经费投入政策落实情况		
		征收总额（万元）	用于职业教育（万元）	完成比例
长治	潞城市	1134	240	21.16%
	沁县	132	17.92	13.58%
	壶关县	243	22.5	9.26%
	武乡县	627	320	51.04%
	长子县	1849	210	11.36%
	长治县	2389	64.3	2.69%
晋城	合计	14935	28092.99	188.1%
	市本级	7156	22209	310.35%
	城区	1009	0	0%
	高平市	1899	100	5.27%
	阳城县	1181	2860.53	242.21%
	陵川县	237	52.16	22.01%
	泽州县	1267	1965	155.09%
	沁水县	2186	906.3	41.46%
临汾	合计	13856	3498.02	25.25%
	市本级	—	—	—
	洪洞县	1225	319.74	26.1%
	乡宁县	1773	320	18.05%
	永和县	127	27.1	21.34%

续表

地　市	县（市、区）	地方教育附加费用于职业教育的经费投入政策落实情况		
		征收总额（万元）	用于职业教育（万元）	完成比例
临汾	安泽县	846	6.7	0.79%
	大宁县	60	12.6	21%
	汾西县	82	17.7	21.59%
	浮山县	147	37.61	25.59%
	古县	404	156.5	38.74%
	侯马市	859	430	50.06%
	蒲县	981	112	11.42%
	曲沃县	393	200	50.89%
	隰县	185	0	0%
	襄汾县	930	204	21.94%
	尧都区	3180	455.72	14.33%
	翼城县	407	195	47.91%
	霍州市	2055	954	46.42%
	吉县	202	49.35	24.43%
大同	合计	20170	1776.74	8.81%
	市本级	14000	0	0%
	左云县	636	224	35.22%
	大同县	351	30.25	8.62%
	浑源县	297	140	47.14%

续表

地　市	县（市、区）	地方教育附加费用于职业教育的经费投入政策落实情况		
		征收总额（万元）	用于职业教育（万元）	完成比例
大同	阳高县	206	100	48.54%
	灵丘县	225	47.36	21.05%
	广灵县	217	48	22.12%
	天镇县	169	40	23.67%
	南郊区	2868	1070	37.31%
	城区	551	0	0%
	矿区	254	77.13	30.37%
	新荣区	396	0	0%
朔州	合计	11368	3761.59	33.09%
	市本级	4273	750	17.55%
	朔城区	1814	600	33.08%
	平鲁区	1070	4.11	0.38%
	怀仁县	1544	480	31.09%
	山阴县	1655	78.48	4.74%
	应县	313	1849	590.73%
	右玉县	699	0	0%
晋中	合计	14816	1913.25	13.48%
	市本级	1596	0	0%
	平遥县	874	0	0%

续表

地　市	县（市、区）	地方教育附加费用于职业教育的经费投入政策落实情况		
		征收总额（万元）	用于职业教育（万元）	完成比例
晋中	榆次区	2867	76.5	2.67%
	太谷县	635	296.75	46.73%
	祁县	577	100	17.33%
	介休市	1649	424	25.71%
	灵石县	2386	0	0%
	昔阳县	1010	380	37.62%
	榆社县	451	78	17.29%
	寿阳县	1436	100	6.96%
	左权县	714	188	26.33%
	和顺县	621	270	43.48%
吕梁	合计	19595	6634.76	33.86%
	市本级	989	0	0%
	离石区	974	570	58.52%
	中阳县	752	8.64	1.15%
	交城县	1003	929.68	92.69%
	文水县	447	93.90	21.01%
	汾阳市	2812	305.26	10.86%
	孝义市	4210	1324	31.45%
	柳林县	2826	593	20.98%

续表

地　市	县（市、区）	地方教育附加费用于职业教育的经费投入政策落实情况		
		征收总额（万元）	用于职业教育（万元）	完成比例
吕梁	石楼县	61	42	68.85%
	交口县	1783	1680	94.22%
	方山县	626	344.6	55.05%
	临县	690	85.68	12.42%
	兴县	1636	493	30.13%
	岚县	786	165	20.99%
忻州	合计	12063	3663.85	30.37%
	市本级			
	忻府区	1643	549.85	33.47%
	原平市	2300	725	31.52%
	定襄县	454	235	51.76%
	五台县	577	360.3	62.44%
	繁峙县	402	110	27.36%
	宁武县	807	170	21.07%
	静乐县	164	40	24.39%
	神池县	289	60.6	20.97%
	五寨县	494	103.8	21.01%
	岢岚县	301	65	21.59%
	河曲县	1603	361	22.52%

续表

地　市	县（市、区）	地方教育附加费用于职业教育的经费投入政策落实情况		
		征收总额（万元）	用于职业教育（万元）	完成比例
忻州	保德县	2250	705.12	31.34%
	代县	486	116.68	24.01%
	偏关县	293	61.5	20.99%
阳泉	合计	6510	2003.3	30.77%

附件5：

不落实典型事项清单

1. 朔州市职普招生比例严重失衡，高达1∶3。

2. 同煤集团向大同煤炭职业技术学院生均拨款2080元（2015年），不达国家和省有关要求。

3. 朔州职业技术学院、朔州师范高等专科学校2015年生均拨款仅为471元，远不达国家和省有关要求。

省外职业教育调研报告

（2016年10月）

产教融合、校企合作是提高职业教育服务产业发展能力的根本途径。如何切实落实各级政府统筹发展职业教育的职责，合理利用政府调控有形之手和市场调节无形之手的力量，有效解决职业教育校企合作难、适应需求难的问题，成为新形势下加快发展现代职业教育的一项重大课题。2016年10月24—27日，张复明副省长亲自带队，由省政府办公厅、省教育厅、省文化厅相关人员一行11人组成调研组，考察了沪、浙两省市的职业教育工作，考察了上海经贸旅游学校、上海大众工业学校两所中等职业学校和杭州职业技术学院一所高等职业院校。调研期间，听取了两省市工作情况汇报，实地参观了3所学校的办学情况，张复明副省长及考察组同志就办学与管理体制机制、学校建设与经费保障、学校管理与教师队伍建设、对外开放与提高人才培养质量、校企合作与学生就业等有关问题进行了深入了解，3所学校的办学经验给大家留下了深刻印象。在此之前，根据张复明副省长批示精神，省教育厅组成8人调研组，由任月忠副厅长带队，于2016年10月18—20日，赴四川省德阳市考察学习职业教育改革发展的先进经验。调研组先后实地参观考察了3所中职学校（1所公办2所民办）、1所技师学院（企业办）、1所高职学院，并与院校以及四川省、德阳市省市两级教育部门进行了深入的座谈交流，对四川省特别是德阳市职业教育改革发展经验、做法有了一个比较清晰、全面的认识和了解。

上海市、浙江省经济发达，职业教育基础雄厚，国际化、现代化程度比较高，处于全国领先水平。四川省德阳市虽然地处西部，但经过努力建设，已经成为“国家高等职业教育综合改革试验区”和全国首个“职业教育促进经济社会发展示范区”，正在倾力打造“西部乃至全国职业教育高地”。上海市、浙江省和德阳市的共同特点是：职业教育改革发展水平高、环境优、机制活、前景好，发展思路和经验做法贯穿创新理念，特色鲜明，可借鉴、可复制，对解决我省职业教育面临的一些深层次问题，全面提升职业教育服务我省经济社会发展能力，具有积极的现实借鉴意义。现以德阳市为重点案例，结合张省长在上海市、浙江省调研期间的指示精神，就有关情况分析报告如下：

一、上海、浙江两省（市）职业学校的特点和经验

在上海市、浙江省，我们未对职业教育市域发展情况进行全面考察，仅在有限的时间内，集中考察参观了3所学校（院）。三校（院）虽处于不同省市，其办学规模、模式、专业设置等也各不相同，但在办学实践中，都呈现出我国发达地区职教理念先进、环境条件优越、办学定位准确、形式模式灵活、管理严格规范、优势特色突出等方面的共同特点，对我省职业教育下一步发展和改革具有很强的借鉴和导向作用。

（一）凸显出新时期现代职业教育的鲜明特点

现代职业教育的内涵，正如习近平总书记在批示中所要求的“要牢牢把握服务发展、促进就业的办学方向，深化体制机制改革，创新各层次各类职业教育模式，坚持产教融合、校企合作，坚持工学结合、知行合一”。考察所到上海、浙江的3所职业学校（院），都打破了传统职教四堵墙内办学，课堂传授专业知识为主的传统的办学模式，采取多种方式实现学校与产业、企业、行业以及社会的紧密联系、深度融合、多方联动，以把学生培养成高素质的适用性技术技能人才，为区域产业转型升级提供强有力的人才和技术支撑为己任，在

办学中将产教融合、校企合作的办学理念具体化、地方化、校本化。杭州职业技术学院与当地主导产业中的优势企业紧密联系，相继建立起9个“人财物融通、产学研一体、师徒生互动”的新型二级学院实体（校企共同体），我们参观所到的学院是与台湾友嘉集团联合所建的友嘉机电学院，该学院由友嘉集团总裁担任理事长，企业的培训中心整体迁入，机电学院内部的1800余万元设备由友嘉集团提供，企业还投入500余万元在校内建立机床博物馆，20多位企业技师常驻学院参与教学，使这个学院从专业设备、专业教师、行业对接等方面居于国内一流水平。此外，杭州职业技术学院还与有关企业联合，在其他学院建起7大实训中心，79个实训室，设备总值1.7亿元，可同时容纳2600多人同时实训。

考察所到的上海大众工业学校，是以机械加工、装备制造行业高端技术人才为主要培养对象的中专学校，学校立足于为国内优质企业培养高层次的技术技能型人才，校内建起3个面积分别在1000平方米以上，规模化、标准化、现代化的实训车间，各类数控机床500台以上，能够满足所有学生实习实训需要。陪同我们考察的校长介绍，即使这样，学校每年仍然要继续采购充实最新规格标准的数控机床等实训设备，其目的就是让学生在校期间就能掌握企业生产线上最先进的设备和最前沿的技术，毕业后直接进入企业尽快成长为骨干，并把为企业培养更多的技能大师作为学校下一阶段办学的新追求。

（二）办学中的开放性、主动性和国际化特点

在两地三校考察中，我们深切感受到，3所职业学校之所以生机勃勃、成绩斐然，与当地政府和有关部门提供的优越环境、良好条件、充足经费有很大关系，但根本原因是学校领导班子，特别是主要领导敏锐把握新时期现代职业教育开放、灵活的特点，因地制宜，因时度势，勇于开拓，把握时机，充分调动各方面资源和有利条件为我所用。3所学校（院）与企业、行业、社会的联系、合作不拘一格，形式多样，只要有利于学校发展，有利于提高学生良好技能培养，千方百计引进吸收融合。考察所到的上海商贸旅游学校地处浦东，利用上海国际化大都市的高端定位和国际性需求，与法国兰带集团建立合作关系，进行高端正宗西餐培训，学校将实训楼中近2000平方米改造为西餐实训间，所有实训指导教师由法国兰带公司委派，主要食材也由法国公司提供，学校培养的餐饮技能人才供不应求，西餐培训班同时面向社会服务，报名者空前火爆，每年为学校提供上千万元收入。杭州职业技术学院把握全国电梯维修培训企业自成一体、全国性综合培训空白的契机，主动与浙江省特检院、保安公司联合成立混合所有制的电梯培训中心，仅仅两年时间，以企业投入为主，就建立起拥有28个竖梯井道、6个扶梯井道的全国一流的电梯维修培训中心，首届毕业生还未毕业就被全球十强电梯企业签订走，初步设计年培训量5000人次。由于定位准，建设起点高，短短两年，这个专业就成长为学校的品牌专业。

（三）把提高学生综合素养、全面育人放在重要地位

两地三校在办学中全面把握“育人”这个教育的核心任务，整体统筹，有效施策、精准施策，使这一在职教领域具有挑战性，令许多职教工作者头痛的工作在我们考察参观中呈现出可见、可感、可喜、可学的良好效果。在参观上海商贸旅游学校过程中，我们切身感受到不论是楼道、楼梯、校园，还是制作间、会议室，都是洁净爽目、一尘不染，学生们一个个着装整齐，面带微笑，呈现出朝气蓬勃的精神面貌。校长介绍，学校所有卫生都是学生自己打扫，从一点一滴上养成良好的卫生习惯，进而为成为合格公民，为形成良好的职业素养奠定基础。该校学生校服也由服装设计班学生设计，学校制作展出后，由全校同学投票评选，增强学生的荣誉感和职业自豪感。上海大众工业学校把社团活动作为提升学生综合素养的重要抓手，学校提前半年通过学生报、教师选、学校定等程序，为每个学生精心设计并确定至少一项社团活动。每周三下午为全校的“社团活动日”，所有学生参加活动，学校每年投入近百万元为近七十余个社会活动提供场地、设施设备以及外出活动等各项费用。校长介绍，周三下午的“社团活动日”成为学生最兴奋、最投入，学校最有生机的日子，许多学生因为不愿放弃而将请假等事项调到其他时间。杭州职业技术学院全方位、全过程实施“职业素养教育”，学校通过专课融合、辅课推动等九大载体将学生素养、公民素养、职业素质教育融入到课堂教学和社会实践中，效果也非常明显。

（四）多种形式加强专业教师队伍建设

考察所到的三所学校，都高度重视并采取多种形式加强专业教师队伍建设。上海商贸旅游学校西餐专业的教师是学校通过合作的法国兰带公司从法国高薪引进的高级厨师，其中的教师工资占办学成本很大比例。上海大众工业学校把技能教师作为学校办学最重要、最宝贵的资源，放在学校办学诸要素最核心的地位，学校为每一个实训车间设置了一个舒适的沙发休息室，让实训指导教师随时休息，并根据不同实训教师的兴趣、爱好，在休息室摆放鲜花、摆设茶具、放养金鱼、佩挂饰品等等，我们考察所至所见，既为学校人性化管理而感慨，更为学校管理者爱护、调动教师的良苦用心而感动。这所学校也与德国一学校联合办学，引进一名68岁的德国高级技师到学校担任实训指导教师，学校专门为他设“大师工作室”，并配备翻译。这名引进的德国高级技师把德国工业制造中严谨、精细、规范的标准、流程和细节要求引入实训环节，全面提升了操作管理水平。我们到实训车间参观，上千平方米的车间，几十万件各类实训工具全部摆放有序、井井有条，随手可取、随用随放，呈现出现代化企业规范化运行的显著特点。

二、四川德阳职业教育改革发展的成功经验

（一）德阳职业教育基本情况

德阳市是一个地级市，辖旌阳区、广汉市、什邡市、绵竹市、中江县和罗

江县等6个县（市、区），是成渝经济区重要区域中心城市和成都经济区重要增长极。作为中国重大技术装备制造业基地，德阳聚集了中国第二重型机械集团公司、东方电机股份有限公司、东方汽轮机有限公司等重装巨头以及上千家配套企业。2015年，德阳市实现地区生产总值1605亿元，总量列全省第3位；规模以上工业增加值800亿元，总量列全省第2位。德阳市具有发展职业教育的先天优势和历史传统，20世纪50年代，三大厂的建设发展不仅带动了德阳机械行业发展，也引领了各类技工、中专学校的兴办热潮，开启了德阳职业教育的最初模式。目前，德阳这个390万人口的地级市，已经拥有2所应用型本科学院（其中民办院校1所）、6所高职学院（其中国家示范性高职学院2所）、18所中职学校（其中公办学校2所，国家级示范性中职学校3所，国家级中职示范校中还有1所全国唯一的民办学校），各类职业院校在校学生共15万人（其中中职在校生11.5万人，校均6300人，高职在校生4.5万人，校均7500人），每年向社会输送各类技术技能人才4万余名，培训企业职工10万人次，基本满足了经济发展对技能人才的需求。此外，规划占地15000亩，建设10所高职院校，容纳10万学生的“罗江高等职业教育示范园区”已经列入“四川省重点工程”，正在紧锣密鼓的筹备建设当中。德阳职业教育的办学规模、办学水平和发展前景令调研组印象深刻。作为四川省唯一的职业教育改革示范区、国家高等职业教育综合改革试验区，2015年，德阳市又被授予全国首个“职业教育促进经济社会发展示范区”。德阳打造西部乃至全国职业教育高地的蓝图正在逐步呈现。

（二）德阳职业教育改革发展的成功经验

1. 将职业教育作为地方经济发展宝贵的战略资源的认识和定位，是德阳职业教育快速发展的基本前提

将职业教育作为地方经济发展宝贵的战略资源，是德阳市长期以来对职业教育的战略定位。2005年，德阳市已经初步形成了基础雄厚、规模较大、特

色鲜明的职业教育体系。每万人口中拥有中职生120人，中职校均在校生1700人，校均规模高于西部地区近2倍。2006年，为抓住世界制造业加速向中国转移给德阳市这个中国“重装之都”带来的前所未有的机遇，以及适应新型工业化，解决“三农”问题，加速城镇化建设，发展第三产业等对职业教育提出的迫切需求，德阳市作出《关于建设中国西部职业教育基地的决定》，加大政府投入，实施5大重点工程和10大重点项目，并出台了包括职业院校土地划拨、大力发展民办职业教育、校企合作、实训基地建设、就业准入、劳动力市场建设等一系列颇具前瞻性的政策措施，通过政府引导、市场主导、机制创新和资源整合，基本实现了用3至5年构建立足德阳、辐射西部、服务全国、链接国际、与经济社会发展相适应的现代职业教育体系的目标，为德阳职业教育进一步发展奠定了坚实的基础。2010年以来，随着国家高等职业教育综合改革试验区和四川省职业教育改革发展示范区建设的不断深入推进，德阳市职业教育服务、支撑、推动、引领地方经济发展的作用也愈发突出。2015年，德阳被授予全国首个“职业教育促进经济社会发展示范区”，职业教育已经与高端装备制造并列成为德阳市全力打造的两张“城市名片”，强力建设“制造之都，职教之城”。

2. *落实政府发展职业教育的主体责任，是德阳职业教育快速发展的根本保障*

基于对职业教育的战略定位，德阳市党委政府认为，发展职业教育非教育部门一家之力可为，必须将职业教育放到整个德阳市经济社会发展的全局当中，由政府承担主体责任，各部门同心合力，共同为职业教育改革发展保驾护航。为此，德阳市在推进国家高等职业教育综合改革试验区和四川省职业教育改革发展示范区建设过程中，从政府层面采取了一系列行之有效的重大保障措施。

强化组织保障。成立高职试验区建设领导小组，由市长任组长，分管副市长任副组长，各县（市、区）政府主要领导、市级主要业务部门（包括宣传、组织、统战部门在内）、高职学院、区域部分大中型企业作为成员单位，每季度召开会议，研究决定职业教育改革发展的重大问题。建立职业教育联席会议制度和协调会议制度，及时协调处理职业教育发展过程中的重大工作和困难问题。成立试验区建设办公室，负责处理职业教育发展日常事务，挂靠市教育局，配备3名工作人员。全市形成了领导小组决策、联席会议协调、职教办日常推动、相关部门协作、职业院校实施的“五方联动机制”。此外，德阳市还制定了一项针对市级各相关部门的职业教育加减分考核制度，分值与年终收入挂钩，所有相关部门都要向市政府职教办汇报职业教育工作，并由职教办配合市委监察室、市政府目标办进行考核。这项制度安排对促进各部门各尽其责、协调配合，各项事务扎实推进，“五方联动机制”高效运行发挥了重要作用。

强化政策保障。一是坚持规划引领，出台《德阳市职业教育中长期发展规划》《职业教育五年发展规划》《高等职业教育综合改革试验区建设实施方案》，明确职业教育改革发展的工作目标、重点任务、具体举措和保障措施，确定了打造现代职业教育体系的路线图、时间表。二是加大政策支持，出台《支持民办高等职业教育发展的意见》《加快发展现代职业教育的实施意见》，正抓紧制定《教育招校引智优惠政策暂行办法》，从办学经费、土地供应、税收优惠、人才支持等方面推出20条支持政策。此外，正着手制定《职业教育精准扶贫实施“三免三定”工作办法》，计划从2016年秋季入学起，对高中毕业未升入大学的贫困学生全面实施免除学费、生活费、住宿费的一年职业教育，实行定向招生、定向培训，并与行业、企业紧密合作，促进定向就业。形成了“两规划一方案、两意见两办法”的职业教育支撑政策体系。三是着力营造氛围，积极健全就业和用人保障政策，严格执行就业准入制度，对违规违法用工行为予以坚决打击。加强职业院校学生就业创业指导，积极搭建就业创业信息服务平台、金融支持平台，为学生就业创业创造良好环境。连续多年举办职业院校学生及企业职工创新创业大赛、技能大赛和技能文化节，广泛开展职业教育宣传月活动，努力在全社会形成支持职教、尊重人才、弘扬工匠精神、鼓励创新创业的浓厚氛围。

强化人才保障。一是培养引进领军人才。出台《加快全面创新（国际）领军人才建设的若干政策措施》《引进全面创新教育领军人才暂行办法》《引进全面创新医疗卫生领军人才暂行办法》《引进全面创新科技领军人才暂行办法》，形成领军人才“1+3”政策，建立全面创新（国际）领军人才服务中心，提供优质高效的个性化服务；设立专项基金4亿元，给予领军人才项目经费资助、岗位津贴和学术交流补贴；实施领军人才安居“5+3”工程，即建500套专家公寓，3年免租。二是打造“双师型”人才队伍。融合学校、企业人才资源优势，鼓励专业教师到企业实践、企业骨干到学校教学，积极培养具有工程师、教师双重资质的“双师型”人才队伍。开展职教师资队伍技术技能提升培训，2015年培训超过6000人次。目前，全市中职学校专业“双师型”教师900余人，达70%。三是建立市级职业教育指导机构。成立职业教育中心，负责全市职业教育教学业务管理、科研工作推进，专业和学科建设与改革指导等工作。目前，正计划聘请国内知名职业教育专家组建德阳市职业教育发展改革专家指导委员会，具体负责职业教育发展规划制定、重大改革事项研究与指导等工作。

3. 用市场经济的观念办职业教育、用发展产业的方式发展职业教育的理念，是德阳职业教育办学机制的活水源头

德阳市辖区内有4所公办和1所民办高职院校的隶属关系均不属德阳，18所中职学校中仅有2所公办学校。多年以来，德阳市一直坚持“不求所有，但求所在、所用，以用为先”的理念，按照共建、共管、共享的思路，打破部门、行业、地域和所有制界限，用市场经济的观念办职业教育，用发展产业的方式发展职业教育，不论公办、民办、企业办、部门办，还是省管、市管、中

央管，不论是高职、中职还是农村成教及各类培训机构，只要服务当地经济社会发展，全部作为德阳市的职业教育资源，纳入德阳职教体系，在财政、土地、招生、就业、税收、贷款等方面予以政策扶持。通过政策杠杆撬动方方面面的资金和力量，为我所用。经过多年实践，德阳市已经形成汇聚职业教育办学合力的“五种模式”：

——省市共建模式。发挥省属院校与主管部门联系紧密的优势，签订省市共建协议，整合省级主管部门和地方的扶持政策，形成院校省市共建、资源共享的职教办学机制。德阳市与四川省经信委共建四川工程职业技术学院，四川省经信委加强项目资金支持，德阳市在优惠供地、基础设施建设、项目经费等方面给予支持，并保留并入工程学院的原市属学校人员供给关系，共同推动该校成功创建国家示范性高职学院，投资3亿元、占地500亩的共建产学研园区已基本建成；德阳市与四川省住建厅共建四川建筑职业技术学院，成功创建国家示范性高职学院，目前正在共同支持该校创建省级大学科技园；与四川省卫生厅共同新建四川护理职业学院，2015年9月完成一期工程建设，2000余名师生进驻学校；与四川省司法厅达成共识，共同支持四川司法警官职业学院搬迁扩建。此外，在省市共建四川工程职业技术学院产学研园区内，德阳市人民政府、中国科学院成都分院、四川工程职业技术学院三方共建“德阳中科先进制造创新育成中心”，通过政产学研用合作，面向德阳产业转型升级，开展产业共性技术研发与服务、技术转移、成果转化、高端人才培养等工作。目前，“创新育成中心”已成功引进建立了“表面功能再制造中心”“先进制造数字化设计中心”“产业技术创新信息中心”和“德阳装备业‘云制造’服务平台”四个科研实体。

——公民共建模式。2006年，德阳市出台大力发展民办职业教育政策，对现有公办职业院校积极进行产权制度改革，推进公办职业院校重组和整合，鼓励引进民办运行机制，实行民办公助、国有民办或股份合作等多元投资的办学模式。做法是，政府整合公办职业学校的场地、师资、设备等无偿提供给民办学校使用，民办学校投入大量资金、新型设备，输入新的管理理念，创新人才培养模式，发展壮大职业学校，实现公民双赢。公办职业学校改制后，政府的投入力度和支持力度不减，继续保持“三不变”政策，即原公办学校的教师身份不变、财政拨款渠道不变、国有资产性质不变等。并且在实验实训基地建设、教师培训、表彰奖励、教师职称评定、教育教学评优考核等方面与公办学校一视同仁。中江职业中专学校就是“民办公助，双轮驱动”办学体制改革的成功典型。2006年，德阳现代教育集团与中江县县委县政府签订改制合同，5所公办中等职业学校合并为中江职业中专学校，整体搬迁，办学体制由“公办”变为“民办公助”。学校新校区当年建成，300亩建设用地全部由中江县政府按照3万元/亩的价格划拨，差额部分政府补齐。投资方一期工程投入5000万元，仅教学设备价值就由80万元猛增到近1000万元。巨大的资金投入让学校的设备和面貌焕然一新，在校学生也由2005年的2000余人一度增加到上万人。占地面积300亩，固定资产3亿元，在校学生7000余人的德阳通用职教集团罗江职教中心，也是德阳市“民办公助”职业教育办学体制改革的典型范例。在德阳市，所有民办公助、国有民办或股份合作等多元投资的学校统称为“新体制学校”。此外，德阳市人民政府还吸引中国机械工业建设集团有限公司1个多亿资金，在原西南安装高级技工学校的基础上，政企共建德阳安装技师学院。目前学院占地200余亩，在校生近5000人，是全国机械行业骨干职业院校、国家示范校，国家、四川省和德阳市高技能人才培训基地。

——校企共建模式。四川工程职业技术学院与中国二重联合建设大型模锻设备与产品工艺技术省级重点实验室，与东方汽轮机有限公司共建德阳装备业“云制造”服务中心网络平台，与中国航空材料研究院共建航空材料理化检测中心，成为四川装备制造业产业集群技术创新服务中心、德阳机械制造业技术研究中心和德阳重装中小企业公共服务平台和小微企业的孵化器。中国航空学会培训基地、中国航空工业集团公司检测及焊接人员资格认证管理中心培训基地、北京材料分析测试服务联盟培训基地等三大“培训基地”入驻四川工程职业技术学院，丰富和完善了成德绵及西南地区航空工业产业链的功能。四川建筑职业技术学院有企业参与共建、共管的实训室49个，校外实训基地576个，设备总值达亿元。校企共建模式在德阳各职业院校广泛推行，全市所有职业院校均与有关企业共建校内外实训基地。通过校企共建、共管、共享，德阳市职业院校成功借力行业企业先进技术、设备、人员优势，办学实力、办学水平显著提升。

——集团发展模式。以德阳重点院校为主体，聚合区域同类职教院校和相关企业、科研院所，组建职教集团（联盟）。四川建设职业教育集团以四川建院为主体，吸纳省内外102家成员单位，已发展成为集产学研为一体、中职高职紧密衔接的区域大型职教集团；四川航天职业技术学院联合5所本科院校、9所高职院校、14所中职学校、9家航天及国防军工研究设计院、40余家大型企业组建了四川航天职业教育联盟；四川司法警官职业学院联合部分市、县（市、区）司法部门，省内21所监狱，6所强制隔离戒毒所，30家企业，建立了四川安防职业教育联盟；四川省商贸学校联合区域汽车维修协会、汽车制造、维修与服务企业、职业院校等40余家单位参与，组建德阳汽车职业教育集团。目前，德阳市已相继建成5大职业教育集团（联盟）。

——中外联姻模式。对标对接国际行业高端，实施“引进来”战略，推进中外联合办学。四川工程职业技术学院引进美国、欧洲核电焊工标准，对学生进行培训考核，毕业生已全部进入核电、风电生产的重要岗位。目前该校正与德国库卡（Kuka）机器人公司商洽，联手打造库卡机器人学院；与西门子公司商洽，联手建设智能制造实训中心。四川工业科技学院与德国柏林职业教育集团联手打造中德汽车学院，引进德国汽车教学、维修、检测设备，并按德方职业技术标准培训、考核和颁发证书。分批选送职业院校校长和骨干教师赴德国、新加坡等发达国家培训，学习借鉴国际先进职教办学理念，近3年出国培训专业骨干教师和学校管理干部80余人。

4. 紧贴市场需求，是德阳推进产教融合、校企合作，提升职业教育服务能力的基本法则

长期以来，校企合作难、适应需求难成为职业教育改革发展绕不开的两大难题。职业院校总是抱怨企业对校企合作不热心、不积极，而不去思考其中症结所在，不从自身找原因。归根结底，是没有找到学校与企业的利益共同点，没有利益共同点，合作无从谈起。培养企业需要的技术技能人才，提供企业需要的技术服务，是校企双方最大的利益共同点。近年来，德阳市按照“以行业发展为依托、以市场需求为导向、以社会认同为标准”的思路，突出“四个紧贴”，在破解校企合作难、人才培养产销不对口等方面下功夫，构建起了校企深度合作、人才定向培养、紧贴产业办学的良好格局。

——紧贴产业需求开办专业。一是对接产业规划布局专业。引导职业院校精准对接国家和省市产业发展，优化专业布局，提升职业教育服务经济发展的前瞻性和实效性。目前，全市职业院校共设置237个专业，其中装备制造类65个、电子信息类53个、商贸旅游类34个、工程建筑类21个，形成了突出二产、兼顾一产、发展三产的专业体系。二是突出特色打造品牌专业。坚持“品牌立校、专业强校”，重点加强骨干专业和特色专业建设，全市高职院校成功创建国家级精品专业、重点专业、教改试点专业13个，省级重点专业25个，其中四川工程职业学院成为全国机械行业“数控”“焊接”专业的牵头院校。全市中职学校共有18个省级骨干专业、28个市级骨干特色专业。三是根据产业需求差异调整专业方向。指导职业院校和行业、企业共同组建专业建设指导委员会、教学和科研团队等，建立“快速反应、同步跟进、动态调整”的产教良性互动的组织构架与工作沟通机制。指导学校深入行业、企业开展专业调研，及时根据岗位需求对专业设置进行调整，对部分专业课程体系进行优化，

确保人才培养目标的针对性、适用性，有效避免职业院校同质化发展，促进形成良性竞争局面。

——紧贴岗位需求设置课程。坚持产教融合，优化课程设置，实现课程设置与职业标准、教学过程与生产过程全面对接。全市高职院校创建国家和省级精品课程50个以上，中职学校建设市级精品课程达40个。通过课程改革，有力提升了办学质量。绵竹职中根据就业岗位要求变化，对汽修专业课程设置进行了调整优化，建立机修、钣金喷涂、营销三大课程模块，并与成都三松涂装有限责任公司签订协议举办“三松钣喷”贯名班，毕业生供不应求，该专业在校生规模由课改前的50人发展到现在的400余人。什邡职中根据用人市场变化对计算机应用专业课程设置进行了调整，重点提升学生计算机平面设计能力，课改后该专业招生规模从40人提升为300人，60%的毕业生成为区域内平面设计企业业务骨干。部分学生毕业即创业，开办了16家广告公司。

——紧贴生产过程组织教学。一是探索形成了“三引”“三进”人才培养过程与生产过程对接模式。推行“校中厂”模式，把企业引入校园、产品引入实训、工程师引入课堂，让学生在生产中学习，毕业后即可到企业上岗操作，有效提升了就业竞争力，全市已建成校内生产性实训基地63个；推行“厂中校”模式，让教师进入车间、学生进入工段、教学进入现场，借助企业丰富的实践教学资源，组织学生到企业车间、工段开展实践教学，实现学生实训、就业与企业零距离对接，提升学生的实践技能、职业素养与产业发展的契合度。全市26所职业院校均与有关企业共建校外实训基地。二是推行现代学徒制。校企签订合作协议，职业院校负责专业理论教学及基本技能训练，企业通过师傅带徒弟的方式进行岗位技能培养，实现校企一体、定向育人，目前全市已有5所职业学院开展省级现代学徒制试点。

——紧贴社会需求开展多元服务。一是“订单式”定向培养。职业院校与用工企业签订协议，根据企业人才要求量身定制，招收培养学生，毕业后直接进入企业工作。在8万吨大型模锻压机项目申报阶段，中国二重就与四川工程职业技术学院对接，订单培养45名模锻专业学生，项目建成投用后，该批学生全部成为试运行的首批操作员，并迅速成长为业务骨干。二是“菜单式”定向培训。职业院校与相关企业建立职工定向培训关系，学校设计课程、拟定“菜单”，企业按需“点菜”，开展入职培训、在岗培训、转岗培训，年培训超过8万人次。四川省信息通信学校成为邮政系统、银行系统培训中心，年培训超过4000人次；德阳安装技师学院成为国机集团等企业的培训中心，年培训3000人次以上；四川工程职业技术学院近三年与重装企业共同举办核电容器焊接、五轴数控加工等28个培训项目，培训员工8000多人次。三是携手行业企业开展技术研发、技术服务。支持职业院校发挥人才技术优势，主动参与企业技术创新项目，全市高职院校通过校企合作建立科研机构11个。四川工程职业技术学院与中国二重、东方电气、中航工业等企业合作，共建数控精密制造中心、金属蠕变实验室等，承担了多项国家高精尖装备和新材料研发制造任务，技术达到国际先进水平。四川建筑职业技术学院建成国内领先的建筑结构检测中心，承担了港珠澳大桥、刚果（布）铁路桥等国内外大型桥梁检测任务。四是开展产业孵化服务。四川工程职业技术学院产学研园区，将行业技术中心、中小企业服务平台、小微企业孵化器、研试中心等公共服务平台引入园区，建立人才培养、技术服务、科技创新和大学生创新创业等协同服务体系。目前该园区已有在孵企业28家，孵化成型企业12家。四川省商贸学校抓住电子商务发展机遇，设立四川省农村电子商务研究所，已为全省培养2000余名农村电子商务适用型人才，孵化农村电子商务企业40余家。

四川工程职业技术学院党委书记司徒渝说，以前，企业是受邀帮学校培养人才，积极性不高。现在，学校通过人才培养和技术研发帮助企业在转型升级中占得先机。被动的校企合作、工学结合，转变为学校对产业、企业的主动引领，告别了“剃头挑子一头热”，迎来了“互利共赢一家亲”。德阳市教育局副局长胡北说，当学校有了雄厚的师资、优秀的毕业生等优势资源，与企业合作谈判的砝码就重了，企业参与校企合作的内在动力自然会调动起来。

德阳市作为一个地级市，职业教育改革发展之所以取得如此显著的成绩，有党委政府的高度重视、全力推动，有独特的创新思维和改革魄力，有先天的产业优势以及雄厚的职业教育基础等诸多因素，更与四川省职业教育改革发展的大环境、大背景密不可分。可以说，德阳市是四川省职业教育改革发展的一个典范、一个缩影。

四川省委省政府高度重视职业教育，始终坚持把职业教育作为经济社会发展的重要基础和教育工作的战略重点，纳入全省经济和社会发展总体规划统一安排、统一部署。2008年，四川省政府与教育部签署协议，省部共建“国家职业教育综合改革实验区”。同年，四川省政府启动实施职业教育三年攻坚计划。为确保实现攻坚目标，四川省委省政府采取了一系列有力的保障措施。一是以部门联席会议制度为载体，加强政府统筹职业教育力度，协调各部门支持职业教育发展。省政府与市州政府签订职教攻坚责任书，明确了市州政府确保职业教育加快发展的目标任务。二是将中职招生任务纳入政府工作督办目标，每年对市州政府进行考核。教育部门统筹两类高中协调发展，控制普通高中招生人数，并对此进行目标考核。三是推动各级政府加大投入，努力改善职业院校办学条件，同时大力引导社会资金举办职业教育。三年攻坚，四川省级职教专项经费每年都在3亿元以上，全省中等职业教育基础能力建设总投入129.8亿元，300多所中职学校办学条件得到显著改善，并建成一大批国家级、省级示范职业院校。2008年以来，四川省通过与教育部共建“国家职业教育综合改革实验区”，大力实施职业教育攻坚计划，有序推进中高职教育衔接，着力深化产教融合校企合作，加快农村和民族地区职业教育发展，切实加强基础能力建设，推动四川由职教大省向职教强省迈进，开创了四川职业教育史上最好的发展时期。

三、外省经验对我省职业教育改革发展的启示

（一）积极争取批准我省与教育部共建“国家资源型经济转型职业教育改革发展试验区”，为我省职业教育发展争取更大的改革试验空间和国家政策、项目支持空间。同时，作为试验区建设的具体举措之一，启动实施以“职业教育水平提升工程”为主要内容的职业教育振兴计划或攻坚计划。

（二）各地各级各部门形成合力，真正落实职业教育的重要战略地位

山西省委省政府把发展职业教育摆在支撑经济振兴崛起的战略位置，切实落实“高度重视、加快发展”的工作方针，把职业教育与山西省产业转型、技术升级、创新创业、脱贫攻坚的时代要求紧密结合，纳入全省经济和社会发展总体规划统一安排、统一部署。把职业教育作为各级政府的重要工作之一，形成制度，并进行考核。建立各级政府主要领导牵头，教育、人社、发改、财政以及组织、宣传、统战等所有职能部门为成员的职业教育组织领导机构，明确各级各部门职责，纳入省、市、县年度工作考核指标体系，进行督促检查、重点考核，确保我省加快发展现代职业教育的系列文件精神全面落实到位。

（三）进一步做好顶层设计，科学规划，合理布局

一是协调推进教育结构调整，以中等职业教育为重点加快普及高中阶段教育，保持中等职业教育和普通高中教育招生规模大体相当，巩固提高中等职业教育发展水平；推进高等教育分类发展，保证高等职业教育规模合理，推动具备条件的普通本科高校向应用型转变，加快建成一批为地方经济和社会发展服务的高水平应用型高等学校（含高等职业学校）。二是积极推动职业院校布局结构调整，紧密围绕我省经济转型、产业布局、产业升级和城镇化建设的需要，调整优化职业院校布局结构，按照“科学规划，合理整合，形成特色，提高效益”的原则，在每个县（市、区）办好一所县级职教中心、每个市重点办好一所职业技术学院的基本框架下，推动职业院校走园区化发展道路，整合资

源、扩大规模、办出特色，形成与我省经济社会发展需要相适应的职业院校合理布局，扭转我省职业院校“多、小、散、弱”的局面。三是调整优化职业院校专业布局结构，适应我省产业结构调整的需要，建立专业设置随产业发展动态调整机制，做强优势专业，培育紧缺专业，减少同类专业在同一地区的重复设置，形成与产业链相衔接、与创新驱动相匹配、与产业布局相适应、与发展需求相一致的专业设置格局，有效提升专业设置与经济社会发展的适配度。

（四）深化以多元主体办学为重点的办学体制改革

认真贯彻国家和我省关于加快发展现代职业教育的政策精神，完善社会力量兴办职业教育制度。在目前政府财政严重不足的情况下，借鉴兄弟省市成功经验，解放思想，全面深化以多元主体办学为重点的办学体制改革。通过土地、财税、金融等方面政策支持，吸引民间资本，盘活政府和社会资源，共同参与职业院校建设和职教事业发展。一是积极推进“民办公助”办学体制改革试点工作。支持社会力量以购买、承租、委托管理等方式对办学活力不足的公办职业院校进行“民办公助”办学体制改革。原公办学校的教师身份不变、财政拨款渠道不变、国有资产性质不变，并且在生均经费、实验实训基地建设、教师培训、表彰奖励、教师职称评定、教育教学评优考核等方面与公办学校享有同等待遇。二是允许公办院校吸收企业等社会资本以股份制或混合所有制形式参与职业院校办学，做大做强职业教育，激发我省职业教育办学活力。三是大力推行省市共建、政企共建、校企共建等多种模式，加快职业院校建设步伐，通过共建、共管、共享，改善办学条件，提升办学实力。

（五）推动职业院校更加紧密地对接市场需求办学育人

政府统筹协调，建立职业院校对接行业企业的公共服务平台，借鉴德阳“以行业发展为依托、以市场需求为导向、以社会认同为标准”的思路，突出“三个紧贴”，推动职业院校更加紧密地对接市场需求办学育人。一是紧贴产业需求开办专业。引导职业院校精准对接国家和省市产业发展规划，优化专业布局，提升职业教育服务经济发展的前瞻性和实效性。指导职业院校和行业企业共同组建专业建设指导委员会、教学和科研团队等，建立“快速反应、同步跟进、动态调整”的产教良性互动的组织构架与工作沟通机制，及时根据岗位需求对专业设置进行调整，对部分专业课程体系进行优化，确保人才培养目标的针对性、适用性，有效避免职业院校同质化发展，促进形成良性竞争局面。二是紧贴岗位需求设置课程。指导职业院校与行业企业合作，共同开展课程建设，实现课程设置与职业标准、教学过程与生产过程全面对接；积极开发具有地方特色的专业教学指导方案和课程标准，以增强学生核心素养、综合职业能力和可持续发展能力为导向，对接行业、职业最新标准和岗位规范，优化专业课程结构，更新教学内容和教学方法；深入推进中高职衔接的专业课程改革，注重中高职在培养规格、课程设置、工学比例、教学内容、教学方式方法、教学资源配置上的衔接，合理确定各阶段课程内容的难度、深度、广度和能力要求，构建综合化、模块化和项目化的专业课程体系。三是紧贴生产过程组织教学。广泛推行“校中厂”“厂中校”教学模式，通过“三引”“三进”，使人才培养过程与生产过程无缝对接。让学生在真实的企业环境中生产、学习，毕业后即可到企业上岗操作，提升学生的实践技能、职业素养。四是大力推行现代学徒制试点工作。校企签订合作协议，职业院校负责专业理论教学及基本技能训练，企业通过师傅带徒弟的方式进行岗位技能培养，实现校企一体、定向育人。

（六）引导职业院校在现有基础上，拓展功能，提升水平

一是指导职业院校积极开展“订单式”定向培养。职业院校与用工企业签订协议，根据企业人才要求量身定制，招收培养学生，毕业后直接进入企业工作。二是指导职业院校积极开展“菜单式”定向培训。职业院校与相关企业建立职工定向培训关系，学校设计课程、拟定“菜单”，企业按需“点菜”，开展入职培训、在岗培训、转岗培训。三是支持鼓励职业院校多方面引进人才，加

强与科研机构的互动协作，携手行业企业开展技术研发、技术服务。支持职业院校发挥人才技术优势，主动参与企业技术创新项目，帮助企业在技术进步、转型升级中占得先机。四是支持职业院校与政府、行业、科研院所共建创新科技（技术）培育基地，通过政产学研用合作，面向我省产业转型升级，开展产业共性技术研发与服务、技术转移、成果转化、高端人才培养等工作。

（七）尽早开展在矿产、机械、医卫、建筑、化工、旅游、餐饮服务等劳动密集型行业领域用工准入制度试点工作，尽快向全行业推广，同时加强劳动力市场监管，保证企业用工优先录用职业院校毕业生。

第三部分
2016年各市
职业教育改革与发展

各市继续贯彻落实全省工作会精神，在以前工作的基础上2016年又有5个市召开了市级职教工作会，8个市出台了本市推进职业教育的政策措施。太原、长治、晋城、阳泉、晋中规划建设职业教育园区，通过园区化发展整合院校已成结构；晋城、运城、长治、晋中组建了区域性职业教育集团，促进产教融合、校企合作；太原、晋城、运城、晋中继续举办市级技能大赛，成为技能大赛体系中不可缺少的一环。同时，各市还在实训基地、特色专业、职教中心建设、规范办学、扩大招生及精准扶贫方面连出高招，使我省职业教育在更多方面呈现出亮色。

太原市职业教育改革和发展报告

太原市教育局

一、2016年太原市职业教育发展概况

目前，太原市共有职业院校32所，包括高职院校2所，中职院校30所。其中市教育局部门主办18所，县（市、区）教育部门主办8所，其他部门主办3所，民办3所。在校生总数达到4万余人。已经建立起具有一定办学规模、专业设置科学、结构较为合理的职业教育体系，为我市现代职业教育的发展奠定了坚实的基础。

二、2016年太原市职业教育工作基本思路

深入贯彻落实全国、全省和我市职教工作会议精神，坚持以立德树人为根本、以服务发展为宗旨、以促进就业为导向，大力推进现代职业教育体系建设，为我市经济社会转型升级提供强有力的人才支撑。

三、2016年太原市职业教育改革创新推进情况

（一）加快发展现代职业教育

1. 构建现代职业教育发展平台

根据《国务院关于加快发展现代职业教育的决定》和《山西省人民政府关于贯彻落实〈国务院关于加快发展现代职业教育的决定〉的实施意见》，在广泛征求各部门、各职业院校和社会各界意见的基础上，以市政府名义印发《太原市人民政府关于加快发展现代职业教育的实施意见》（并政发〔2016〕1

号）和《太原市人民政府办公厅关于贯彻落实〈山西省人民政府办公厅关于加快发展现代职业教育重点任务分工的通知〉的通知》（并政办函〔2016〕9号），为加快发展我市现代职业教育，构建强有力的政策平台和政府各部门合力促进的良好氛围。

2. 助力养老服务人才培养

为贯彻落实中共太原市委、太原市人民政府《关于加快发展养老服务业的实施意见》，加快我市养老服务人才培养工作，推动养老服务业快速发展，按照“积极发展、多种形式、全面加强、突出重点”的原则，起草相关文件，广泛征求意见，以市政府名义印发《太原市人民政府办公厅关于加快养老服务人才培养的实施意见》（并政办发〔2016〕26号），进一步促进养老服务人才培养，以全面提高养老服务业人才培养质量，适应养老服务业发展需求。

3. 开展职业教育专项督查

按照省政府办公厅《关于开展职业教育专项督查的通知》（晋政办督〔2016〕1号）要求，省督查组一行4人于2016年3月22—24日赴我市开展职业教育专项督查。督查期间，督查组听取了我市政府职业教育专题汇报、查阅相关文件资料和账册数据，实地督查了太原城市职业技术学院、太原市高级技工学校、太原市体育运动学校和阳曲县、清徐县职业教育发展情况。督查组各位专家在督查中，既发现了我市存在的问题，也提出了将来发展的建议，对我市职业教育的发展起到了积极的促进作用。随后，我市积极就专项督查中发现的问题进行认真整改，进一步加大政府统筹力度，不断加强基本建设，改善职业院校办学条件，逐步健全职业教育经费保障机制，切实提高职业教育服务经济社会发展能力。

（二）加大职业教育基础能力建设

1. 规划县级职业教育中心建设

古交市和娄烦县政府分别制定了县级职教中心达标建设规划和分年度实施

计划。根据古交市和娄烦县人民政府制定的县级职教中心达标建设相关规划，报请省人民政府教育督导委员会办公室批准，古交市于2017年接受省级督导评估验收，娄烦县于2018年接受省级督导评估验收。目前，古交市职教中心新选址于古交市李家社村，该地块已编制完成控制性详细规划。娄烦县确定将位于县城的娄家庄小学改建为职教中心。

2. 支持职业教育实训基地建设

继续加强实训基地建设，进一步改善职业院校办学条件。2016年，我市8个省级重点专业、8个省级实训基地获准建设。清徐县职业教育中心、太原生态工程学校、太原市财贸学校、太原市尖草坪区第一职业中学校、太原市交通学校、阳曲县高级职业中学校、太原广播电视中等专业学校、太原市卫生学校、太原幼儿师范学校等9个学校的16个专业获得省级以上财政资金支持，共计2547万元。

3. 开展职业院校互联网学习专项调研

为促进信息技术与职业教育融合，进一步推进职业教育信息化建设，协调组织了我市12所职业院校参加全国职业学校互联网学习专项调研。通过调研，抽样调查了我市职业院校近三年来职业教育信息化建设工作进展情况，摸清了当前职业教育信息化建设所面临的主要困难和问题，为下一步推进信息化建设找到了较好的切入点。

4. 太原幼儿师范学校入驻新校区

位于清徐县徐沟镇的太原幼儿师范学校新校区全面建成。目前，已有4000余名学生入驻。新校区占地366.7亩，建筑面积18.9538万平方米，总概算9.1908亿元。彻底改变了太原幼儿师范学校办学状况，对推进太原幼儿师范升格为高等专科学校，提升办学层次，提供了更好的硬件支持。

5. 太原市卫生学校新校区即将开工建设

太原市卫生学校新校区选址清徐县徐沟镇，紧邻已建成的太原幼儿师范学校新校区。经过多方努力，卫校新校区所需土地已全部落实，前期所需资金也全部到位。太原卫校新校区的开工建设即将提上议事日程。

6. 推进太原市职教园区建设规划

依据《太原市人民政府关于加快发展现代职业教育的实施意见》（并政发〔2016〕1号）文件精神，研究制定《太原市职业教育园区》建设规划。经市教育局与市城乡规划局、清徐县县政府的主动协调、共同谋划，职教园区已初步选址在清徐县徐沟镇，并纳入清徐县县域总体规划。

（三）加强职业教育内部管理

1. 清查中职学校办学资质

依据教育部印发的《中等职业学校设置标准》，在我市所属31所中等职业学校（含高职院校中专部、普通中专、职业高中）中全面开展办学资质清查。对各学校在校生人数、专任教师数、生师比、校园占地面积、生均仪器设备总值等办学指标逐项核查，坚持清查工作的全面性，不留死角。通过清查，认定30所中职学校具有合格办学资质，太原市立达职业中学校因办学指标不达标、办学行为不规范被认定为“限期整改，2016年暂时允许招生”，进一步促进了我市中职学校管理的科学性、规范性。

2. 开展中职学校学生实习工作专项检查

按照山西省教育部、山西省教育厅有关通知要求，积极开展中职学校学生实习工作专项检查。我市各中职学校按要求进行了实习工作各管理环节的自查整改。在此基础上，市教育局成立专项检查组，于2016年1月11—13日，对太原旅游职业学院中专部、太原幼儿师范学校、太原市卫生学校、太原市财贸学校、太原市信息技术学校、清徐县职教中心、尖草坪区第一职业中学校、山西大昌汽车专业学校（民办）等8所学校的学生实习管理工作进行专项抽查，并向省教育厅做了专题报告。通过本次专项检查，进一步规范了我市中职学校实习管理工作，保证了学生实习工作健康、安全、有序开展。

3. 加强中职学校学籍管理

保证学生学籍信息真实、准确，是做好中职教育免费全覆盖的基础。为此，我市逐步建立起学籍信息校长负责制，严格考核，不断强化中职学校学籍管理工作，确保免学费数据完整准确，为各级财政下达免学费资金提供可靠依据。

4. 做好毕业生就业工作

完成中职毕业生就业情况统计汇总工作。2016年，我市全日制中等职业教育毕业生总数为9542人，就业学生人数为9022人，就业率达94.55%。从毕业生就业的总体情况、各专业大类就业情况、主要特点等方面进行了认真分析，并撰写了2016年中职毕业生就业情况分析报告。

5. 认真做好教学质量考核工作

依据《太原市中等职业学校教育教学质量考核评价指标体系》，从招生工作、技能大赛、升学就业、学生工作、教学工作等五个方面，完成了对各中职学校的教学质量考核工作，进一步促进职业教育的人才培养质量。

（四）扩大职业教育社会影响力

1. 举办2016年职业教育活动周

2016年5月8—14日，成功举办了“2016年太原市职业教育活动周”。市教育局提前下发《太原市教育局关于举办2016年太原市职业教育活动周的通知》（并教职函〔2016〕5号），及时对此项工作进行详实安排。并面向全市印发《致2016年全市初中毕业生及家长的一封信》（并教职函〔2016〕6号），重点宣传职业教育在就业、升学、免学费、助学金等方面的优惠政策，建议考生关注并选报中等职业学校。全市所有职业院校以不同形式开展职业院校开放日、职业教育专题讲座、职业院校招生咨询、为民便民服务等各类主题活动，宣传职业教育，赢得百姓认可，取得非常显著的效果。同时，我市各级教育行政部门、职业院校都把宣传放在首位，邀请省、市主要新闻媒体对我市职业教育进行集中采访，通过报纸、电视、网站、微信等媒体积极开展活动周宣传工作，努力形成宣传合力，深度宣传我市职业教育。

2. 开展中小学生职业体验活动

在市教育局协调组织下，我市各中小学校和职业院校共同联手，围绕“走进一所学校，体验一个项目；了解一门职业，感受一种文化”的活动主题，面向全市中小学生，依托职业院校重点专业及实训基地，借职业教育活动周举办之机广泛开展了中小学生职业体验活动。5000多名中小学生及其家长走进职业院校，近距离体验职业生活。职业体验活动当中，各职业院校精心设计职业体验项目，结合专业特点充分体现职业体验的趣味性、时代性、职业性和应用性，让参与职业体验的中小学生和学生家长了解职业教育、体验职业乐趣、展望职业前景、激发职业理想，是基础教育和职业教育成功的有益尝试。

3. 加大中职招生宣传

围绕中职招生目标任务，摸底调研各学校拟招生计划，并结合各学校实际办学条件，协助发展规划处制定2016年专业门类全、覆盖行业范围广的招生计划。同时，加大中职招生宣传力度，借我市职业教育活动周举办之机，组织各中等职业学校开展招生宣传咨询活动，为中等职业学校招生创造公开、公平、公正的招生宣传环境，引导更多的学生接受中等职业教育。截至目前，我市中等职业教育一年级新生已达9849人，在生源减少的情况下，实现了小幅增长。

（五）提升职业院校师生综合素质

1. 开展职业院校技能大赛

通过组织各级各类技能竞赛，以赛促教，以赛促学，教赛结合，推动职业院校课程建设、教学改革和师资培养，继而提高职业院校师生的职业技能水平。

（1）与太原市总工会、太原市人力资源和社会保障局联合举办“2016年度太原市职业院校技能大赛”。来自26所职业院校的2360名学生和145名教师参加了11个专业大类36个项目的竞赛活动。经过专业技能的比拼，共评选出优秀辅导教师250名，获奖选手983名，并为40名教师记二等功。

（2）组织我市各职业学校代表队参加山西省第十届职业院校技能大赛。共获得一等奖28个，二等奖55个，三等奖69个。太原市教育局获团体二等奖，太原旅游职业学院、太原市财贸学校、太原市交通学校、太原市财政金融学校获优秀组织奖。

（3）组织我市各职业院校代表队参加“2016年全国职业院校技能大赛”。共获得一等奖2个，二等奖1个，三等奖5个。

2. 组织中职学校“文明风采”竞赛

以“文明风采”竞赛活动为契机，进一步推动开展形式多样、丰富多彩的德育实践活动，推进文化育人、实践育人、活动育人。

（1）组织我市职业院校师生参加“山西省第八届中等职业学校‘文明风采’竞赛”。共获得一等奖76个，二等奖113个，三等奖123个。太原市教育局、太原幼儿师范学校、太原市财贸学校、太原生态工程学校获优秀组织奖，太原广播电视中等专业学校、太原市综合高级中学校、太原市第十职业中学校、太原市长安综合中学校、太原市信息技术学校获组织奖。

（2）组织我市职业院校师生参加“第十二届全国中等职业学校‘文明风采’竞赛”。共获得二等奖2个，三等奖6个，优秀奖41个。太原幼儿师范学校获优秀组织奖，太原幼儿师范学校教师崔丹被评为优秀指导教师。

3. 参加职业院校信息化教学大赛

组织参加信息化教学大赛，是推动职业教育教学改革创新，提高教师教育技术应用能力和信息化教学水平，促进信息技术在教育教学中的广泛应用的有效手段。2016年，我市组织各职业院校积极参加全省职业院校信息化教学大赛，并给予参赛教师必要的支持和及时、科学、有效的指导。最终，太原市卫生学校、太原广播电视中等专业学校的两位教师都获得省信息化大赛三等奖。

职业教育工作光荣而艰巨，新的一年我们将振奋精神，扎实工作，继续努力，在新形势下创造出太原市职业教育的新篇章。

大同市职业教育改革和发展报告

大同市教育局

2016年是“十三五”开局之年，我市职业教育工作继续以强化职业教育宣传为抓手，积极推进各项工作任务的落实，取得了显著工作成效。

大同市现有高等职业院校1所，高职在校生3840人；其他院校2所（山西大同大学大同师范分校和山西大同大学浑源师范分校），中等职业学校34所（其中市属职业高中学校23所，市属普通中专学校5所，市属技工学校1所，行业企业办技工学校4所，省属中专学校1所），中等职业教育在校生28317人。

近年来，在市委市政府的高度重视和正确领导下，在社会各界的关心和支持下，我市不断加快职业教育改革和发展步伐，全市职业教育的面貌发生了根本性变化。

一、整合资源，完善体系，进一步优化职业教育布局和结构

我市致力于构建市区、片区、县区三级职业教育格局，即在市区组建市级龙头性职业高中学校；在市域西北片区、东北片区、东南片区分别建设左云、阳高、浑源3个区域性职教中心；其他县区根据实际每县区兴办有特色的职业教育中心，从而形成以市区职业学校为龙头、区域性职教中心为骨干、县区特色学校为补充的职业教育体系。目前，市区、片区、县区三个层级的职业学校建设任务基本完成，初步构建起以市区职业学校为龙头、区域性职教中心为骨干、县区特色学校为补充的三级职业教育发展格局。与此同时，我市加强对职业学校专业设置的统筹管理，不断适应产业发展和就业市场的需求，合理调整

职业学校的专业设置。全市中等职业学校开设专业共53个，涉及15个专业门类，其中一批专业成为职业学校相对稳定的骨干专业，一些新增专业成为很有发展前景的新兴专业。

二、加大基础设施建设力度，职业学校办学条件明显改观

在地方财力十分紧张的情况下，市县两级投入巨资，进行了大规模的职业学校建设。相继实施了市卫生学校、市技工学校、大同师范、市职教中心、左云职教中心、阳高职教中心、市艺术学校等7个大型职业学校建设项目，连同一职中、二职中的实训大楼建设项目，浑源职教中心的转型建设项目，全市共计完成投资23亿元，完成职业基建工程达62万平方米。浑源职教中心、左云职教中心于2015年年底通过省政府教育督导室的评估验收。在进行大规模职业学校基本建设的同时，我市大力加强职业学校实训基地和重点专业建设，几年间各级投入职业学校实训基地建设和实训装备建设的资金达1.21亿元，已经建成和正在立项建设的国家级和省级实训基地、重点专业有13所学校、37个专业，职业学校的实训条件得到根本改善。

三、加强职业学校内涵建设，职业教育服务经济社会的能力明显提升

持续加大职业学校师资队伍建设力度，教育、人社等相关部门通过统一招聘入编教师的办法陆续为职业学校补充了一批专业教师，职业学校聘用了一批兼职专业教师，壮大了职业学校教师队伍。同时，市县教育行政部门和学校积极组织职业学校在职教师参加国家级和省级职业学校教师培训。通过采取一系列措施，我市职业学校的师资队伍数量不断增加、质量不断提高，初步建立了一支专兼职结合的高素质师资队伍。着力推进职业学校办学模式改革和教育教学改革，不断提高教育教学质量。职业学校主动联系合作企业，先后与省内外45家企业签订协议，引企入校建设校内实训基地，在企业建立校外实训基地

和顶岗实习基地，实行“订单培养”，开展了多种形式的校企合作。扎实开展五年制“三二分段”教育，教育行政部门和职业学校积极联系合作高职院校，市区职业学校和区域性职教中心与多所高职院校合作开展了“三二分段”教育。目前，全市中等职业学校毕业生就业率达到91.90%，一些工科专业毕业生供不应求，就业率达100%，其中一批优秀毕业生已经成为所在企业的中坚力量和技术骨干。

四、积极开展校企合作、区域合作，职业教育发展活力进一步增强

2017年，校企合作要在现有基础上进一步扩大学校范围和企业范围，市区职业学校和重点县级职教中心要根据专业设置广泛联系相关合作企业，制订与企业生产紧密结合的实训教学计划，和企业共同组织开展对学生的教学实习和顶岗实习，推进产教深度融合。

职业教育的发展已经进入一个新的时期，加快发展职业教育是大势所趋，我们要紧紧抓住国家“十三五”产业结构调整机会，蒙晋冀（乌大张）长城金三角合作区纳入《京津冀协同发展规划纲要》和《环渤海地区合作发展纲要》的新机遇，充分利用大同独特的区位优势，密切对接首都产业转移和区域合作产业，加快完善以市区职业学校为龙头、区域性职教中心为骨干、县区特色学校为补充的三级职业教育体系，加快专业布局调整设置和实训装备补充配置，加强专业教师和“双师型”教师队伍建设，创新职业教育体制机制，积极探索组建职业院校、行业、企业、科研机构、社会组织等多元主体参加的职教集团，推进校企深度融合，促进职业学校实现规模和质量快速提升。积极开展与京津冀和环渤海地区的职业教育合作，在学校联办、专业共建、人才培养互通、就业市场共享等方面进行创新探索，扩大我市职业教育的影响，提升我市职业教育的品位。

五、加大县级职教中心、重点专业和实训基地建设力度，全面提升职业教育办学水平

根据省市安排，2016年我市县级职教中心验收县为矿区和大同县。2016年市县大力推进此项工作，力争本年度矿区和大同县2个县级职教中心通过省级督导评估验收。2012年以来，矿区政府先后投入700多万元，使该区学校的办学条件得到了很大的改善；近几年，大同县投入580万元，用于校容校貌改善、校园安全建设、实训室建设、设施设备的配套等。这两个县级职教中心于12月底接受省政府教育督导室的评估验收。

中等职业学校大力开展重点专业建设和实训基地建设，全市中等职业学校立项建设的省级重点专业和实训基地2014年底有5个，2015年第一批有2个，2015年第二批有5个，2015年列入储备项目的有35个。2016年省教育厅批复了11个实训基地和重点专业建设项目，各建设项目已按建设期规划进度完成本年度目标任务，编制了任务书，制定了标书，目前已进入实训设备集中采购程序。

朔州市职业教育改革和发展报告

朔州市教育局

2016年，朔州市职业教育工作在市委市政府的正确领导下，认真贯彻落实《山西省中长期教育改革与发展规划纲要（2010—2020年）》《中等职业教育改革创新行动计划》和全省职教工作会议精神，围绕《朔州市人民政府关于加快发展现代职业教育的实施意见》（朔政发〔2015〕67号）等文件工作重点和工作思路积极开展工作。以邓小平理论、“三个代表”重要思想、科学发展观为指导，深入贯彻习近平总书记十八大重要指示精神，加快构建现代职业教育体系，加强职业教育基础能力建设，推进职业教育体制机制改革创新。

一、职业教育基本概况

我市现有各级各类职业院校24所，包括朔州职业技术学院、朔州师范高等专科学校、朔州市体育运动学校、朔州市技工学校等；职业中学20所（9所公办、11所民办）。创建国家级重点职业学校1所，省级重点职业学校3所，在校生近3万人。学校开设的专业主要涉及加工制造、电子与信息技术、财经、农牧以及文化教育等5个专业大类，50多个专业。近几年全市职业教育办学水平和服务转型发展能力得到显著提升，基本形成适应经济社会发展，产教深度融合，中高职衔接，体现终身教育理念，具有地方特色的现代职业教育体系。

（一）招生情况

为加强对高中教育阶段招生工作的领导，成立了朔州市高中教育阶段招生工作领导小组，由教育局局长为组长，普教、职教、招生相关领导和科室共同实施，多次召开会议安排全市职业学校招生工作，初步下达我市中职招生任务8800人。

我市各中职学校每年从3月份就开始组织师生开展招生宣传工作。职业学校师生深入到全市各学校、乡镇、街道和村委会发放宣传资料，进门入户宣传国家对中等职业学校学生的资助政策和免学费政策。通过新闻媒体、印发招生简章、职业技术服务、文体活动等形式到各初中学校进行招生宣传。以多种形式宣传职业学校办学成果、校企合作办学情况、毕业生就业情况、成才典型事例，使广大初中毕业生更好地了解职业教育和社会劳动用工情况，为学生报读中等职业学校提供便利。2016年各中职学校深入全市70多所初中及周边地市相关学校，共发放6万多份宣传资料，接待了近万名家长和学生的咨询，深受家长、初中学校和广大初中毕业生的好评和欢迎，为招生工作打下了良好的基础。

为确保全市高中阶段学校招生工作有序开展，确保高中阶段招生职普比例保持大体相当，市教育局印发了有关招生政策和招生工作方案，明确了全市普通高中和中等职业学校的招生录取办法。朔州市招考中心从2015年已建立高中阶段教育网上填报志愿、网上录取招生工作平台，2016年建成网上报名平台，三平台的建成实现了高中阶段招生公正、公平、公开。2015年全市中职招生人数6556名，普通高中招生人数17010名，职普比1∶2.6。2016年中职招生人数7573名，普通高中招生人数16850名，职普比有较大改善，达到了1∶2.3。

（二）实训基地建设情况

近年来，省教育厅、财政厅等上级部门对朔州市职业教育在政策、经费等各方面都给予了大力的支持，我市也出台了支持职业教育实训基地建设的政策及配套措施，全市职业教育实训基地建设得到较快发展。

我市有关职业院校以实训基地项目建设为契机，重新整合资源，健全管理机构，完善基地运行制度，推进管理水平提升，提高利用率，使教学资源得以充分利用，实现了资源优化配置与共享。面向社会进行培训，使实训基地由单纯的实践教学向技术开发拓展，实现教学、生产、科研和面向社会培训体系的有机结合，保证基地作用的充分发挥。实训基地建设使学校办学水平得到明显提升。我市获得中央财政和省财政支持的实训基地建设项目共16个（其中国家级2个、省级14个），上级投资总额2650万元。建设完成已投入使用的实训基地9个，正在建设过程中的7个。“十三五”期间，市财政计划每年支持建设10个发挥示范作用的市级实训基地和10个市级重点专业。到时，全市职业院校就能建成企业参与涵盖国家、省、市级骨干专业的多种形式的实训基地，形成满足职业院校师生实践教学和学生技能训练需要的实训基地布局。

基地性质	学校名称	专业名称	学校性质	
省级	怀仁县第一高级职业中学	电工电子与自动化技术	公办中职	
省级	应县职业技术学校	电工电子与自动化技术	公办中职	在建
国家级	平鲁区职业中学	建筑技术	公办中职	
省级	朔城区职业技术学校	计算机应用	公办中职	
国家级	朔城区职业技术学校	汽车运用与维修	公办中职	
省级	怀仁县第一高级职业中学	硅酸盐工艺及工业控制	公办中职	
省级	朔城区职业技术学校	机电技术应用	公办中职	
省级	怀仁县第一高级职业中学	机电技术应用	公办中职	
省级	应县职业技术学校	汽车运用与维修	公办中职	在建
省级	朔州市体育运动学校	运动训练	公办中职	
省级	朔城区职业技术学校	园林绿化	公办中职	
省级	朔州师范高等专科学校	学前教育	公办高职	在建
省级	朔州职业技术学院	矿井通风与安全	公办高职	在建
省级	朔州职业技术学院	会计与审计	公办高职	在建
省级	朔州职业技术学院	生物技术及应用	公办高职	在建
省级	应县职业技术学校	硅酸盐工艺及工业控制	公办中职	在建

（三）师资队伍

我市各区县教育局、职业学校在公用经费和其他事业收入中继续加大用于教师队伍建设的经费比例，推进教师全员培训，广泛开展新教师上岗培训、教师岗位培训、骨干教师培训。重视公共基础课教师、班主任培训，实施职业学校教师素质提高计划专业骨干教师培训项目，加快培养一批在教育教学改革中发挥引领示范作用的骨干教师和专业带头人。在教师聘用方面，朔城区政府将教师招聘权下放到学校，朔城区职业技术学校根据专业需要聘请了45名本科以上的专业技术人员，从战略的高度推进师资队伍的整体素质。应县职业技术学校先后招聘了财经、土建、机电等专业教师10名，为专业开设奠定了良好基础。以上聘用教师费用全部由政府购买服务的方式解决。

2016年1月4日，市教育局组织全市10所中职学校（3所公办、7所民办）到天津职业技术师范大学招聘专业教师，达成意向35人，有一些学生现场和学校签订了就业协议书，一定程度上缓解了专业课教师不足的现状。现在，朔州市教育局和该校已建立起良好的合作关系，每年计划招聘15—20名优秀毕业生充实到专业课教师队伍中。朔城区职业技术学校已选派一批专业课教师到该校进行长达半年的培训。各职业院校针对各自教师缺额情况，积极主动到相关院校招聘教师。

（四）毕业生就业情况

为进一步巩固和保持中职毕业生就业的良好势头，各中职学校通过坚持面向社会、面向市场办学，大力发展面向新兴产业和现代服务业的专业，努力突出职业教育的办学特色，积极深化教育教学改革，不断更新人才培养模式和教学内容，扩大校企合作、订单式培养的规模，积极组织毕业生就业招聘会。

朔州市人力资源和社会保障局、总工会委托中职学校、行业企业、高职院校和培训机构，面向未升入高一级学校的初高中毕业生、退役士兵、在职职工、城镇失业人员、进城务工人员以及其他有职业教育需求的社会成员，开展多形式、多层次的职业培训。朔城区职业技术学校、应县职业技术学校、怀仁县第一高级职业中学、朔州市未来职业学校为扩大学生就业范围，多次到省外实地考察企业，先后南下苏州、广东等地，北上天津、北京等用工企业，积极联系，最终促成600多人签订了就业协议。今年全市职业学校毕业生就业率96.38%，对口就业率41.88%。

毕业生数	就业人数	直接就业人数	就业率	对口就业率	就业学生中就业去向	
					去向	人数
4035	3889	638	96.38%	41.88%	机关和企事业单位	52
					合法从事个体经营	329
					其他方式	257
					升入高一级学校	3251

（五）县级职教中心建设情况

继续加快推进县级职教中心建设，提高县域内职教资源的使用效率，扩大面向农村的中等职业教育规模，普及高中阶段教育，加强农村劳动力转移培训。朔城区、平鲁区、怀仁县、应县职教中心已于2012—2014年通过省人民政府教育督导评估组评估验收。山阴县、右玉县正遵循“政府统筹、整合资源、集中建设”的方针，切实发挥县级政府的统筹职能，整合县域内各类职业与成人教育培训资源，集中力量建设好本县综合性、多功能的职业教育中心。

（六）中等职业教育免学费、助学金政策落实情况

2016年全市免学费应配套资金938.04万元，实际配套845.62万元，完成配套90.15%；其中市级应配套326.53万元，实际配套326.53万元，完成配套100%；县级应配套611.51万元，实际配套519.09万元，完成配套84.89%。

2016年全市助学金应配套资金97.52万元，实际配套79.28万元，完成配套81.3%；其中市级应配套29.36万元，实际配套29.36万元，完成配套

100%；县级应配套68.16万元，实际配套49.92万元，完成配套73.24%。

（七）市属高等职业院校生均拨款政策落实情况

按2015年生均9000元标准，2015年本市市属高等职业院校生均拨款经费总额为8709万元，全日制高等职业学历教育在校生人数为7280人，生均拨款11963元。

按2016年生均10500元标准，2016年本市市属高等职业院校生均拨款经费总额为7113.93万元，全日制高等职业学历教育在校生人数为7491人，生均拨款9497元。

二、职业教育改革创新推进情况

我市以加快发展现代职业教育为重点，坚持以服务为宗旨、升学就业为导向，在深化改革、提高办学质量的基础上，大力促进了职业教育快速发展，在党的政策指引下，我市职业教育正逐步步入科学化、规范化、特色化、健康化发展的轨道。

（一）加强实训基地建设，加快推动现代职业教育发展

近年来，省教育厅、财政厅等上级部门对朔州市职业教育在政策、经费等各方面都给予了大力的支持，我市也出台了支持职业教育实训基地建设的政策及配套措施，全市职业教育实训基地建设得到较快发展。一年来，全市职业院校用于改善办学条件经费达5000多万元。有关职业院校以实训基地项目建设为契机，重新整合资源，健全管理机构，完善基地运行制度，推进管理水平提升，提高利用率，使教学资源得以充分利用，实现了资源优化配置与共享，面向社会进行培训，使实训基地由单纯的实践教学向技术开发拓展，实现教学、生产、科研和面向社会培训体系的有机结合，保证基地作用的充分发挥。实训基地建设使学校办学水平得到明显提升，使社会培训人员由2010年平均2000人上升到现在的30000人，农民工培训由2010年培训约3000人上升到现在的

20000人。培训人员数量明显增加，质量不断提升，培训的初级工职业资格证书获得比例达到100%，高级工职业资格证书获得比例达到90%以上。

实训基地的建设促进我市“百校千企”工程进展顺利，朔州市职业技术学院、朔城区职业技术学校、应县职业技术学校等多所学校已经与中煤集团、神华集团、中电公司、万发炉业等多家国有大中型企业单位建立了校外实习、实训基地关系，并做到基地实习实训与生产实践有机结合，办学过程与企业合作完成，使学生受到良好的实际工作能力的培养和锻炼。实训基地始终注重为社会、企业提供技术等服务，既为企业创造了较好的经济效益，又丰富了教学形式，充实了教学内容，推动了教学改革。

部分学校实训基地同时开展对外业务，服务社会，不仅可以增加学生参与实践操作的机会，提高学生实践操作能力，而且也可以带来一定的经济效益，降低学校的培训成本。通过开展对外培训业务，既可提高实训基地设备的利用率，创造出一定的经济效益，同时又提高了相关企业专业技术工人和农村剩余劳动力的素质，服务区域经济，提高实训基地的社会效益。

（二）加强学校管理，规范职业学校办学行为

根据省教育厅有关精神，为进一步规范职业学校办学行为，提高学校管理水平和办学效益，我市继续推进星级中职学校办学资质清查和管理星级工作。各职业学校高度重视，认真开展了2016年办学资质清查和管理星级学校自评自查工作，从多个方面都取得了新的进展和成效，主要表现在学校办学行为、学校制度、教学质量、专业设置、教材使用、学生素质、后勤保障等方面有明显改善。2016年10月，市教育局遵循以评促建、以评促改、评建结合、重在建设的评估原则，对全市有关中等职业学校进行了全面复查，重点对三星级及以下学校的自查工作进行了认真核实，对部分学校的办学方向、规模、规划、教师队伍建设、办学条件、专业与实践教学、教育教学管理等方面的具体内容进行了全面评估，并为学校今后的努力方向提出了建议和意见。

朔州市怀仁县红宇学校由于管理等存在问题，给予限期整改允许招收中等职业学历教育学生的处理决定。应县隆盛职业高中经过两年多努力整改，办学条件有较大改善，由限期整改不允许招收中等职业学历教育学生调整为限期整改允许招收中等职业学历教育学生。

（三）拓展职业教育技能培训，扩大创业就业服务范围

为推进大学生和就业困难人员创业就业，2016年，我市从提高各类人员创业本领和就业技能入手，大力开展职业技能培训，为推进创业带动就业发挥了重要作用。一方面，积极组织各类教育培训机构主动参与农村劳动力转移就业等各类培训；另一方面，将创业培训的范围扩大到所有有创业愿望和创业能力的城乡劳动者，并为其提供针对性的服务。

朔州市人力资源和社会保障局、总工会委托中职学校、行业企业、高职院校和培训机构，面向未升入高一级学校的初高中毕业生、退役士兵、在职职工、城镇失业人员、进城务工人员以及其他有职业教育需求的社会成员，开展多形式、多层次的职业培训。

（四）继续开展职业教育周活动，提升职业教育的影响力

5月8日，“朔州市2016年职业教育活动周”在应县职业技术学校全面启动。活动旨在宣传职业教育的方针政策和发展成果，展示职业院校学生的精神风貌和技能才艺，促进大众创业、万众创新，全面推动产教深度融合，有效支撑朔州经济转型升级。今年“职业教育活动周”主题为“弘扬工匠精神，打造技能强国”。全市各级教育行政部门和各职业院校将举办“职业教育活动周”启动仪式，充分发挥网络、报刊、电视、广播等媒体的作用，以群众喜闻乐见的形式进行多层次、全方位的职业教育宣传活动。同时把职业教育宣传和职业院校招生咨询宣传结合起来，努力营造崇尚劳动、崇尚技能的良好社会氛围。

活动周期间，我市各职业学校还将广泛开展多种形式的校企合作，充分发挥专业优势，利用本地社区、广场、公园、展馆等场所，开展电器修理、美容美发、健康服务、健康饮食咨询、家政服务、汽车使用和保养知识推广、职业礼仪展示等服务活动。通过设立宣传展板、现场讲解、学生技能展演、作品展示等多种多样的宣传形式，充分展示近年来我市职业院校取得的发展成绩、教学成果，让社会各界更直观地感受和体验职业教育的精彩，更广泛地支持和参与职业教育。

（五）加强校园文化建设，提升学生综合职业能力

各学校通过大力弘扬传统文化，渗透地方特色文化，组建学生社团，开展丰富多彩的文体活动，孕育了学校文化、企业文化、传统文化、地方特色文化高度融合的特色校园文化。本年度全市新增了“爱心社”“环保志愿者协会”等多个学生社团。通过开展丰富多彩的社团活动，为学生提供展示自我的舞台和感恩师长、扶贫助困、服务社区、服务社会的机会，让学生充分发挥自己的兴趣爱好和个性特长，增强了学生的自信心，促进了学生社会主义核心价值观的形成，促进了学生的发展与成长；也为我校社团在各种比赛中屡获佳绩奠定了基础，同时提高了学校的社会服务能力和影响力。

（六）加强校园安全防范，建设平安和谐校园

坚持预防为主、防治结合、加强教育、群防群治的原则，通过安全教育，增强学生的安全意识和自我保护能力，通过齐抓共管，营造全校教职员工关心和支持学校安全工作的局面，从而切实保障师生安全和财产不受损失，维护学校正常的教育教学秩序。9月，对全市的职业中学进行安全检查，各学校都将安全工作列入重要议事日程，成立了以校长为组长、保卫科和班主任为组员的安全领导小组和校舍管理组织机构。学校领导、班主任、教师都具有很强的学校安全意识，根据校园安全工作的具体要求，把涉及师生安全的各块内容进行认真分解落实到人，做到每一项工作都有对应的专（兼）职管理人员，形成了学校校长直接抓，各负责同志具体分工组织实施，全校教职员工齐心协力共抓安全的良好局面。平鲁区职业学校结合本校实际，按照《地震灾害应急预案》

《突发火灾应急预案》《校园暴力事件应急预案》《食物中毒应急预案》等各类应急预案进行了演练，并建立了应急工作机制和校园救助系统。

三、下一年工作计划

1. 全面深入贯彻落实国家、省、市关于加快发展现代职业教育的精神，采取多种形式、多途径加大宣传力度，形成全社会重视关心职业教育的良好氛围，为职业教育创造良好的发展环境。加大招生力度，完善配套措施，落实招生计划。

2. 针对专业课教师、实训教师数量不足的问题，大力加强“双师型”教师队伍建设。按照省市相关文件要求，创新用人机制、体制，每年补充一批专兼职教师，组织教师积极参加技能培训，提高教师的技能水平。

3. 鼓励职业院校积极拓展校外实训基地，努力开展校企合作，通过校外实训基地的建设和使用，了解社会对人才培养的要求，从而有针对性地开展教育教学改革，提高人才培养质量。

4. 建立分县（区）职业教育发展工作目标责任考核制度。完善财政职业教育经费投入机制，严格落实市、县（区）地方教育费附加用于职业教育比例不低于30%的政策；完善社会力量资助兴办职业教育的激励政策；完善职业教育资助政策体系；健全职业院校毕业生就业保障政策。

5. 全面落实市级实训基地和重点专业建设工程。继续加快推进县级职教中心建设，提高县域内职教资源的使用效率。扩大面向农村的中等职业教育规模，普及高中阶段教育，加强农村劳动力转移培训。

忻州市职业教育改革和发展报告

忻州市教育局

2016年，我市认真贯彻落实了《山西省大力发展职业教育的决定》和全省职业教育会议精神，加强领导，全面统筹，坚持“调整结构，重点突破，长短结合，以出旺进”的工作方针，坚持“以服务发展为宗旨，以促进就业为导向”的办学指导思想，不断加大投入，改善条件，扩大招生，推动我市职教事业健康发展。根据山西省教育厅《山西省教育厅关于转发〈教育部职成司关于编制和发布2016年度中等职业学校质量年度报告的通知〉的通知》（晋教职函〔2016〕59号）要求，现将我市2016年中等职业学校质量年度情况报告如下：

一、基本情况

全市共有中等职业学校40所，其中：中专学校6所（公办5所，民办1所），职业高中34所（公办17所，民办17所），校园总占地面积约186万平方米，建筑面积约61万平方米。

全市中职学校在校生27062人（其中：中专7541人，职业高中19521人）。2016年招生9744人，毕业8805人，学生巩固率98.2%。承担和开展各类社会培训共计9072人。

全市中职学校共有教职工2395人，专任教师2050人，生师比为13∶1，其中“双师型”教师452人，占22.05%，本科以上学历1728人，占84.3%。高级职称教师274人，占13.4%。

二、学生发展

2016年，我市结合专业特点分阶段对学生开展了遵纪守法、文明礼仪、职业道德、心理健康和就业创业五大主题教育。全市各中职学校学生全部通过思想政治审核，体质测评合格率97.5%。以培养技术应用型人才为目标，一手抓文化知识的传授，一手抓专业技能的培训，多种举措激发了学生学习的热情，促进了学生学业水平的提升。文化课合格率达98%，专业技能合格率达96%，毕业率99.8%。绝大多数毕业生具备良好的心理素质，健全的人格，掌握了从业所必需具备的专业技能，在社会上获得了较好的声誉。

各中职学校通过每学期的民主生活座谈会、实习实训调研会、阶段小结座谈会，征求学生的意见，及时反馈相关管理部门并做出调整改进。民主生活座谈会主要针对在校生食宿满意度调查，实习实训调研会主要针对实习实训活动满意度调查，阶段小结座谈会主要针对理论学习、专业学习满意度调查，各职业中学学生对学校的满意度均在95%以上。

2016年，忻州市教育局贯彻落实了《忻州市人民政府办公厅关于印发忻州市中等职业教育免学费管理暂行办法的通知》（忻政办发〔2012〕150号），印发《忻州市教育局关于加强对中等职业学校免学费助学金管理的通知》（忻教发〔2014〕18号）。国家助学金受助人数6924人，助学金金额1384.8万元，国家免学费受助24070人，免学费资金5726.95万元。此外，针对困难家庭学生，除了给予经济上的资助外，各中职学校还安排教师与贫困家庭学生结对，教师经常找他们谈心，了解他们的思想动态，关心他们的学习、生活情况，对受助学生加强感恩教育、节俭教育，引导他们树立正确的人生观、价值观和世界观。

目前已有全国各地300多家不同行业的用人单位与我市中职学校建立了不同程度的校企合作关系，确保了学生的就业渠道畅通。学校的就业服务贴心到位，从考察单位，核实岗位、待遇、食宿，到校面试、护送到岗、薪资落实，全部由班主任、实习指导教师通过“包办式”服务来保障，让学生安心、家长放心。2016年对口就业人数达95%以上。从2016年实习生和毕业生的起薪来分析，基本维持在2015年的水平，起薪均在1000元至3000元不等。随着用人单位对技能型人才综合能力的要求越来越高，促使学校更加注重学生综合素质的培养与提高，尤其要求学生具有“一人多岗、一岗多能”的岗位适应能力。全市各中职学校积极探索校企合作、工学结合、顶岗实习的人才培养模式，专业理论教学与专业技能教学一体化的课堂教学模式，将职业资格标准和行业技术规范纳入课程体系，系统培养学生的职业素养、职业能力和创新精神，培养学生的学习能力、岗位适应能力、岗位迁移能力和创新创业能力，鼓励支持学生一专多能，努力培养“专业加特长”“学历加技能”的高素质人才，为中职学校学生一生的职业发展奠定良好基础。

三、质量保障措施

为建立布局合理、结构优化、特色鲜明、品牌纷呈的专业体系，逐步形成定位准确、错位竞争、优势互补、有序发展的专业建设新格局，我市积极调整专业结构和人才培养方案，各中职学校紧密对接本区域经济发展、产业升级和技术进步需要，结合自身优势，不断加强特色专业建设。到目前，已经建成了忻州职业技术学院的护理，山西省创奇学校的建筑装饰，忻州师范学院五寨分院的学前教育，忻州市原平农业学校的果蔬花卉生产技术、现代农艺技术、畜牧兽医6个省级示范专业。“十三五”期间，我市根据《忻州市人民政府办公厅关于推进和加强职业教育实训基地建设与管理的实施意见》精神，按照市政府建设“三大门户”、打造“三大集散地”、发展“六大板块”的“336”布局思路，紧紧围绕支柱产业和新型产业，重点建设护理、旅游、现代农艺技术、农产品保鲜与加工、农业机械使用与维护、机械制造技术、学前教育等一批特色专业，打造一批精品专业，全面提升我市职业教育的教学水平，提高职业教育服务当地经济发展的能力。

我市贯彻落实省教育厅《关于做好中等职业学校教学诊断与改进工作的通知》文件精神，以提高办学质量为核心，不断深化改革、加快发展，推动办学体制机制不断突破，促进结构布局更加合理，逐步实现内涵发展的历史性跨越。以立德树人为根本，着力加强职业道德和职业精神培养。把强化职业技能确定为中职学校的教学方法和研究方向。课堂教学从组织思路到师生互动效果有了明显变化，从常规教学到理论与实训的检测成绩都有了明显提高。

按照《忻州市人民政府办公厅关于加强职业院校“双师型”教师队伍建设的实施意见》（忻政办发〔2015〕144号）安排部署，针对我市中职学校中存在的专业教师实践能力不强、“双师型”教师比例及整体素质偏低，骨干教师和专业带头人缺乏，生产实习指导教师数量不足和技能不高等问题，全面落实中等职业教育国家级和省级骨干教师培训计划，通过公开招聘的办法补充了一批专职教师，聘用了一批兼职专业教师，使中职教师资队伍的数量有所增加，质量有所提升，结构有所优化。要求各中职学校每年安排不少于5%的公用经费用于教师专业培训。先后组织多名中职学校管理干部、骨干教师参加国家、省级各类教师培训，整体提升教师教学能力和管理水平。

为了加快构建我市现代职业教育体系，进一步提升职业教育管理水平，根据《山西省职业院校管理水平提升行动计划实施方案》的要求，结合忻州实际，2016年5月18日出台了《忻州市职业院校管理水平提升行动计划工作方案》（忻教发〔2016〕38号），促使我市职业教育办学理念全面更新，办学行为更加规范，办学活力显著增强，办学质量明显提高，大幅提升职业院校的自身吸引力、核心竞争力和社会关注度，逐步形成与社会需求相适应、产教深度融合、职教普教沟通、符合忻州现代职业教育发展的职业院校管理制度。全面监控教学过程，教学质量全面提高，各职业中学制定符合自身的有关教学制度，积极推行教学改革，以项目教学活动为切入点，逐步提高课程开发水平。针对各中职学校实际开展行之有效的安全教育活动，加强安全自护的案例分析，强化学生安全自护意识。各中职学校后勤处在保证常规工作及时完成的同时，努力优化校园环境，改善办学条件，及时维护校园绿化，改善教师办公环境和学生学习环境。

按照《中等职业学校德育大纲》的要求，全市各中职学校均开足德育课，加强了职业指导和职业道德教育，强化学生的职业意识和创业意识，培养学生树立正确的就业观和择业观。德育课成为学校德育工作的主渠道，成为对学生进行思想政治教育、法制教育、职业道德和职业指导教育、创业教育以及心理健康教育等的主阵地。

认真落实“党风廉政建设”，加强支部党建工作，转变工作作风，狠抓工作落实。利用各种形式宣传廉政建设方面的优秀典型，形成学典型、做典型的优良传统，同时也研究分析反面典型，起到警示教育作用，做到“别人有病，自己吃药”。及时传达贯彻好上级的文件、会议精神，开辟党风廉政建设学习园地，积极营造浓厚的活动宣传氛围。在廉政建设中，基层党支部的主体责任是全面责任、首要责任，从担当领导责任、起好示范责任、落实教育责任、强化管理责任、承担监督责任等方面落实党风廉政建设主体责任。全体党员人人参与学习，重点学习《习近平总书记系列重要讲话》《中国共产党党章》《中国共产党党员处分条例》等。坚持“两手抓、两促进”，以开展“两学一做”学习教育为契机，坚持围绕大局、服务大局，把开展学习教育与做好学校教育教学工作结合起来，与推动党的基层组织建设全面进步、全面过硬结合起来，广大党员干部以新状态、新面貌引领，主动适应学校新发展、新常态，把学习教育的丰硕成果及时转化为办人民满意的教育的实际行动。

四、校企合作

我市全面贯彻落实山西省促进校企合作的有关政策，坚持“以适应社会需求为目标，以服务发展为宗旨，以促进就业为导向”的办学方向，鼓励和引导企业参与职业教育，充分调动职业院校和企业两方面的积极性，努力探索全方位、多层次的校企合作模式，逐步构建工学结合的人才培养机制，不断实现人才培养和社会需求的有效对接，增强职业教育服务经济和社会发展的能力。持续加大实训设备投入，加强在校生技术技能培养，充分发挥各职业中学自身特色优势，逐步构建校企合作、产教融合、资源共享、优势互补、共同发展的长效机制，推动合作办学、合作育人不断走向更深层次。通过实施校企合作，减轻各专业学生实训设备短缺、实训空间少的压力，解决合作企业技术人员短缺的问题。通过企业与院校的合作，深入实施产教融合，积极探索适合我市技能型人才培养的新模式，整体提升全市职业教育发展水平，加快构建现代职业教育体系步伐。

在顶岗实习方面，由各中职学校派有驻厂经验的教师和学生同吃同住同劳动，加强学生实习管理。制定专项制度，通过制度保障学生实习的合法权益，保证学生实习实践的身心健康。

经山西省教育厅批准，由山西省忻州市原平农业学校牵头，于2010年9月成立“山西省农业职业教育集团”，在省教育厅、省农业厅的具体指导下，始终立足“优势互补、资源共享”的集团化办学宗旨，以培养合格的基层农技人员和职业农民为根本任务和落脚点，成功搭建了“教育研究、资源共享、合作交流、服务发展、专题活动”五大平台，借此扎实推进多项务实工作，以主动适应山西省现代农业转型跨越发展的需要，为山西省经济社会发展培养高素质劳动者和技能型人才，在职业教育改革发展中发挥了一定作用。

代县职业中学与北京商鲲教育集团签订了合作办学协议，逐步探索集团化办学的新途径。

河曲职教中心正在与保利集团协商，根据学校实际和企业需求，协商互利共赢的集团化办学路子。同时，学校也在寻求周边更多的大中专及本科院校和沿海地区的大中型企业加入到我们集团化办学中。

五、社会贡献

各中职学校高度重视技术技能人才培养工作，及时总结经验，积极探索创新，为学生未来成长打下坚实基础。近三年来，共为社会培养近万名合格的中等技术人才，毕业生就业率一直保持在99%以上，职校毕业生已成为我市企业的骨干力量，为忻州经济发展对技术人才的需求提供了有力支持。另外，我市中职学校每年为企业输送大量的技能型后备人才，为全市经济社会发展提供了良好的人力资源支撑。

2016年10月，按照《山西省教育扶贫行动方案》的要求，11所国家级改革发展示范校或省级重点院校与我市11个贫困县（市、区）的职业学校建立“结对帮扶”，在未来的三年里，就专业建设和师资培训等方面做好精准扶贫扶智工作，以推动我市职业教育的脱困脱贫和持续发展。

六、举办者履职

市、县（市、区）两级政府依法保障职业教育经费投入，严格落实上级关于职业学校生均公用经费拨付标准政策以及教育费附加用于职业教育的比例不低于30%。

忻州市政府将职业教育纳入全市经济社会发展规划，强化对职业教育发展规划、资源配置、条件保障、政策措施的统筹管理，建立了职业教育工作联席会议制度，研究解决职业教育改革与发展中存在的重大问题。市领导还多次深入中职学校检查指导工作，加强对职业教育的督导，确保责任到位、措施到位、投入到位，促进职业教育与其他各类教育协调发展，形成了“政府主导、行业指导，部门参与、齐抓共管”的良好工作格局。

七、特色创新

（一）实施特色建设，打造忻州职业教育品牌

1. 建设优质特色学校

“十三五”期间，与省教育厅开展中等职业教育改革发展示范学校建设相适应，我市重点建设5—10所办学理念先进、办学水平较高、辐射能力较强、与企业紧密对接、具有鲜明职业教育特色的中等职业教育优质特色学校，带动全市中职学校深化教育教学改革，强化办学特色，提高办学水平。

2. 加强专业改革建设

坚持以服务为宗旨，以就业为导向的办学方针，面向社会、面向市场办学，主动适应行业经济和产业结构的发展需要，科学设置、调整专业，优化专业结构，大力培育优势明显、特色鲜明的品牌专业，形成以品牌和特色专业为龙头、相关专业为支撑的专业群、专业链。

3. 加快专业带头人的培养

我市各中职学校以专业建设为契机，科学制订专业带头人培养计划，通过培养、引进和建设，形成以专业带头人领衔的专业教学团队，深化专业教学改革，加强科技研发和技术推广，提高学校的人才培养水平和社会服务能力。

（二）加强实训基地建设，提高学生职业技能

我市各级政府不断加大对职业教育的投入，在大力改善办学条件的同时，狠抓实习实训基地建设。全市已建成原平职业中学国家级焊接实训基地、忻州市第一职业中学省级电子电工与自动化技术实训基地、原平农校国家级园林园艺实训基地等6个国家级实训基地和7个省级实训基地。目前在建的有忻州市第一职业中学电子技术应用实训基地、忻州市工业学校矿山安全实训基地、原

平农业学校果蔬花卉专业实训基地、保德职业中学汽车运用与维修专业实训基地。通过实训基地建设，逐步形成“做学一体、理实一体”的教学模式。我市职业院校的实训基地根据“专业围着产业转，基地跟着专业建”的建设原则，紧紧围绕煤炭、电力及新能源、铝工业、装备制造业、文化旅游、节能环保、物流商贸及现代服务业、食品医药等产业领域建立职业教育实训基地。

八、主要问题和改进措施

我市职教工作经过不断努力，在办学规模、办学特色方面取得了初步的成绩，但与党的十八大对职业教育提出的“发展现代职业教育”的要求、与全市经济社会发展的要求相比还有一定差距。主要表现为：一是对职业教育普遍重视不够。二是职业教育专业设置与就业市场尚未有机衔接。三是投入不足。近几年，各级政府对职业教育投入了很大的财力，因财力所限，对中职学校的支持只能是保证在人员工资和配套资金上，学校可用于发展的经费不多。四是规模不大。中职学校在校生人数达2000人的2所，1000—2000人的5所。五是办学难。招生困难，办学成本高，生源质量低。六是“双师型”教师短缺。职业院校的教师多数为理论型教师，缺乏实际工作技能和经验。

加快发展现代职业教育是忻州经济社会发展的现实需要，“十三五”期间，全市职业教育将紧紧围绕忻州“1661”发展战略，立足产业转型升级、社会发展需求、人力资源结构，把加快发展现代职业教育提高到战略高度，列入各级政府的重要议事日程，破解制约职业教育发展难题，提高办学质量，提升服务能力，不断提高职业教育的吸引力和社会关注度，培养更多技术技能人才和高素质劳动者，为经济社会发展提供人才支持，真正通过加快发展现代职业教育，推动忻州经济赶队前行，进位争先。

晋中市职业教育改革和发展报告

晋中市教育局

2016年，晋中市认真贯彻落实全国和全省职业教育工作会议精神，强化政府统筹，采取有力措施，夯实职业教育基础能力，深化职业教育教学改革，推动产教融合与校企合作，稳定规模，规范管理，提高质量，增强职业教育吸引力，全面提升了职业教育服务晋中经济社会发展的能力。特别是全省职业教育工作会议后，全市迅速全面展开了贯彻落实全省职业教育工作会议各项工作，职教系统呈现出开拓创新、谋事创业的良好氛围。

一、全市职业教育基本情况

高等职业教育：全市现有两所高职院校，在校学生1.56万人，教师986人。其中，晋中职业技术学院是山西省首批示范性高职院校；晋中师范高等专科学校是山西省首批升格的师范类院校。

中等职业教育：全市现有中等职业学校20所，在校生4万余人，教职工3123人。其中，国家级中职改革发展示范校4所，国家级重点学校7所，省级重点学校4所；省级五星级学校4所、四星级学校11所。全市11个县（区、市）全部建成县级职教中心，并通过省政府督导验收。2016年中等职业学校毕业生11392人，毕业生“双证率”达100%，毕业生就业率达90%以上。平遥县成为山西省首批唯一一个国家级农村职业教育的成人教育示范县。

二、提升职业教育质量创新措施与成绩

（一）以《行动计划》完成市级顶层设计，统筹高中阶段教育协调发展

1. 完成市级顶层设计

省职教会后，市政府、市人大主要领导密集调研职业教育，多次召开职业教育专题会议研究职教发展问题。市政府召开了全市职教工作会议，出台了《晋中市加快发展现代职业教育行动计划》《晋中市现代职业教育重点任务分工及进度安排表》，制订了一系列发展现代职业教育的目标任务和政策措施，明确了全市发展现代职业教育10项重点任务及责任分工，规划了“十三五”期间任务时间表和路线图。全市调整充实了职业教育工作部门联席会议制度，明确了职业教育联席会议职能和工作规则要求，强化了协同推进职业教育改革发展。

2. 实现了普职协调发展

通过下达招生任务、控制普高计划、加大招生宣传、强化指标考核，增强职业教育吸引力等措施，连续5年实现了中等职业教育与普通高中招生规模大体相当的目标。2016年，全市普通高中招生19498人，中等职业学校招生13166人，职普比达到0.68∶1。

（二）以全面达标为重点，改善职业院校办学条件

按照省要求：到2020年所有中高职院校都要达到国家规定的合格办学标准。我市提出提前一年实现中高职院校全面达标的目标。

1. 推进职业院校基础能力达标

我市把优化职业院校布局与基础能力达标建设统筹规划，协同推进，原则上每县集中力量办好1所中等职业学校（职教中心），力争把现有20所中等职业学校整合为15所左右。2016年，全市启动实施职业院校基础能力达标工

程，制定了《晋中市中等职业学校基础能力达标建设评估验收细则》，2017年验收6所，2018年验收8所，2019年验收8所。

2. 实训基地建设成效明显

“十三五”期间，全市每年支持建设10个重点专业实训基地。目前，全市立项省级以上实训基地52个，已建设完成26个，总投资1.4亿元。2016年建成13个实训基地，全市各级实训基地达到110个。

3. 提升县级职教中心办学功能

我市11个县级职教中心全部依托县职业中学，并通过省政府合格验收。2016年，在大力改善县级职教中心办学条件的基础上，注重职业教育与职业培训的有效结合，把各部门各行业的职业培训有机整合到县级职教中心，更好地发挥县级职教中心作用。

4. 推进职业院校信息化建设

市教育局与东北师大签署战略合作协议书，就推进职业教育信息化达成合作意向。投资200万元启动晋中市职业教育资源公共服务平台建设。加快推进职业院校数字化校园基础设施建设，到2018年，全市所有职业院校高标准实现“三通三平台”。

（三）以专业建设为关键，提升职业教育服务发展能力

1. 强化专业建设

全市建立专业设置随产业发展动态调整机制，科学合理设置专业，形成一校一特色和错位发展的专业布局。如太谷职中建设“互联网+现代农业”专业群，平遥现代工程技术学校建设“互联网+现代旅游”专业群。市政府支持每所中等职业学校办好2—3个品牌重点专业，每所高职办好1—2个品牌专业群，3个以上特色专业。到2020年，建成一批高水平专业群。

2. 推动校企合作

全市职业院校与95个企业建立了稳定的合作关系，逐步形成了行业、企业、学校共同参与的人才培养机制。太谷职中开创了中职学校产校合一的改革先河，每个专业都建有实训基地，做到了引企入校，学生在校实现了带薪上学，带技能出校门。电商专业创建“淘宝·特色中国·太谷馆”，年销售太谷特色农产品上千万元，为太谷区域经济发展提供了有力服务。

（四）以提高质量为抓手，促进职业教育内涵发展

1. 抓技能大赛

我市市级中职职业技能大赛办赛点设在中职学校，以赛促建，每举办一届大赛，打造一所全市示范引领型的中职学校。2016年，第八届中职学校技能大赛在介休市职中举办。参加全省第十届职业院校技能大赛，再次夺得大赛团体第一名的好成绩，实现了十连冠。晋中职业技术学院等学校代表山西省参加全国技能大赛，取得1个一等奖、2个二等奖、9个三等奖的好成绩。

2. 抓队伍建设

我市高度重视职业教育师资的配备、培训和补充工作，各县（市、区）在编制控制范围内，为中职学校补充专业师资。积极落实市政府规定学校编制25%可以通过政府购买服务方式外聘兼职教师的政策，各职业院校选择富有实践经验的专家担任兼职教师。市教育局组织了专业教师的培训，提升了专业教师素质。

3. 抓精细化管理

我市始终坚持质量为核心的内涵发展，强化职业学校规范管理、精细化管理。市教育局在太谷职业中学召开了全市中等职业学校提升管理质量现场会，推进了全市中等职业学校抓管理，提质量。

（五）以园区建设为引领，深度推动产教融合

1. 规划现代职业教育园区

市政府启动晋中现代职教园区建设规划项目。园区选址在太谷县省储备物质管理局171处，占地7400亩。拟引进10所左右省内外应用型本科和高职院校教育资源，建成一座开放包容、产教融合、功能完善、科教发达、人才聚集、生态优美的现代化职教城。目前，园区初步概念规划设计已经完成。

2. 规划晋中赛伯乐国际科创城

市政府规划在山西高校新区建设产教深度融合，校企互动合作的晋中赛伯乐国际科创城。国际科创城拟占地175亩，预算投资14.2亿元，引进赛伯乐科技、资本、国际化资源，建成代表中国制造最先进的尤尼3D、DMG数控加工、康佳工业机器人、川电无人机、沃赢VR、冰清跨境电商等六大实训中心，每年培养技术应用型高端职教人才1000多人。通过赛伯乐孵化器、加速器打造出高科技龙头企业10家左右，吸引入驻高科技企业50家，形成覆盖创融生态系统、产融生态系统的产教融合、校企合作的新一代产业新城，成为带动区域产业转型升级的核心引擎。

（六）以经费落实为保障，强化职业教育督导考核

1. 强化经费保障

全市认真落实中等职业教育免学费和国家、省职业教育各类专项配套经费，保障中等职业学校经常性办学经费。市政府规定县级财政按本县总人口人均5元标准设立职业教育信息化建设专项经费，市财政按全市总人口人均3元标准设立职业教育经费。地方教育附加费30%和教育费附加20%用于职业教育。2016年度本市地方教育附加费征收总额12066.72万元，用于职业教育5121.06万元，比例为42.44%。按2016年生均10500元标准，市属高等职业院校生均拨款经费总额为17998.49万元，生均拨款11320元。

2. 建立职业教育考核机制

市政府教育督导室下发了《晋中市发展现代职业教育督导评估指标体系》，落实督导评估结果社会公布制度，强化县级政府履行发展现代职业教育责任的督导评估，推进职业教育各项重点任务的落实。

三、今后努力方向

我市职业教育取得了一定的成绩，但职业教育改革发展仍然是教育工作最薄弱的环节。一是设施条件落后。近2/3学校的基础设施、实习实训基地不达标，离国家规定的标准还有较大差距。二是管理方式滞后。一些学校的管理不够精细、不够规范，改革意识、创新意识和品牌意识不浓不强，与教育现代化治理要求还有差距。三是服务能力不强。学校缺乏市场意识，专业设置与行业需求不够匹配，技术技能人才培养与企业实际需求不够匹配，职业教育服务经济社会发展的能力有待提高。今后，我市要继续围绕全国全省省职教会重点工作任务，明确目标和努力方向，从以下三方面抓好、抓细、抓实。

（一）认真落实发展现代职业教育《行动计划》

围绕省职教会重点任务和构建具有晋中特色的现代职业教育体系目标，重点调整完善职业院校区域布局，到2020年，形成3所市属高职院校、15所中职学校、11所县级职教中心的现代职业教育发展格局。力争创建8所省级以上职业教育改革发展示范校。中等职业学校和普通高中招生规模保持大体相当，高等职业院校招生规模相对稳定。

（二）大力实施发展现代职业教育六大重点工程

1. 基础能力建设达标工程

加快推进全市职业院校基础能力建设，全面改善办学条件。到2019年，所有中高职院校全部达到国家规定的职业院校基本办学标准。

2. 实训基地建设工程

加强县级中职学校实训基地建设，配套建好专业技能室、虚拟仿真实训室等校内实训基地。全市每年支持建设10个重点专业的实训基地，全面提升职业院校实训能力。

3. 职业院校队伍建设工程

核定教职工编制总额的75%用于聘用专业教师确定人事关系，核定教职工编制总额的25%可用于外聘专业课兼职教师，采取政府购买服务的方式，由学校自主聘任专业课兼职教师。自主聘任教师薪酬列入财政预算。到2020年，中等职业学校“双师型”教师占专业课教师比例达到70%以上。

4. 职业教育信息化建设工程

推进职业院校数字化校园基础设施建设。2017年，建成晋中市职业教育资源服务平台；2018年，全市所有职业院校实现“三通三平台”；2019年，全市职业教育信息化能力达到全省先进水平。

5. 人才培养质量提升工程

加强职业院校德育工作。改革人才培养模式。注重学生职业技能和能力培养，层层组织职业院校师生技能大赛。支持每所中职学校办好2—3个品牌重点专业，每所高职办好1—2个品牌专业群、3个以上特色专业。

6. 县级职教中心水平提升工程

改善县级职教中心办学条件，由县级政府统筹，将各部门的职业培训有机整合到县级职教中心，实现资源共享，效益最优。

（三）全面提升职业教育发展水平和保障能力

1. 推动职教园区建设

做好晋中赛伯乐国际科创城和晋中现代职教园区建设规划，争取项目落地，建成产教深度融合、校企互动合作的职业教育高地。

2. 强化组织领导和督导考核

落实政府统筹发展职业教育的责任，发挥好职业教育联席会议制度作用，加大职业教育经费投入，建立职业院校运转和职业教育发展经费保障机制。强化对县级政府及有关部门履行发展职业教育职责的督导评估，落实督导评估报告公布制度。

吕梁市职业教育改革和发展报告

吕梁市教育局

一、当前状况

目前我市职业教育的基本格局是：全市目前现有本科院校2所：吕梁学院、山西医科大学汾阳学院。高职院校1所：吕梁职业技术学院；筹建中的高职院校4所：吕梁科技职业技术学院、吕梁技师学院、吕梁高等幼儿师范专科学校、吕梁护理职业技术学院；有中等职业学校31所，其中归教育口管理的有23所，分别是职业中专1所，师范类中专2所，职业高中20所。归其他部门管理的普通中专学校8所，分别是吕梁农校、吕梁卫校、吕梁会校、吕梁煤校、吕梁经管校、吕梁艺校、吕梁技校、吕梁体校。通过省政府验收的县级职教中心6所：孝义市职教中心、交口县职业中学、交城县职业中学、石楼县职业中学、岚县职业中学、柳林职业中学。

目前全市中职在校生共计2.83万，2016年全市中职学校招生8136人，其中职业高中招生6054人，中专学校招生2082人，中专学校招生人数较少，招生相对困难。我市中职专业主要有机电技术应用、计算机应用、汽车运用与维修、旅游服务与管理、酒店服务与管理、老年人服务与管理、农产品加工、法律、会计电算化、音乐、美术设计与制作等，为适应我市经济转型发展，我们鼓励学校开设电商、机器人等新兴专业。

2014年，习近平就加快职业教育发展作出重要指示。他强调，职业教育是国民教育体系和人力资源开发的重要组成部分，是广大青年打开通往成功成才大门的重要途径，肩负着培养多样化人才、传承技术技能、促进就业创业的重要职责，必须高度重视、加快发展。当前吕梁正在积极推进脱贫攻坚、生态建设、转型发展三大战略，一方面推进原有的煤炭产业加快转型发展，另一方面培育推进一批新兴产业，如农副产品加工业、高新产业、第三产业和服务业、文化娱乐和旅游业等非煤炭产业的快速增长，产业的发展对实用型、技能型、专业型人才需求量会逐步加大，这些新形势、新情况无疑对职业教育发展产生有力推进，职业教育在我市转型发展中将大有可为。

二、特色与亮点

（一）高度重视，加强组织领导

为贯彻全国、全省职业教育工作会议精神，安排部署加快发展我市现代职业教育工作，我市于2016年2月5日召开了规模空前的全市职业教育工作电视电话会议。此次主会场出席会议的人员有市委副书记、市长王立伟、市委常委、副市长张敬平、市政协副主席薛爱平、市政府秘书长梁斌、市政府副秘书长闫玉平，市直46个相关部门主要负责人，市直17所高、中职类学校校级领导。各县（市、区）设分会场，参会人员对照主会场。此次会议市、县两级参会人数达到1400余人。

王立伟市长发表了重要讲话，充分肯定了“十二五”期间我市职业教育工作取得的成绩，以改革的思路进一步明确了“十三五”期间我市职业教育工作的发展目标、工作重点和保障措施，同时也客观指出了我市职业教育发展过程中存在的困难和问题，并对今后一段时期职业教育的重点工作进行了安排部署。

（二）县级职教中心建设稳步推进

2016年初，全市职业教育工作会议顺利召开，会议出台了“关于加快发展现代职业教育的实施办法”和“吕梁市现代职业教育‘十三五’建设规划”两个重要文件，明确了“十三五”期间我市职业教育工作的发展目标、工作重点和保障措施，确定县级职教中心建设为当前重点任务。目前我市已有6个县市区县级职教中心通过省级验收。剩余7个县市区我们将分年度推进，2016年文水、汾阳、离石接受省级验收，2017年中阳、方山县建成并接受验收，2018年临县、兴县建成并接受验收。到2018年全面完成吕梁市县级职教中心建设。

（三）注重中职学校内涵发展，突出办学特色

1. 加强内部管理，提高教学质量

针对生源素质低、学生难管理的现状，各中等职业学校始终以抓管理、强素质为主线，突出办学特色，加强教育教学管理，创新班主任工作机制，坚持对学生进行安全知识教育和自我防护演练，并且积极参加省市举办的各种形式的职业技能比赛，增强了学生的自信心和动手操作能力，不断丰富职业教育内涵。

2. 积极推进实训基地和重点示范专业建设

近年来依托县级职教中心建设，各地政府、各学校认识到实训基地和重点专业的重要性，加大了这两方面的投入建设力度，交城、岚县、孝义、石楼实训基地已初具规模，部分学校积极申报国家级、省级重点专业。

3. 注重教师培训，加强“双师型”队伍建设

接受培训，是教师工作的一个部分，也是教师职业成长经历中不可或缺的内容。中职学校最缺的是具有丰富实践经验和较强实际工作能力的“双师型”教师，一些发展好的学校能够积极主动想办法，组织老师参加校本培训和校外培训，聘请优秀技术人才或专家到学校任教，来解决学校老师数量不足，特别是教师队伍中素质结构不合理的问题。

（四）职业学校招生情况逐年递增

职业学校招生稳中有升，学校、社会、学生家长们已经认识到对口升学的优势，比如高考录取率高，专业能力好，就业竞争能力强，享受国家助学金等

诸多优势，2016年对口升学更是有较大突破，愿意接受职业教育的人数将会逐年增加，进一步促进了高中阶段教育的普及，推动了中等职业教育和普通高中教育的均衡发展。

（五）加快职业教育资源整合，努力提升职业教育办学层次

2016是吕梁职教跨越发展的一年，以吕梁高等幼儿师范专科学校的招生为契机，吕梁职业教育办学层次得到快速提升。市政府下大决心，整合职业教育资源，具体为整合吕梁教育学院、离石师范、汾阳师范、体校四校为吕梁高等幼儿师范专科学校，出台具体优惠措施，有力促进招生工作的顺利进行。

1. 根据国务院“乡村教师支持计划”和国家“特岗教师计划”的有关文件精神，择优选用30%的吕梁高等幼儿师范专科学校首届毕业生作为我市乡村特岗教师，到乡村小学、教学点和乡村幼儿园任教，有效缓解我市乡村学校音、体、美教师短缺和学科结构不合理的现状。

2. 对考入吕梁高等幼儿师范专科学校的吕梁籍建档立卡贫困家庭学生，免除学费并给予一次性补助5000元；对考入吕梁高等幼儿师范专科学校的吕梁籍农村非建档立卡贫困家庭学生，一次性补助2000元。

3. 为进一步凸显育人导向，提升学生综合素质，营造积极向上的学习氛围，设立吕梁高等幼儿师范专科学校奖学基金，用于奖励优秀学生。

4. 统一提供实习、实训基地和经费。

5. 体育类学生除免除3380元学费外，按在校200天计算，每生每天补助生活费25元。同时，体育类学生每生每年补助运动服装费800元。

三、存在困难和问题

目前，吕梁职业教育的发展遇到了一些困难，出现了一些新情况和新问题。比较突出的问题有：办学规模小，专业设置老化，生源不足且质量下降，专业教师短缺，校企合作不力，就业不畅等；高职教育则存在起步迟，产教融合不深，整合中职资源力度不大，几年内建设几所高职院校任务繁重。

制约我市职业教育积极发展的深层原因主要有以下6点：

（一）职业教育经费投入不足

职业高中的经费短缺尤为严重。一方面表现在生均预算内经费增幅不高，许多学校缺少培养学生职业技能的必备设施和设备，缺少资金去进行必要的职业实习，教师缺少培训提高的资金，办学条件仍然达不到职业教育的基本要求。另一方面表现在职教中心建设方面，目前剩余7个县市区的职教中心建设缺乏有效监管，进展缓慢，难以按照省市规划节点完成建设任务。

（二）中等职业教育学校布局、专业布局不合理，地区间的发展差距加大

具体表现为职业教育的管理机制不顺畅，部门分割、行业分割以及部门、行业与地方间的分割，中等职业学校的职高、技校、中专之间专业重复，资源不能融通、共享；职业中学办学方向出现偏差，职业教育与经济社会发展需要脱节。

（三）教师队伍数量不足，专业教师严重短缺

教育部《中等职业学校设置标准》要求“专业教师应不低于本校专任教师数的50%，其中“双师型”教师不低于30%。聘请有实践经验的兼职教师应占本校专任教师总数的20%左右”。目前，我市专业教师只占专任教师总数的35%，双师型教师只占20%。中职学校教师编制一直参照普通高中教师编制标准，不符合职业教育的办学规律。外聘兼职教师的薪酬财政没有专门的拨款，只能挤占学校的其他经费。

（四）就业形势严峻为职业教育带来了困难

近年来全国就业形势一直比较严峻，就吕梁近几年现况来看，以煤炭为主导的资源型产业萎缩不进，新兴产业发展缓慢，就业压力逐年增大。一方面是下岗人员、失业人员和新增劳动力增加，另一方面是一些企事业用人单位追求高学历化，给职业教育的发展带来困难和压力。

（五）社会上鄙薄职业教育的传统观念根深蒂固

一方面普通高中近年来的快速扩张给中职教育带来很大的冲击，职业教育要突围必须要有大的发展，另一方面社会上有很大一部分人总认为职业教育是低水平、低层次的教育，不仅轻视中等职业教育，而且对近几年发展的高等职业教育也持轻视态度，影响了职业教育的积极发展。

（六）职业教育的教学质量，特别是职业高中的教学重量亟须提高

近几年，我市对口升学取得了不俗的成绩，2016年对口升学人数占了全省总数的1/3，但是仍然不能忽视全市大部分中职学校普遍存在着重文化课、轻专业课，重理论课、轻实践操作课，以课堂讲授为主，缺少动手能力及操作能力的培养等问题，背离了职业学校本来的培养目标和培养重点。

四、下一步工作计划

“十三五”期间，要进一步加快现代职业教育体系建设，大力发展中职教育，积极支持高等教育发展，完善职业教育人才多样化成长渠道，转变职业教育发展方式。坚持以服务为宗旨、以就业为导向的发展思路，以加强基础能力建设为工作重心，以推进产教合作、校企一体和工学结合为改革方向，以提高劳动者职业能力、促进再就业为发展目标，全面推动我市职业教育与产业、学校与企业、专业设置与职业岗位、教材内容与职业标准深度对接，不断增强职业教育服务经济社会发展、服务现代农业、服务吕梁脱贫攻坚的针对性和实效性，为我市“十三五”脱贫攻坚和全面建设小康社会战略目标的实现提供强有力的智力支持、技能支持和人才贡献。

一是大力建设高标准县级职教中心。以服务为宗旨，以就业为导向，按照“政府主导、部门参与”的要求，按照“对接产业、工学结合、提升质量的原则，加大投入，加快县级职教中心建设步伐，提高区域内职业教育整体发展水平，提升职业教育为区域经济和社会主义新农村建设服务的能力，使其成为区域内人力资源开发、农村劳动力转移、下岗职工再就业培训、农村实用技术培训与推广、扶贫开发的基地。

二是全力整合中职资源，加大力度建设高职院校。进一步调整优化中等职业学校布局，从学校资产、师资力量、专业特色等方面入手，科学合理地整合市直中职办学资源。积极引导区域内高等本科院校向应用技术型高校转型，地方高职院校以为地方培养生产、管理、服务一线且具备综合职业能力和全面素质的应用型人才为办学宗旨，为地方经济建设和社会发展提供强有力的人才保障。2017年要启动吕梁高等幼儿师范专科学校、吕梁市护理职业学院、吕梁科技职业技术学院建设步伐，在项目审批、工程建设规划、资金、土地、师资队伍建设等方面予以支持，力争在“十三五”期间投入使用。

三是加快“双师型”队伍建设。提高职业教育的服务能力，关键是要有一支综合素质高、实践能力强的“双师型”教师队伍。根据职业教育特点和有关规定核定我市公办职业院校教职工编制。实行职业院校编制每3—5年核定一次的动态管理机制。职业学校25%—30%的编制可用于外聘专业课教师和实习指导教师，外聘教师可不纳入编制“实名制”管理范围。提高现有教师队伍的综合素质，鼓励企事业单位工程技术人员、管理人员和有特殊技能的人员到职业学校担任兼职教师。鼓励学校与企业联合，让专业教师到企业实地培训，构建立体型师资培养和供给长效机制。

四是加强实训基地建设。加强实训基地建设是办好职业教育的关键所在。实训基地是职业教育中对学生实施职业技能训练和职业素质培养的必备条件，也是职业教育办出特色、提高质量的基础性建设。要积极配合国家、省“职业教育实训基地建设计划”，争取各方资金，为市直中职学校建设10—15个市直中职学校实训基地建设。“十三五”期间，打造的一批资金装备先进、设备对接产业、技术对接企业，具备教学、培训和生产等多种功能的中等职业教育实训基地。各县（市、区）人民政府也要加大财政投入，力争在“十三五”期间建成2—3个对接本地产业、功能设施齐全的中等职业教育实训基地。

五是创新产教融合机制，加大校企合作力度。国务院《关于加快发展现代职业教育的决定》明确指出：深化产教融合，鼓励行业和企业举办或参与举办职业教育。产教融合、一体化育人是职业学校培养高素质技能人才的有效途径。要建立健全校企合作规划、合作治理、合作培养机制。完善职业院校和企业的在知识共享、课程更新、订单培养、顶岗实习、生产实训、交流任职、员工培训、协同创新等方面的制度，鼓励、支持学校把实习实训基地建在企业，企业把人才培养和培训基地建在学校。积极探索引校入企、引企入校，校企一体化合作办学形式。

六是加强重点、新兴专业建设，服务地方经济。目前我市职业教育专业建设存在“三个不强”：一是师资力量不强；二是设备设施不强；三是实验实训基地不强。这三个不强已成为推进我市中等职业教育发展的最大障碍。因此，迫切需要根据市场需求和我市产业结构来确定职业学校的专业重点。要通过重点专业建设提升职业学校整体专业建设水平，增强职业学校的办学实力，扩大职业学校的发展空间和后劲，使我市职业教育在数量、质量、结构和效益上协调发展。要围绕我市产业结构调整、脱贫攻坚战略和“8+2”农业产业化振兴计划，加快利用高新技术改造提升煤电一体、新型煤化工、铝工业、白酒、装备制造、新能源、旅游、物流、护理护工、家政服务、“互联网+”等新兴产业。形成一批满足吕梁主导产业发展需求，并能发挥辐射作用的骨干示范专业。

七是狠抓短期培训，全面提高劳动者就业技能。加强职业技能培训是提高劳动者职业素质的重要途径，对于劳动者的就业质量、维护社会稳定、提高城市化的质量以及统筹城乡发展、构建和谐社会都具有十分重要的意义。要坚持职业教育与经济社会发展的需求相适应，以满足生产、经营、服务第一线对技能人才的培养需求，建立健全有利于全体劳动者接受职业教育和培训的学习制度，灵活复制我市当前护理护工培训模式，面向企业、社会和各类有教育培训需求的人民群众，广泛开展多种形式的职业教育和培训，围绕我市整体脱贫任务和“8+2”农业产业化振兴计划，培养大批懂技术、会经营的新型职业人才。

阳泉市职业教育改革和发展报告

阳泉市教育局

2016年，阳泉市职教工作以贯彻落实《山西省关于贯彻落实〈国务院关于加快发展现代职业教育的决定〉的实施意见》和全省职业教育工作会议精神为指针，坚持立德树人、服务发展、促进就业的办学方向，紧紧围绕《阳泉市人民政府重点工作目标责任分解》和年度工作要点积极开展工作，有效地促进了全市职业教育的持续健康发展。

一、全市职业教育发展概况

阳泉市现有职业院校14所，按办学性质分，包括高职2所，普通中专5所，职业高中5所，技工学校2所；按办学主体分，包括教育部门9所，其他部门4所，企业1所；按办学区域分，包括市属10所，郊区1所，平定县1所，盂县1所，阳煤集团1所。创建国家级中等职业教育改革发展示范学校1所，国家级重点职业学校3所，国家级重点技工学校2所，省级重点职业学校3所；全市12所中等职业学校除2所技校外，10所中等职业学校创建五星级学校1所，四星级学校5所，三星级学校4所。郊区、平定、盂县3个县区全部被评为“山西省县级职教中心建设达标县（市、区）”，率先实现市辖农业县区合格职教中心全覆盖。

二、全市职业教育改革创新推进情况

（一）召开全市职教工作会议，认真部署职教发展规划

为贯彻落实全省职教工作会议精神，加快发展现代职业教育，深入推进职

教强市战略，2016年，我市在出台《阳泉市人民政府关于加快发展现代职业教育的实施意见》《阳泉市人民政府办公厅关于加强职业院校“双师型”教师队伍建设的意见》，印发《阳泉市人民政府办公厅关于调整阳泉市职业教育联席会议协调领导组成员的通知》《阳泉市人民政府办公厅关于加快发展现代职业教育重点任务分工的通知》的基础上，于2016年2月19日，由市政府组织召开了全市职业教育工作会议，就我市“十三五”期间职业教育发展的指导方针、目标任务、原则性意见进行了全面部署。

（二）以开展职教活动周、“职业体验”活动为平台，大力营造职业教育发展良好氛围

根据教育厅《关于开展“山西省中小学生职业体验”和做好职业教育活动周相关工作的通知》，从2016年5月9日起，我们在全市开展了以“弘扬工匠精神，打造技能强国”为主题的阳泉市第二届职业教育活动周活动。5月10日，在阳泉高级技工学校举行的启动仪式上，任衍钢副市长出席并宣布启动了活动，全市各县（区）教育局、各职业院校主要领导，部分企业代表、学生家长、各新闻媒体记者，以及阳泉高级技工学校部分师生约1500余人参加了启动仪式。一周的活动中，全市职业院校以学校、街道、社区为阵地，通过开放校园，面向中小学生、家长和社区居民开展职业体验、观摩教育教学成果，邀请校企合作单位介绍企业及人才需求，举办校企合作成果（产品）展示、招生就业咨询、人才招聘、便民服务等为内容，举办了丰富多彩的系列活动。活动中充分依托各媒体平台以及阳泉市教育局、阳泉市招生考试中心、各职业院校门户网站，并及时跟进报道，达到了展成就、扩影响、造声势、促发展的目的。

另外，于2016年7月25日，在高中阶段招生工作开始之际，市教育局组织部分中职学校负责人做客《政风行风热线》特别节目，并一道以“发展职业教育、促进青年就业”为主题，就群众关注的职业教育热点问题，分别与听众进行了在线答疑解惑，对宣传职业教育，提升职教影响力起到了积极的作用。

（三）深入开展办学资质清查和管理星级学校创建，切实规范办学行为，强化内部管理，提升办学水平

为认真贯彻执行《山西省职业院校管理水平提升行动计划实施方案》，不断提高职业院校管理规范化、精细化、科学化水平，指导职业院校建立自我诊断、自我改进和自我完善的长效机制，我们一是就《行动计划》进行了认真地传达、学习和宣传，并要求全市各职业院校结合本地本校实际，针对6项行动20项工作任务，进行了逐条逐项对照检查。二是根据关于做好年度中等职业学校办学资质清查及管理星级学校评估工作的要求，在学校自查、自评基础上，依据《中等职业学校设置标准》和《山西省中等职业学校管理星级评估指标体系》，对全市除技校外的10所中等职业学校进行了清查、评估。经省复评，全部具备中等职业学校办学资质，市工业学校再度被确定为五星级学校，市卫生学校、市体育运动学校、山西省特殊教育师范学校、市交通职业中专学校、市第一高级职业中学再度被确定为四星级学校，郊区职业高级中学校、平定县高级职业中学校、盂县职业中学校、市文化艺术学校再度被确定为三星级学校。

（四）扎实做好基础性工作，有效保证中职免费全覆盖和国家助学金工作的有序推进

我们一是将中职免学费和国家助学金工作列入长效机制，并进一步加强对其的组织领导；二是不断完善目标责任、奖惩激励、资金保障、监督检查等工作机制；三是通过强化学籍管理，严格执行学籍电子注册制度，认真做好数据统计汇总，强化档案建设等基础工作，确保相关数据完整准确，为各级财政下达免学费和助学资金提供真实、可靠依据的基础上，有效保证了免费全覆盖和助学金发放工作的有序推进。2016年，全市累计为10614名市属职业院校中职在校学生免除学费1896.15万元，覆盖面占全日制在校学生的100%；累计为701名市属职业院校涉农专和家庭经济困难学生免除学费140.12万元，覆盖面占全日制在校学生的15%。

（四）认真采取措施，进一步强化中职招生工作

为确保中等职业教育招生规模，2016年，面临初中应届毕业生人数由2015年的14845人减为14182人，减少663人的不利状况，我们严格按照优化高中阶段教育结构、“市域内职普招生比例不低于4∶6”的要求，进一步加强对高中阶段教育招生工作的统筹和领导，一是严格控制普通高中学校规模、轨制及班容量招生计划的审批，将普通高中招生计划控制在了8500人以内；二是对2016年中等职业教育招生进行了任务分解；三是通过广播、电视、报纸等新闻媒体及时公布招生计划和招生信息，大力宣传国家关于大力发展职业教育的方针政策尤其是资助和免学费政策等，加大中等职业教育招生宣传工作力度；四是加大校企联合办学及订单培养工作力度；五是坚持实行计划放开、分数放开、年龄放开、地域放开“四放开”招生政策；六是积极开辟农村青年、社会适龄青年、返乡农民工、进城农民工、退役士兵、生产服务一线职工、下岗失业人员等城乡劳动者接受中等职业教育的渠道。截至11月，全市市域内中等职业学校招生3179人，进入各类中等职业学校学习的学生近5500人，占高中阶段教育招生总数的40%。

（五）创新人才培养模式，积极营造“以技能为本位”的教学氛围

我们一是坚持中等职业学校毕业生“双证书”制度的实施，强化中职学生技能鉴定工作；二是认真组织并积极参与“文明风采”和技能大赛；三是坚持强化产教融合、校企合作的职业教育机制，有力推动了教育教学改革。

全市95%以上应届中职毕业生参加了相应专业、工种的职业技能鉴定（考核），并领取了等级证书。

在2016年5月举办的山西省第十届职业院校技能大赛中，我市取得团体三等奖的好成绩。其中获一等奖2个、二等奖26个、三等奖32个。

在全省第十二届技工院校职业技能大赛（山西选拔赛）中，阳泉高级技工学校团体总分名列全省38所技工院校第六名，被授予优秀组织教学奖。其中机电一体化专业获个人第五名，数控车工专业获团体第二名、个人第十名，美容专业获团体第四名、个人第九名的佳绩。

在2016年6月底结束的第四届全国煤炭行业职业院校技能大赛中，阳泉煤矿高级技工学校5位参赛选手共获得2个二等奖、1个三等奖、2个优秀奖的优异成绩。

在2016年3月底结束的山西省第八届中等职业学校“文明风采”竞赛中，我市作品获一等奖25个、二等奖30个、三等奖23个、优秀教师奖16个，市工业学校、职业中专学校分获优秀组织奖和组织奖称号。

在5月26日结束的第十二届全国中职学校“文明风采”竞赛决赛中，我市工业学校、文化艺术学校被授予优秀组织奖，市工业学校、文化艺术学校、山西省特殊教育师范学校、市职业中专学校、盂县职业中学校5校共27个作品获奖，其中一等奖2个、二等奖6个、三等奖8个、优秀奖11个。

全市共有11所职业院校27个专业与企业签定了联合办学、订单培养协议，行业覆盖煤炭、化工、餐饮、服务、汽车修理等十余个门类。

（六）以就业为导向，扎实做好毕业生实习就业工作

为进一步巩固和保持中职毕业生就业的良好势头，全市各中职学校通过坚持面向社会、面向市场办学，大力发展面向新兴产业和现代服务业的专业，努力突出职业教育的办学特色，积极深化教育教学改革，不断更新人才培养模式和教学内容，扩大校企合作、订单式培养的规模，积极组织毕业生就业招聘会等措施，2016年，全市中职应届毕业生就业率达90.5%。

另外，根据《山西省教育厅关于转发〈教育部办公厅关于严肃查处中等职业学校学生实习工作中违规行为的紧急通知〉的通知》要求，我们于1月8日和11日两日重点就是否存在违反《中等职业学校学生实习管理办法》，特别是存在违反“五个不得”的行为，对11所涉及学生实习的中职学校进行了专项检查，有效规范了中职学校的实习管理工作。

（七）大力实施职业教育水平提升工程，努力推进基础能力建设

2016年，我市以有序推进阳泉职业技术学院新校区建设、不断加大重点专业和实训基地建设为抓手，有效地推进了全市职业教育基础能力建设。

1. 截至目前，阳泉职业技术学院新校区建设工程累计完成投资2.9亿元，工程项目立项、征地、规划等前期手续已全部办理完毕，拆迁清障、土石方工程及三通一平前期工程已全部完工，A、B、C、D四个标段即教学服务中心、教学楼、实验楼、宿舍楼主体工程已进入基础施工，图书馆、食堂、体育馆、学术报告厅施工图已设计完成，施工图审正在进行，力争在2016年年底完成部分主体工程计划，于2017年9月，新校区正式投入使用。

2. 根据晋财教〔2015〕282号《关于提前下达2016年现代职业教育质量提升计划中央专项资金的通知》，我市5校6专业实训基地、重点专业建设项目，共获得省财政拨付的950万元建设资金。其中工业学校机械制造技术专业被列为重点专业建设项目，获省建设资金150万元；市工业学校工艺美术专业、市卫生学校药剂专业、市文化艺术学校社会文化艺术专业、市职业中专学校美发与形象设计专业被列为实训基地建设项目，分获省建设资金150万元；盂县职业中学汽车运用与维修专业实训基地项目获省200万元建设资金。根据阳财文〔2016〕28号《关于下达市级配套资金的通知》，我市工业学校、市卫生学校、市交通职业中专学校、市职业中专学校又将分获150万元，共计600万元的项目建设配套资金。

3. 根据《山西省教育厅关于认真做好职业教育实训基地和重点专业建设项目质量监测数据填报工作的通知》，我们于7月5日—20日，针对2014年以来获得省财政支持项目的职业院校，就“监测系统”所要求的数据，按时完成了数据采集、审核和上报工作，为进一步加强对重点专业、实训基地项目建设的过程监管起到了积极作用。

4. 根据《山西省发展和改革委员会关于编报“十三五”期间基本公共教育服务保障工程和产教融合发展工程规划项目建设方案的通知》的相关要求，我市于3月编制完成《阳泉市职业教育产教融合工程规划项目建设方案》，并上报省发改委和教育厅。《建设方案》涉及我市5所职业院校5项产教融合建设项目，申请中央专项投资1.7亿元。

5. 根据山西省教育厅、山西省财政厅《关于开展职业教育实训基地建设情况检查的通知》（晋教职〔2016〕21号），在经学校自查的基础上，我市组成包括教育、财政部门在内的专项检查组，于10月25日—28日，对9所2005年以来获得财政支持的实训基地建设项目学校进行了专项检查工作，进一步强化了对实训基地建设的监管，确保了项目建设顺利实施及其效益的发挥。

6. 按照“一县一特色、一校一品牌”，做大做强农村县（区）中等职业学校（职教中心）的思路，郊区政府在桃林沟村规划用地100亩，投资1.5亿元，整体搬迁置换郊区职业学校（郊区职教中心）的项目已经由发改部门批准立项，目前正在办理勘探、规划等前期手续。

（八）借专项督查和评估契机，全力推动职业教育改革发展

3月24日—25日，我市接受了由省文化厅副厅长郑中夏为组长，省文化厅科教处调研员石燕林、省财政厅社保处副处长康中南、山西戏剧职业学院财务处长李俊梅为成员的职业教育专项督查。省政府督查组督查就贯彻落实全省职业教育工作会议精神情况、职业教育发展目标分解情况、中职和普高招生工作统筹情况、县级职教中心建设情况、职业院校布局结构调整情况、落实高职院校生均拨款政策情况、中职免学费全覆盖情况、职业教育经费投入情况、职业教育督导情况等内容，2天时间里，督查组先后听取了市政府、盂县政府、郊区政府的工作汇报，查阅了政策文件、财政预算拨款等资料和账册凭证，深入阳泉师范高等专科学校、盂县职业中学、郊区职业中学、市工业学校等4所职业院校，采取查阅资料、实地查看、个别访谈、走访一线教职工、小范围座谈等方式，就开展职业培训、推进校企合作、深化人才培养模式改革、服务地方经济社会发展等情况进行了检查、验证，有力地推动了我市职业教育的健康发展。

根据国务院、省政府教育督导委员会《关于开展全国职业院校网上评估工作的通知》，我市成立了以分管领导为组长，督导、职教等部门相关负责人为成员的评估领导组，于7月1日—10日，针对2014年前设立且独立设置的全市11所职业院校，就“高职3表3问卷1平台”“中职3表2问卷1平台”工作要求进行了及时培训，按时完成了数据采集和上报工作，为督促指导学校改善办学条件、加强内涵建设、规范管理、提升质量起到了积极作用。

三、存在问题及下一阶段的工作思路

总体来说，社会对职业教育思想认识不足、认可度不高、经费投入和“双师型”教师数量不足、管理体制不顺、就业准入制度执行不理想等等仍是我市发展现代职业教育不可回避的问题和困难。下一步，我们将在市委、市政府的正确领导下，认真贯彻全国、全省职教工作会议精神，落实好国家、省、市关于加快发展现代职业教育的决定和实施意见，把发展职业教育作为经济社会发展的重要基础和教育工作的重点，进一步强化对职业教育的政策保障、组织保障、要素保障，努力从以下4方面着手，全面提升职业教育服务我市经济社会发展的能力。

（一）营造发展职业教育的良好氛围

以引深职业院校管理星级学校创建和校园文化建设工程为抓手，加强内部管理，注重内涵发展，提升育人环境，赢得学生、家长及社会对职业教育的认可。以建立完善职业教育先进单位、个人和科研、教学成果表彰奖励制度和综合运用各种媒体加大宣传力度为途径，营造“崇尚一技之长、不唯学历凭能力”的职业教育发展舆论环境和氛围。

（二）完善职业教育投入政策

建立与办学规模和培养要求相适应的财政投入制度，确保职业院校的经费投入与职业教育事业发展的基本要求相适应。一是加强职业院校基础能力建设，着力解决其办学空间狭小，教学行政用房、学生宿舍等基础设施不足、落后等问题，推动办学条件全面达标；二是认真落实职业院校生均拨款政策，全面建立职业院校经常性办学经费长效保障机制；三是严格执行地方教育附加费用于职业教育比例不得低于30%的规定，改善职业院校办学条件；四是强化配套资金管理，落实职业院校免学费和学生资助政策，保障职业教育建设项目的资金配套；五是健全社会力量投入的激励政策，鼓励社会力量投资职业教育，探索“专业办产业，产业助教学”模式，拓宽办学筹资渠道。

（三）加强职教师资队伍建设

适应职业教育加强内涵建设、提高办学质量的需要，进一步突出教师队伍建设的基础性、先导性、战略性地位，将职教师资的引进、培养、培训工作纳入全市教师队伍建设整体规划。认真组织实施专业骨干教师国家级、省级培训和青年教师企业实践项目，引导教师向“双师型”方向发展。采取政府购买服务的办法，开通企业工程技术人员、高技能人才和社会能工巧匠到职业院校担任兼职教师的政策渠道。

（四）优化职业教育资源配置

一是以阳泉职业技术学院新校区建设为契机，完成对工业学校、卫生学校、第一高级职业中学、交通职业学校的撤并整合，组建高职、中职兼容的阳泉职业技术学院；二是将市文化艺术学校整体并入阳泉师范高等专科学校（山西省特殊教育师范学校），解决其长期以来办学条件不达标现状；三是在新建阳泉职业技术学院南侧征地300亩，整体搬迁置换市技工学校、市体育运动学校，与职业技术学院一道形成阳泉职业教育园区；四是积极推动郊区政府在桃林沟村规划用地100亩，投资1.5亿元，对郊区职业学校（郊区职教中心）的整体搬迁置换工作；五是按照“一县一特色、一校一品牌”的原则，整合农村县（区）各行业部门教育资源，集中力量做大做强3个农村县（区）中等职业学校（职教中心）。

长治市职业教育改革和发展报告

长治市教育局

一年来，我市坚持以十八届六中全会精神、习近平同志系列重要讲话精神为指导，认真落实国家、省关于大力发展职业教育的有关精神，紧密围绕长治市委提出的实施“五五战略”、推进“六大发展”和率先全面建成小康的总体目标，把职业教育放在全市教育乃至经济社会发展全局的突出战略位置，不断加大改革创新力度，适时制定出台有力措施，全面优化职教资源，努力提高教育教学质量，全市职业教育水平迈上了新的台阶。现就我市2016年度职业教育发展情况作如下报告：

一、2016年长治市职业教育发展概况

我市现有各级各类职业学校43所。其中高等职业技术学院3所，中等专业学校9所，职业高中（职业中专）29所，技校2所，中等职业培训机构15所。国家级重点中等职业学校7所，省级重点职业高中7所。各级各类职业学校共开设60多个专业。2016年我市中等职业学校招生人数12394人，中等职业学校在校生人数约35000余人，中等职业教育专任教师2485人，“双师型”教师约占教师队伍的30%。目前，我市已基本形成以高等职业院校为龙头，职业高中、中等专业学校、技工学校为主体，各类培训机构为补充的职业教育网络；初步构建了一个高等、中等职教相衔接，普教、职教、成教相沟通，农科教相结合的职业教育发展体系。

二、2016年长治市职业教育工作基本思路

2016年我市中等职业教育工作基本思路是：深入贯彻落实国家、省、市教育纲要，扎实推进我市职业教育校企合作的办学质量，以加快现代职业教育为目标，以深化产教融合、校企合作为主线，建立政府主导、行业指导、企业参与的办学机制，推进改革创新，加强制度建设，提高中等职业教育保障水平和办学质量，加快培养高素质劳动者和技能型人才。

三、2016年长治市职业教育改革创新推进情况

（一）加大职业教育的投入

1. 启动职业教育园区建设。启动我市职业学校整合工作，建设职业教育园区。一是由长治市教育学院、长治师范、沁县师范、晋东南幼儿师范4所学校合并组建长治市幼儿师范高等专科学校；二是由长治市第一职业高级中学、长治市第二职业高级中学合并成立长治职教中心；三是新建长治体育运动学校。以上学校进驻职教园区，占地面积约550亩，投入资金约13亿元，目前，职业教育园区前期准备工作已经完毕，建设工作已全面展开。

2. 整合职业教育资源。以长治职业技术学院为主体，整合晋东南会计学校、长治市财经学校、长治市贸易学校，进驻职业教育园区二期工程，占地面积约1800亩，投入资金约35亿元。

3. 落实职教免费和资助政策。2015—2016年，我市共计投入资金约7257.806万元用于中职免除学费。同时，我们认真落实职业教育国家资助政策，2015—2016年共投入资金约533.095万元，按时足额为符合条件的职业学校家庭经济困难学生发放了助学金。免学费资助政策的落实，有效促进了中职招生的顺利开展，招生人数稳步增长。

（二）开创校企合作之路

为更好地为经济转型提供人才支撑，有效满足我市打造“千企百强”对技

能人才和技术工人的需求，我市在出台《关于进一步加强职业学校为企业培养适用技术人才工作的实施意见》《关于进一步加强职业教育校企合作办学的实施意见》和《长治市贯彻落实〈山西省职业教育校企合作促进办法（试行）〉实施方案》，2015—2016年，我市41家职业技术学校已与当地的420余家企业实现了对接，1万余名职业学校学生在当地企业对口就业。

（三）推进职业教育集团建设

在政府主导下，整合优质职业教育资源和当地优秀企业，依托行业，推进校政行企共建的五大职业教育集团，分别是：以潞安职业中专为主组建煤化工新能源职业教育集团，以长治市一职为主组建文化旅游现代服务职业教育集团，以长子职中为主组建绿色农业特色农产品职业教育集团，以长治市二职为主组建先进装备制造职业教育集团，以长治卫校为主组建生物医药卫生养老职业教育集团。通过积极搭建职教集团为核心的校企合作平台，努力开创校企合作办学新局面。

（四）科学调整专业设置

新一届市委、市政府和教育领导班子到任后，站在长治市转型跨越发展的高度，对职业教育工作提出了前所未有的高要求。市教育局主要领导首先抓住产业需求和职业院校专业设置不合理的矛盾，缜密分析、因势利导，在构建五大职业教育集团的基础上，率先调整各职业学校的专业布局，淘汰部分职校生源不足、教学力量薄弱的专业，将政策、投资、师资队伍建设等方面的投入倾斜于优质学校的优质专业，共淘汰5家学校的12个专业，扶持了11家学校的11个专业，建成了11个全市共享的实习实训基地。目前，我市职业院校校校有特色，专业发展空间很大。

（五）组织中等职业学校参加各级各类竞赛活动

在省第十届职业院校技能大赛中，我市各职业院校积极参加，共获得一等奖6名，二等奖31名，三等奖46名。我市获得团体三等奖。

在第八届全国中等职业学校“文明风采”竞赛活动中，我市所有中等职业学校积极参与，共荣获一等奖103名，二等奖135名，三等奖142名；优秀指导教师奖78名。市教育局职教科获优秀组织奖。

四、工作经验

（一）政府为导，部门行业参与是推动职业教育发展的关键

市委、市政府主要领导对职业教育热切关怀，市政府每年组织相关部门、行业召开专题会议，研究职业教育发展问题，统筹规划我市职业教育发展，制约职教发展的难题得以破解。

（二）广泛宣传，协调发展，稳定生源是职业教育发展的基础

大力宣传职业教育免学费政策、助学政策、就业政策和升学政策，提高学生和家长对中职教育的认可度，大大提高了职业教育的辐射能力。同时，严格控制普通高中的招生规模，实现了职教与普通高中生源比例大体相当。

（三）加大投入，加强实习实训基地建设是推进职业教育发展的必要条件

职业教育是面向人人的教育，关键在于提高实际操作能力。我市各级财政在经费极为困难的情况下，每年都要拿出大量经费改善职业院校的实习实训基地建设，使学生有足够的实习实训场所，为提高学生的职业技能提供了保障。

（四）深化改革，提升质量是推动职业教育发展的保证

职业教育要发展，必须改革传统的办学和教学模式。我市在校企合作、工学结合、学校间联合办学等方面进行了积极探索，在教学模式上，以学生为主体，采用项目教学、启发教育、案例教学等教学手段，提高教学质量，为构建现代职业教育体系打下了一定的基础。

晋城市职业教育改革和发展报告

晋城市教育局

2016年，晋城市认真贯彻落实《山西省关于贯彻落实〈国务院关于加快发展现代职业教育的决定〉的实施意见》和全省职业教育工作会议精神，围绕全市教育工作大局，进一步强化政府统筹，以服务区域经济和社会发展为宗旨，深化改革，创新机制，强化责任，狠抓落实，使全市职业教育发展的水平和质量有了新的提升。

一、全市职业教育发展的现状

全市现有高等职业院校1所，中等职业学校15所（其中普通中专2所，职业高中10所，技工学校3所），另外，还有中职教育办学班及职高部7所。其中，国家级重点职业学校5所，省级重点职业学校3所。从2012年起，全市累计有3所学校被列为国家中等职业学校改革发展示范校建设单位。全市高等职业教育在校生人数约6300人，中等职业学校全日制学历教育在校学生人数约27000人。中等职业教育在编教职工总数约为1900人（其中专任教师1430余人）。

目前所开设的专业涵盖农林牧渔、资源环境、能源与新能源、加工制造、轻纺、文化艺术、体育健身、交通运输、信息技术、财经商贸、旅游服务等11大类100余个专业。每年培养职业教育各级各类毕业生12000人左右。

二、全市职业教育改革创新推进情况

（一）加强政府统筹，明确发展任务

为认真贯彻落实全省职业教育会议精神，我市把职业教育列入市人民政府重要议事日程，纳入政府工作目标管理。2016年，市政府责成教育等相关部门根据省政府职业教育专项督查组反馈意见和《国家中长期教育改革与发展规划纲要（2010—2020）》《山西省人民政府关于贯彻落实〈国务院关于加快发展现代职业教育的决定〉的实施意见》等文件精神，结合我市实际，加紧开展调查研究，对职业教育“十三五”的发展提出具体量化可操作的发展目标，加快起草《晋城市人民政府关于加快发展现代职业教育的实施意见》及相关配套文件，并召开了全市职业教育工作会议。经市职业教育工作联席会议研究，确定了全市职业教育“十三五”改革发展目标：到2020年，全市基本形成中职、高职的有效衔接，职业教育与普通教育相互沟通，结构规模趋于合理，体现终身教育理念，具有晋城特色的现代职业教育体系。具体目标是：到2020年，全市所有中等职业学校、高等职业院校达到国家规定的办学标准；高等职业教育办学规模进一步扩大，保持中等职业学校与普通高中招生规模大体相当；适应我市产业发展规划需要，积极整合职业教育资源，形成与经济社会发展相适应的发展格局和专业布局；职业院校办学水平进一步提升，省级以上骨干专业实训基地覆盖率达到80%，共建设15个左右市级实训基地；职业教育服务经济社会发展服务明显提升，职业教育发展环境更加优化。

根据上述发展目标，决定实施职业院校基础能力达标工程、实训基地建设工程、专业建设工程、教师队伍建设工程、信息化建设工程、示范校建设工程等6大工程，力争通过几年的努力，全面提升全市职业教育的基础能力建设水平和服务经济社会发展的能力。

（二）加强基础建设，提升办学能力

一年来，市、县两级政府认真履行法定职责，持续保障了职业教育的发展需求。一是加大对职业教育的支持力度，将职业学校基础能力建设经费纳入财政预算，全面落实教育费附加30%用于职业教育的规定；按省定标准落实高职院校生均拨款政策；二是积极实施现代职业教育质量提升计划，中等职业教育专业建设和加强实训基地建设持续加强。2016年，在积极组织申报的基础上，全市中职学校共获批建设7个省级实训基地和6个省级重点专业建设项目，共争取上级资金2124.5万元。7月份，组织全市职业院校进行了职业教育实训基地和重点专业建设项目质量监测数据填报工作；11月1日—11日，会同市财政局，对全市8所职业院校2005年以来中央财政和省级财政扶持的22个实训基地建设项目进行了专项检查；12月中旬，组织全市职业院校，认真开展了省级重点专业建设的自查和数据上报工作。这些措施和手段，争取了财政资金对职业教育的支持，提升了职业院校的办学能力，同时有效地保证了职业院校专业和实训基地建设办学资金的使用效益和资金安全。

此外，我市积极探索以城市为中心的公共实训基地建设与管理模式，市人民政府规划的金村职教园区公共实训基地项目正在积极地酝酿筹建中，建成后将会对全市职业教育发展和职业培训工作产生巨大的提升作用。

（三）加强技能教育，举办技能大赛

为检验全市职业院校技能教育成果，4月15日，我市举行了晋城市第十届中等职业学校技能比赛。报名参加比赛的有15个中职学校，383名参赛选手。大赛共设计算机应用技术、电工电子、汽车运用与维修、导游与酒店服务、会计技能、机械加工技术等6个专业类别的20个竞赛项目。各竞赛项目分中职学生组、教师组2个组别。设晋城市中等专业学校（导游与酒店服务、汽车运用与维修、会计技能）、晋城技师学院（机械加工技术、电工电子）、泽州县高级职业中学校（计算机应用技术）、高平市中等专业学校（计算机应用技术）

等4个赛场。经过一天紧张的比赛，决出了各项比赛项目的奖项，其中：一等奖27个，二等奖53个，三等奖96个，获得等级以上奖选手的指导教师87人获优秀指导教师奖；评出了团体总分奖6名；对于在大赛的筹备、举行中积极组织、热情服务、成绩优秀的4个单位授予优秀组织奖。

5月份，组织本市职业学校参赛师生参加了山西省第十届职业院校技能大赛，获得全省团体二等奖。中职组获一等奖32个，二等奖64个，三等奖92个，多名获奖选手代表山西省参加了全国职业院校技能大赛，取得了历史最好成绩，其中高职组获全国二等奖2个，三等奖4个。

（四）加强规范管理，开展资质清查

4月份，根据关于做好年度中等职业学校办学资质清查工作的要求，在学校自查、自评基础上，依据《中等职业学校设置标准》，对全市20所中等职业学校进行了资质清查，向省厅上报了清查结果。泽州县第二职业中学和晋城北华学校、晋城崇实学校、晋城凤兰学校、高平诚信中学4所学校举办的职高班被列为限期整改学校。

（五）加强资助管理，实施惠民政策

一年以来，我市认真落实中等职业教育免费等教育惠民政策，市县财政设立专项经费，继续实施了“中等职业教育免学费全覆盖”“中职免费全覆盖”“中等职业教育国家助学金全覆盖”和“免住宿费全覆盖”等4个“全覆盖”工程，为学生顺利完成既定学业提供了有力的资金保障。按照省、市部署，2016年，认真完成了市域内中职学校免学费人数统计工作。与相关部门及局有关科室配合，开展了免学费人数的核查与资金落实情况检查工作。按照省厅部署，采取逐校核查、逐级上报的方式，完成了市域内中职学校免学费人数统计工作。确保全市中职免学费工作应免尽免，杜绝虚报谎报，严防国家资金流失。

（六）加强招生工作，细化工作措施

全市统一建立了高中阶段教育招生工作平台，统筹安排高中阶段教育招生。严格按照省定6：4的普职比例分配普通高中招生指标，下达2016年度中职招生指导性计划，2016年全市初中应届毕业生28860人，安排普通高中招生17300人，占比60%；留足40%的中职生源。

2016年全市普通高中招生16932人，进入各类中职学校学习的学生11000余人，约占高中阶段教育招生总数的40%，基本实现了职普比例大体相当。

（七）加强职教宣传，营造良好环境

我们高度重视在全社会营造大力发展现代职业教育的舆论氛围，充分发挥各类媒体的引领效应，切实加大了对国家职业教育方针政策、各地实践探索成功经验、学生就业创业先进典型的宣传力度。5月9日，由市教育局、市委宣传部、市人社局共同主办的全市2016年职业教育宣传周活动启动仪式在物茂广场举行，市政府副市长和相关部门的领导，市直和城区各职业院校领导、专业教师、职业院校学生近千人参加。市、县各级围绕“弘扬工匠精神，打造技能强国”的主题，以“一服务四开放六宣传”为主线，同步启动了“职业教育活动周”系列活动。各职业院校统一组织全市2万余名在校生观看了全国第二届活动周启动仪式和全国职业院校技能大赛开幕式。活动周期间，各级各类职业院校面向学生、家长和社区居民敞开大门，开展家长开放周活动，开放实训基地、图书馆、体育活动场地，邀请部分初中学生参观职业院校校容校貌和教学设施设备，向社会充分展示了学校的办学历程、硬件设施、师资力量以及校园文化。活动周期间，各职业院校陆续举办了企业推介会、学校社团活动、校园文化艺术节、校园晚会、校级专业技能比赛、教学研讨会等多场活动，让人们近距离感受到了职业教育办学成果和职业教育的魅力。活动周期间，全市累计发放各种资料4万余份，在市民中产生了较大反响，进一步提升了职业教育的社会关注度和认可度，为宣传职业教育、倡导职业教育、发展职业教育提供

了重要窗口，通过让全社会了解、体验和参与职业教育，拉近了人民群众与职业教育的距离，为全市的职业教育发展营造了更加良好的发展环境。

（八）加强师资建设，提高专业能力

根据省厅下达我市指标，2016年，派出7名教师参加省级骨干教师信息技术应用能力提升专项培训。

（九）加强调查研究，制定发展政策

2016年，我们根据市政府指示，加紧制定本市发展现代职业教育的相关政策措施。在广泛征求相关部门和单位的意见的基础上，制定下发了《晋城市人民政府关于加快发展现代职业教育的实施意见》（晋市政发〔2016〕35号），以市政府办公厅名义印发了《晋城市职业教育校企合作促进办法（试行）》（晋市政办〔2016〕108号）、《关于加强职业教育实训基地建设的意见》（晋市政办〔2016〕109号）、《关于加强职业院校“双师型”教师队伍建设的意见》（晋市政办〔2016〕110号）。同时根据市政府统一部署，积极推动全市职业教育集团建设。11月—12月份，重点开展了组建职业教育集团的专题调研工作，形成了《关于组建职业教育集团加快发展现代职业教育的初步调研报告》。12月7日，召开了职业教育集团组建工作推进会，12月8日，市政府召开了教育服务产业发展座谈会，指导晋城职业技术学院牵头组建旅游职业教育集团工作，对相关工作方案进行了认真修订，并举行了旅游职教集团挂牌仪式。

（十）加强就业工作，促进就业创业

我们根据市创城办每年下达的目标任务，努力拓展大中专毕业生就业渠道，开展学生就业创业教育和政策引导，教育学生自主创业。采取的主要做法有：一是完善毕业生创业就业服务指导体系，加强职业院校创业就业教育课程建设，加强职业院校创业就业服务体系建设；二是以师资培训为先导，加强就业创业工作；三是完善学分平台，培养个性人才，提高学生素养，将创业纳入必修课程，完善知识结构，建设创新课程，开展创业培训，提高教学效果；四是推进创业基地建设，加大创业资助，提高创业服务水平，积极推进大学生创新创业孵化基地建设，加快完善孵化基地的功能化建设，不断提高学生创业服务水平；五是做好技能鉴定工作，为学生打开创业之门提供钥匙。同时大力加强就业创业典型宣传，中、高职大中专毕业生就业渠道比较通畅。2016年，全市中职毕业生就业率达到96.4%，高职毕业生就业率达到91.6%。

此外，我们还根据《山西省教育厅关于转发〈教育部办公厅关于严肃查处中等职业学校学生实习工作中违规行为的紧急通知〉的通知》要求，于1月份重点开展了中职学校学生实习地专项检查，有效规范了中职学校的实习管理工作。

三、当前我市职业教育存在的主要问题和下一步的工作打算

尽管近年来我市职业教育发展步伐不断加快、硬件设施得到明显改善、质量效益获得较大提升，但从全市大教育发展的格局来看，职业教育仍然是整个教育领域里较为薄弱的环节。主要是职业教育发展规模还需要进一步调整，职业教育专业设置还需要进一步优化，公共实训基地建设还需要进一步加快，职业院校师资水平还需要进一步提升。为此，我们将按照职业教育“十三五”规划，着力抓好以下几个方面的重要工作：

一是加大教育结构调整的力度。要稳步扩大职业院校办学规模。要加快推进职业教育招生考试制度改革，扩大提高高等职业教育的招生规模和质量，巩固提高中等职业教育的基础地位和发展水平，调整高中阶段中等职业教育和普通高中的发展比例，将高中阶段教育增量主要用于扩大中职教育规模。鼓励社会力量兴办职业教育，加大职教惠民政策的宣传力度，增强社会和广大民众对职业教育的认同感和获得感。

二是加强对职业院校的专业统筹规划。形成与产业链相衔接、与创新驱动

相匹配、与产业布局相适应、与发展需求相一致的专业设置格局，进一步提升专业设置与经济社会发展的适配度。根据我市产业结构调整的需要，建立专业设置随产业发展动态调整机制。要继续实施重点专业计划，做强优势专业，培育紧缺专业，减少同类专业在同一地区的重复设置。到2020年，支持建设3—5个高职省级重点专业、10—15个中职省级重点专业，同时通过每年设立200百万元专项扶持资金，建设15个以上市级特色专业。

三是加快职业教育实训基地建设。要通过实施专项计划，大力推进省级以上骨干专业实训基地建设，配套跟进市级骨干专业实训基地建设，到2020年，全市职业院校骨干专业实训基地建设覆盖率要达到80%左右。同时，要统筹布局，合理规划，加快推进以金村公共实训基地为中心，各县（市、区）“一县一基地”的公共实训基地体系建设。

四是提高职业教育师资建设水平。建立现代职业学校制度，扩大职业院校在人事管理、教师评聘、收入分配等方面的办学自主权，积极落实省政府《实施意见》精神，允许企业工程技术人员、高技能人才和社会能工巧匠到职业院校担任专职教师，落实教师企业实践制度，实行五年一周期的教师全员培训制度，改革职业院校教师职务（职称）评聘办法，强化职业技能的考核，引导专业教师向“双师型”方向发展。

临汾市职业教育改革和发展报告

临汾市教育局

一、全市职业教育发展概况

全市40所中等职业学校，其中，普通中专7所（含2所民办、2所高职中专部），公办职业高中和职业中专学校19所（含临汾市特殊教育学校），民办学校14所。开设有计算机应用、种植、园林、机电技术应用、数控技术应用、汽车运用与维修、旅游服务与管理、酒店服务与管理、电子电器应用与维修等50多种专业。

二、2016年具体工作

1. 中等职业学校办学资质清查和管理星级创建评估工作

3月，组织人员重点对民办中等职业学校（含普通中专）和县级职教中心未经省验收合格的县职业中学共21所进行了清查，其他公办职业学校由所属县（市、区）教育局清查，公办普通中专学校由学校自查。此次清查采取听、看、查、访、议、审等多种工作方法，量化打分，圆满完成了工作任务，进一步促进了临汾市中等职业学校管理水平的提高和办学行为的规范，进一步深化了教育教学改革。各类职业学校专业设置和教师队伍基本稳定，能基本适应当地经济和社会发展的需要。在办学条件、经费投入、实习基地建设、校长素质、行政管理、教育教学管理、师资队伍建设、学生就业、后勤、安全管理、德育教育和校园文化建设等方面都有了一定提升。五星级学校2所，四星级8所，三星级17所，二星级11所，新增学校2所。

2. 迎接省政府落实全省职教工作会议专项督查

2015年，全省职教工作会议召开以来，市教育局利用临汾市职教管理群、各职业学校的邮箱、微信群等电子方式，迅速将会议内容和配套文件以及国家有关职业教育发展与改革的文件传送到各县市区教育部门和各职业学校，并利用主流媒体开辟专栏等形式，广泛进行学习宣传。各学校利用板报、校报、广播等方式广泛开展了宣传。根据省政府文件要求，市教育局着手起草制定了相应的4个文件，文件经过征求意见、专家认证等程序，由市政府统一进行了下发，即《关于加快发展全市现代职业教育的实施意见》《关于加强职业教育实训基地建设的意见》《关于加强职业教育“双师型”教师队伍建设的意见》《关于印发临汾市职业教育校企合作促进办法（试行）的通知》。省政府督查组对我市贯彻落实情况给予了高度评价。

3. 组织开展职业教育活动周工作

下发了《临汾市教育局关于转发省教育厅关于组织开展首届职业教育活动周的通知》的通知，并结合临汾的实际情况，制定了《2016临汾市首届职业教育活动周方案》，活动时间为2016年5月份第二周（8日至14日）；活动主题为：弘扬工匠精神，打造技能强国。对职业教育活动周工作进行了详细安排。经过一周的紧张工作，圆满完成了既定工作目标和任务。

4. 加大中等职业学校招生力度

为做好招生工作，我们加大招生宣传力度。各县市区、各学校采取各种办法，微信、电台、新闻等宣传职业教育，真诚地希望各位同学及家长，一定要根据自身的学习状况、家庭条件，为自己或孩子的未来发展作出最佳选择，接受职业教育。到目前，中等职业学校共计招生8609人。

5. 大力开展产教融合，加快构建职业教育体系

为全面提高职业教育质量，为经济转型升级提供更加坚实的人才支撑，根据国家发改委、教育部、人社部《关于编报“十三五”产教融合发展工程规划

项目建设方案的通知》，我市结合实际，在各职业学校实训基地建设规划项目申报的基础上，遴选并确定上报了1所高职院校、7所中职学校共14个建设规划项目。近几年省批准的重点专业和实训基地建设项目进展都要在重点专业和实训基地建设平台填报审查。

6. 迎接省人大对我市高等教育的调研

临汾市共有高等教育院校6所。分别是本科院校2所：山西师范大学（隶属省教育厅，公办）、山西师范大学现代文理学院（隶属省教育厅、山西师范大学，民办）。省属高职学校2所：山西管理职业学院（隶属省人社厅，公办）、山西信息职业技术学院（隶属省教育厅，民办）；市政府直管高职学校两所：山西师范大学临汾学院（公办）、临汾职业技术学院（公办）。除山西师范大学和山西师范大学现代文理学院外，其余4校均为高等职业院校。截至目前，4所高职院校总占地面积达1332亩，建筑总面积44万m^2，有22个系94个专业，教职工总数达1800人，在校生有22000人左右（含中职学生），年毕业学生达6000人。为我市经济发展和社会进步提供了有力的技术支撑和人才支持。省人大周然副主任带队的调研组对我市高等教育进行了实地调研，对工作进行了充分肯定并提出了宝贵意见。

7. 完成2013级中职学生毕业验印工作

中等职业学校学生毕业和毕业证书发放工作是一项严肃而认真的工作，也是提升中等职业教育社会关注和认可的一项重要工作。从6月底开始办理2013级学生毕业和毕业证发放工作。2013级共毕业学生数7519人，毕业审报纸质材料和中等职业学校学生学籍管理系统毕业审核同时开展，审验无误，符合发放毕业证条件的发放毕业证。同时开展中等职业学校学生实习情况摸底调研和毕业生就业情况调查汇总。此两项工作从今年起，成为中等职业学校学生学籍管理系统中的一大模块，进行系统处理。今年纸质材料和系统处理并行。

8. 开展高中阶段招生统计工作

从8月份开始进行为期4个月的高中阶段招生统计工作，每月一报。普高招生情况由招办提供。

9. 开展新学年秋季新生注册工作

2016学年，新生的注册工作要求11月15日前完成，此项工作正在进行当中，目前已注册审核通过7161人次。

10. 贫困县精准扶贫工作

我市共安排市省级以上重点职业学校9所，一对一帮扶山区贫困县9所中等职业学校。

运城市职业教育改革和发展报告

运城市教育局

2016年，我们全面贯彻落实全国、全省及全市职业教育工作会议和《运城市关于加快发展现代职业教育的实施意见》精神，围绕市委、市政府“三个一百”“三动三新”战略，服务全市产业升级，深入推进职业教育体制机制创新，大力实施职业教育水平提升，努力深化校企合作，全市职业教育改革发展取得一定成绩。

一、认真组织了全市中小学生职业体验活动

按照《教育厅关于开展“山西省中小学生职业体验”活动的通知》（晋教办〔2015〕11号）精神，从2016年3月开始，全市职业院校面向中小学生及家长和社区居民积极开展了职业体验活动，组织广大中小学生到职业院校，了解职业教育、体验职业乐趣、展望职业前景、激发职业理想。通过中小学生职业体验活动，也让全社会了解职业教育，培养职业兴趣和职业意识，进一步推进了“职业启蒙”教育和“普职融通”工作，扩大了职业教育影响力。运城职业技术学院开放了教学实习矿井；河津市职业中学租赁专车接送中小学生进入实验实训教室参观体验；临猗县第一职业中学邀请家长陪同中小学生一起进行校园工作现场体验。

二、迎接省政府职业教育专项督查

根据省政府办公厅《关于开展职业教育专项督查的通知》（晋政办督函〔2016〕1号）精神，省政府第六督查组于3月21日至22日，对我市落实全省职业教育工作会议精神、推进现代职业教育发展情况进行了实地督查。督查组

首先听取了副市长陈竹琴代表市政府所做的工作汇报，之后，先后深入运城护理职业学院、运城市幼儿师范高等专科学校、运城市财经学校3所职业院校和临猗县、夏县两县，采取听汇报、查阅文件资料和账册、个别访谈、召开座谈会等多种形式进行督查。督查组认为：一是我市各级领导把职业教育摆在经济社会发展的重要位置，市政府召开全市职业教育大会，出台《关于加快发展现代职业教育的实施意见》，是全省第一个召开市级职业教育工作会议的地市，也是全省第一个出台发展现代职业教育实施意见的地市；二是我市统筹做好中等职业教育和普通高中招生工作，采取多种方式，促进中等职业学校与普通高中招生比例达到4：6；三是县级职教中心建设标准高，10个县级职教中心已经省政府督导委员会验收合格；四是职业院校布局调整力度大；五是强化职业教育督导考核措施硬；六是职业教育工作举措有创新。

三、组织开展了第二届职业教育活动周

根据国务院确定每年5月的第二周为"职业教育活动周"的决定，为进一步宣传国家、省、市关于职业教育改革发展的新政策、新思路，总结推广我市职业教育改革发展的成果和做法，促进职业教育产教融合、校企合作、培养合格技术技能人才，不断增强职业教育的吸引力，我们于5月8日至14日组织开展了第二届职业教育活动周。活动周坚持以全国、全省职业教育工作会议和《国务院关于加快发展现代职业教育的决定》精神为指导，大力宣传我市职业教育改革发展成果，宣传高素质劳动者和技术技能人才的先进事迹和重要贡献，培育和践行社会主义核心价值观，弘扬"劳动光荣、技能宝贵、创造伟大"的时代风尚，引导社会各界特别是行业企业积极支持职业教育，营造人人皆可成才、人人尽展其才的良好环境。

通过活动周的开展，我们宣传了国家、省、市大力发展职业教育的新政策、新举措和有关职教惠民政策；展示了我市职业教育改革发展成果，推广经验，互通交流，共促发展；展现了现代职业教育的特色与魅力，方便学生、家长及广大群众更加深入地了解职业院校，提升职业教育的社会关注度和认可度。活动的主题是“弘扬工匠精神，打造技能强国”。我们在活动周期间，坚持各项活动有机结合，突出重点，办出特色，做到“天天有活动、处处有看点、人人有收获”。

四、圆满完成了中等职业学校资质清查工作

根据山西省教育厅《关于公布2015年中等职业学校办学资质清查及中等职业学校管理星级评估认定结果的通知》（晋教职〔2015〕8号）文件精神，并结合《山西省职业院校管理水平提升行动实施方案》，为巩固中等职业教育加强内部管理三年行动成果，进一步提升学校管理工作科学化、规范化，我市对中等职业学校办学资质进行了清查。我们采取学校自查、县（市、区）教育局对所属学校清查、市级复查的方式进行。全市共清查举办中等职业学历教育学校44所，其中39所学校符合中等职业学校设置标准，具备中等职业学校办学资质；4所学校限期整改，暂时允许招生；1所学校限期整改，暂停招生。

五、成功举办了运城市第六届职业院校技能大赛，选拔选手参加全省、全国职业院校技能大赛

4月23日至24日，由运城市教育局主办、临猗县教育局和临猗县第一职业中学承办的运城市第六届职业院校技能大赛在临猗县第一职业中学举行。大赛设焊接、计算机、烹饪3个专业类别，8个项目；全市28所职业院校在学校初赛的基础上选出221名选手参加了决赛。各县（市、区）教育局分管局长、职成股长、部分职业学校校长参加了大赛开幕式及现场观摩活动。大赛共决出个人一等奖22个、二等奖41个、三等奖62个、优秀奖80个；24名教师获优秀指导教师奖。大赛决出团体一等奖3个、二等奖6个、三等奖10个。对于为承办本届大赛做出突出贡献的临猗县第一职业中学授予特别贡献奖；对于在大赛筹备中积极组织参赛的河津市职业中学等3个单位授予优秀组织奖。技能大赛的举办，对深化我市职业院校教学改革、强化学生岗位技能训练、提高教育教学质量将起到十分重要的作用。

我们在市、县、校举办技能竞赛的基础上，选拔优秀选手参加全省、全国职业院校技能大赛。在2016年山西省职业院校技能大赛中，我市荣获大赛一等奖11名、二等奖20名、三等奖44名的好成绩，市教育局获优秀组织奖。特别是芮城县第一职业学校，获奖学生数达到41名。在2016年全国职业院校技能大赛中，芮城县第一职业学校2名学生获得中等职业学校中文导游项目二等奖。

六、组织开展了中等职业学校招生宣传工作

为做好2016年中等职业学校招生工作，我们一是开展中小学生职业体验，组织中小学生深入职业学校亲身体验职业教育，增强对职业教育的认识，培养他们投身职业教育的情感；二是利用五月份开展的第二届职业教育活动周，进行职业学校招生宣传；三是在中考期间，组织广大教师赴考点发放职业教育宣传材料，做好学生填报志愿的引导工作。

七、加快推进了夏县职教中心建设。按照省建设规划，今年夏县职教中心要全面建成运转，并通过省教育督导委验收评估

为切实做好迎接省评估的各项准备工作，分管局领导张俊耀多次带领科室人员赴夏县进行调研指导，要求加大资金倾斜，加快学校建设，做好评估验收准备。

八、加强教师培训工作，组织开展了中等职业教育教师信息技术培训

为提高职业学校教师运用现代教育技术的能力，我们在全市三星及三星级以上中等职业学校选择了40余名信息技术能力较强的教师，定于暑假期间赴太原进行骨干教师信息技术应用能力专项培训。通过开展信息技术与职业教育融合及创新应用、职业教育教学信息化与教师信息素养提升等培训，强化信息技术在职业教育教学中的应用，大幅度提高职业教育教学质量。

九、深入推进校企合作，提升了职业教育集团对全市产业发展的服务水平

落实《运城市关于加快发展现代职业教育的实施意见》，经过精心筹备，我市文化旅游产业职业教育集团、先进制造业职业教育集团、现代特色农业与农产品深加工职业教育集团、卫生保健职业教育集团、汽车职教集团职业教育集团、商贸物流职业教育集团、制版印刷职教集团7大职业教育集团先后正式挂牌，全面展开工作。集团成立后，我们与市委、市政府确定的“三个一百”及“5+15”工业园区、9大产业集群、30个产业板块发展进行紧密对接，广泛开展了委托培养、订单培养、现代学徒制等试点，积极推进职业学校在办学模式、培养模式、教学模式、评价模式等方面进行改革探索，促进产业链、岗位链、教学链深度融合。

十、迎接省人大高等教育调研工作

6月12日到13日，省人大周然副主任带队，对我市高等教育进行调研。调研组一行先后深入运城学院、运城职业技术学院、运城护理职业学院等本科、专科高等学校进行了实地调研，并听取了陈竹琴副市长代表市政府进行的工作汇报。调研组对市政府在实施“三个一百”“三动三新”战略和推进工业集群化、农业现代化、新型城镇化“三个方案”中，把推进高等教育改革发展放在全市经济社会发展的重要战略位置，强化政府行为，加大支持力度，构建了具有运城特色的“一大六专”高等教育新格局，使高等教育成为我市竞争力的核心和支柱，助推了我市的产业转型升级和经济结构的良性调整，对我市在财政困难的情况下，多措并举，推动高等教育快速发展的做法给予充分肯定。

十一、制定了我市职业教育精准扶贫对口帮扶工作实施方案

根据《山西省教育扶贫行动方案》和《运城市2016—2020年教育扶贫工作实施方案》的总体部署和要求，按照“人人有学上，个个有技能，家家有希望，县县有帮扶”的总体要求，在省教育厅安排1所省直高职院校帮扶的基础上，组织全市4所高职和5所中职院校采取二对一形式进行对口帮扶平陆、夏县、垣曲、闻喜、万荣5个贫困县，并制定了详细的运城市职业教育精准扶贫对口帮扶工作实施方案。

十二、开展了职业院校实训基地建设情况检查工作

为贯彻落实《山西省人民政府关于贯彻落实〈国务院关于加快发展现代职业教育的决定〉的实施意见》（晋政发〔2015〕22号）和《山西省人民政府办公厅关于加强职业教育实训基地建设的意见》（晋政办发〔2016〕75号）精神，进一步加强对实训基地建设的监管，确保项目建设顺利实施并充分发挥效益，我们联合市财政局在学校自查的基础上，于11月2日至11日对2005年以来获得中央财政和省财政支持的实训基地建设项目进行检查，重点检查项目总体进展情况、项目资金到位情况、项目预算执行情况、项目预期目标完成情况等。针对实训基地检查中存在的问题，市教育局于11月15日在芮城县第一职业学校召开了职业教育实训基地建设会议，对国家实训基地建设政策文件进行了解读，对中职实训基地建设思路、建设中应注意的有关问题进行专题学习交流。

第四部分
示范引领

2016年我们从不同角度撷选了我省职业教育改革发展典型案例：平遥县是我省入围国家级农村职业教育和成人教育示范县的第一县，他们统筹农村职业教育和成人教育工作，发挥职教中心的综合作用，成为职业教育服务区域经济社会发展的典范；山西工程职业技术学院进入后示范时期，他们脚踏实地，以高水平优质高职院校为目标，事业发展又开生面；太谷县职业中学校以“五养五成”的教育理念为指导，将文化管理作为学校管理的最高层次，实现管理育人的新高度，经过多年探索和实践，有成效、反响好，他们的经验值得推广。

以优质院校建设为引领　以深化综合改革为动力 全面推动学院发展再上新台阶

山西工程职业技术学院

山西工程职业技术学院始建于1952年，是山西省最早建立的5所中等技术学校之一。2001年经山西省人民政府批准，学校由太原冶金工业学校升格改制为山西工程职业技术学院；2010年，学院顺利通过教育部、财政部对国家示范建设院校的项目验收，成为100所国家示范性高职院校。65年来，先后为国家建设发展输送了5万余名优秀技术人才，一大批行业领军人物、技术骨干、工匠大师从这里脱颖而出，奔赴祖国各地，为祖国工业发展和地方经济建设做出了杰出的贡献。在2014年山西省第二轮高职高专人才培养工作水平评估中，获得“A”等。2017年8月被教育部确定为“全国第二批深化创新创业教育改革示范高校”，是山西省唯一入选的高职院校。

学院现占地面积800亩（含共建用地600亩），校舍建筑面积17万m^2，固定资产总值2.10亿元，馆藏图书44.2万册；教职工361人，其中专任教师266人，教授9人，副教授80人，省级教学名师40人，省级优秀教学团队2个；荣获国家级教学成果二等奖1项，省级优秀教学成果奖20项；拥有各类实训室（基地）68个，其中国家重点实训基地2个，省级重点实训基地13个，建有美国GE自动化实训室、德国西门子自动化技术联合示范实训中心、美国罗克韦尔自动化实训中心、机器人实训室等一批具有国际水平的实训基地。教学仪器设备总值9771万元，生均仪器设备值1.23万元，居山西省同类院校首位。建有校外实训基地126个。全日制在校生8000余人。

学院目前设有冶金工程系、机械工程系、建筑工程系、电气工程系、管理工程系、计算机工程系、基础部、思政部、成教部等6系3部，学院遵循“服务社会、促进就业”的办学宗旨，不断深化教育教学和人才培养模式改革，人才培养水平显著提升。被教育部确定为“现代学徒制”试点单位。在各类大学生技能大赛中，共获得国家级竞赛奖23项，其中国家一等奖6个（第一名1个）；省部级奖项56项，其中一等奖25个。毕业生就业率10年以来一直保持在93%以上。先后荣获“全国职教先进单位”“全国普通高校毕业生就业先进集体”等多项荣誉称号。

近年来，学院高举中国特色社会主义伟大旗帜，认真贯彻党的教育方针，坚持立德树人的根本任务，全面落实《高等职业教育创新发展行动计划（2015—2018年）》和《山西省中长期教育改革和发展规划纲要（2010—2020年）》要求，以建设特色鲜明的高水平优质高职院校为目标，以提高教育教学质量为核心，强化学院内涵建设；以创新为驱动，解放思想，开拓进取，全面提升学院服务社会、服务区域经济发展的能力，各项工作均取得了显著成绩，开创了学院事业发展的新局面。

一、适应山西资源型经济转型需求，不断优化专业建设体系

专业建设是高职院校教育教学的核心与龙头。学院紧盯山西资源型经济转型发展方向，重点建设了一批与新一代信息技术、轨道交通、新材料、新能源汽车等新兴产业对接的新型专业。新建工业机器人、轨道交通等19个新型专业。电气工程学科成功入选山西省“1331工程”重点学科建设计划。基本建成了以钢铁冶金、重型机械、装备制造等传统专业为支撑，人工智能、信息技术、3D打印等新兴专业为重点，经、管、艺等专业为补充，与我省区域经济发展相融互通的新型专业体系。现开设有42个专业，其中国家级示范专业4个、国家重点专业5个；省级示范专业6个、省级重点专业10个；国际合作办

学专业2个。同时，围绕山西打造能源革命排头兵的历史使命，从本就紧张的办学经费中挤出300余万元，设立了山西产业转型升级急需专业助学金，专门用于支持冶金、材料、采矿等产业急需专业的人才培养，给予每生每年不少于4000元的专业助学金支持。

二、大力实施人才强校战略，构建人才队伍建设新机制

人才是学院发展的第一资源。学院高度重视人才队伍的建设工作，全面实施人才强校战略。近几年来，着眼于建设一支高水平师资队伍的目标，学院先后出台并实施了高层次人才引进、外省重点高校校园精准招聘、教师下厂实践锻炼、加快青年教师成长等一系列改革措施，推进师资队伍结构和能力提升。先后选派176名专任教师赴海内外学习培训和交流进修，选派180余名专业教师到企业进行挂职锻炼。打造省级优秀教学团队2个，院级优秀教学团队8个，培养骨干教师21名，省级“双师型”教学名师11人，省级“双师型”优秀教师18人，省级师德标兵2人，省级模范教师5人，省级“十佳”教师6人。

2017年全年引进高级工程师、高级技师等高技能人才5名，柔性引进30余人，其中在“985”院校精准招聘24人，引进人才的平均年龄大幅下降，年轻化趋势明显，师资队伍规模和结构得到明显改善。学院鼓励中青年教师在职攻读博士学位，目前，具有博士学位者4名，硕士学位者154名，另有6位教师在职攻读博士学位，学历学位层次显著提升。同时，学院成立了5个大师工作室；实现了山西省“百人计划”拔尖创新人才高职院校零的突破，高层次创新人才师资队伍不断发展壮大。大力加强师德师风建设，开展评选“师德标兵”等一系列活动，激励广大教师树立良好的职业道德，结构合理、素质优良、适应学院发展的高水平人才队伍建设已见成效。

三、以“1331工程”为引领，持续提升社会服务能力

“1331工程”是我省实现山西教育振兴崛起的关键举措。学院紧紧围绕山西资源型经济转型发展战略需求，大力推进“1331工程”的实施，电气工程技术专业入选山西省“1331工程”重点建设学科。主动与中北大学合作，共同建立了山西省高性能镁合金产业技术创新战略联盟。电气自动化团队和冶金技术团队被确定为省级教科研团队。全年取得省级科研项目12项，特别是山西省自然科学基金项目、山西科技攻关项目实现了零的突破。获得国家发明专利3项，实用新型专利8项，争取到各级科研经费近100万元，是过去十年科研经费总和的5倍。社会服务能力进一步增强，学院被教育部确定为国家高职高专师资培训基地，先后对清徐美锦集团、侯马建邦集团、山西昆明烟草有限责任公司等企业，开展各类岗位培训7000余人次。先后开办了“青岛海尔电气班”“吉利集团汽车班”“山西建邦炼钢班”等订单培养班，受到企业欢迎。成功承办了中国冶金教育学会职业技术教育分会2017年年会暨冶金行指委专项工作会议和中国冶金教育学会招生就业研究会2017年年会，学院院长秦华伟当选为中国冶金教育学会职业技术教育分会理事长，进一步提升了学院的科研和社会服务水平。

四、大力推进产教深度融合，构建校企合作育人新机制

党的十九大提出，完善职业教育和培训体系，深化产教融合、校企合作，进一步明确了职业教育的发展路径和发展方向。2015年8月，学院被教育部确定为首批现代学徒制试点单位，成为山西省4所试点院校之一。根据专业特点，学院第一批确定了冶金技术和物流管理2个试点专业，分别与山西建邦集团有限公司、山西省唐久超市股份有限公司、山西美特好连锁超市股份有限公司、顺丰速递有限公司等企业公司进行合作，按照“学生→学徒→准员工→员工”四位一体的人才培养总体思路，实行三段式育人机制，践行“双主体育

人、工学交替”的人才培养模式。实施双导师制，校企双方密切合作，打破现有教师编制和用工制度的束缚，择优选聘校内导师和企业导师，开展教学做一体化教学模式，在企业落实师傅带徒弟制度，推进高等职业教育现代学徒制试点工作，取得了初步成效。

两年来，以现代学徒制试点改革为抓手，大力推进产教深度融合，构建校企合作育人新机制，学院新拓展了吉利新能源汽车、山西建筑装备总公司、江苏汇博机器人技术股份有限公司等一批校外实训基地，在混合所有制办学体制改革、校区共建、人才共育、资源共享、技术研发等方面，全方位开展深度合作，校外实训基地达到126个，每年接待学生实习实训31239人次。

五、深化创新创业教育改革，提升人才培养质量水平

深化创新创业教育改革，是落实创新驱动发展战略的重要举措。学院坚持“产教融合、校企合作”，不断深化教育教学改革，扎实推进人才培养模式改革，将创新创业教育作为立德树人的重要内容，以创新引领创业，创业带动就业，积极探索知识型、技能型、创新型应用技术人才的培养。按照“课程标准与职业资格标准对接、教学内容与岗位能力要求对接、素质教育与职业素养对接”的三对接原则建立理实一体化专业课程体系，以工作过程为导向、岗位技能培养为核心，对企业的生产岗位能力进行分解，确定专业核心能力，以任务或项目为载体，把专业技术知识点融入能力培养过程之中，强化岗位实践技能，确保实践教学总学时大于50%，建成了一批基于生产过程的理实一体课程。

学院先后投入创新创业专项资金1008.6万元，整合优化学院各类优质教育资源，建立了基于全链条式大学生创新创业教育基地。与西门子等一批国际知名企业合作共建了一流实训基地。开设了“创新班”“思科班”等。双创教育基地挂牌成立，组建了具有双师型、专业型、指导型特色的创业教育专职教师

队伍，将创新创业教育融入人才培养全过程，积极探索创新型应用技术人才的培养，形成了具有工院特色的“1234”创新创业教育模式，提高了人才培养的能力和水平。2017年8月，被教育部确定为全国深化创新创业教育改革示范高校，成为全国25所示范高职院校之一，是我省唯一入选的高职院校。

2017年共有45支代表队400余人次参加各级各类技能大赛，取得了优异的成绩，获得省部级以上奖项42项，其中一等奖9项。成功组织承办了2017年山西省职业技能大赛6项赛事，承办了2017年山西职业教育活动周启动仪式及相关宣传活动，营造出全社会关心和支持职业教育的良好氛围。

六、科学集约规划校园，提升环境文化育人水平

学院作为我省2所国家示范性高等职业院校之一，也是目前我省唯一一所入选全国深化创新创业教育改革示范高校的高职院校，有责任和义务在新时代山西现代职业教育体系建设、提升服务区域经济发展能力方面先行先试、探索创新，示范引领，闯出一条符合山西转型实际的职业教育发展之路。当前阻碍我省职业教育发展的最大困局便是“多、散、小、弱”，难以形成规模效应和影响力。占地面积不足、办学条件滞后也一直是制约我院发展的重要因素。到“十三五”末，学院在校生人数要达到10000人，要实现“小地方办大教育”的目标，就必须创新发展思路，优化资源配置，集约利用土地，实现规模质量效益协调发展。为此，我们确定了“科学规划、整体布局、节约土地、高效利用”的校园建设思路，向空中、地下要办学空间，为探索“小地方大作为”办好高职教育提供解决方案。当前，我院自筹资金3500余万元，建筑面积约20000余平方米的综合实训体育场建设项目即将开工建设，将建成为地上运动场、地下实训场的现代化多功能实训文体中心。“十三五”期间，学院规划沿新建路规划建设面积10万平方米的多功能创新创业教育示范基地和创业孵化区，为创新创业改革示范校建设提供新动能。

七、全面加强党的建设，保障学院事业健康发展

高校党委对学校工作实行全面领导，承担管党治党、办学治校主体责任，把方向、管大局、作决策、保落实。学院深入学习贯彻习总书记系列讲话精神，特别是习近平总书记在全国高校思想政治工作会议上的讲话和视察山西重要讲话精神，推进“两学一做”学习教育制度化、常态化，开展维护核心见诸行动主题教育活动，全体党员“四个意识”不断增强。大力加强“三基建设”，基层党组织的战斗堡垒作用和党员模范带头作用得到强化。坚持立德树人，牢牢把握社会主义办学方向，努力探索新形势下高校思想政治工作的新思路、新办法，全面实施“双纲”备课，把社会主义核心价值体系融入人才培养全过程，培育了“政在思考”等大学生思想政治教育品牌。认真贯彻落实党委主体责任和纪委监督责任，坚持挺纪在前，突出政治纪律，深入推进作风建设，初步形成了风清气正的良好政治生态和育人环境。学院召开了党员大会，确定了“1235”发展思路，用以指导工作实践，为全面提升我院办学实力、推动学院各项事业发展、实现战略目标提供强大动力和坚强保证。

雄关漫道真如铁，而今迈步从头越。目前正值学院“十三五”事业发展的关键时期，学院将继续高举中国特色社会主义伟大旗帜，以习近平新时代中国特色社会主义思想为指导，认真贯彻《国家中长期教育改革和发展规划纲要》，以优质校建设为契机，不断深化教育教学改革，不断提升人才培养水平，不断增强科研创新能力，不断提升社会服务贡献度，进一步创新有利于高职教育发展的机制体制，走出一条具有山西特色的职业教育发展之路，持续引领山西高等职业教育发展，再铸学院发展新辉煌。

强化政府统筹　搭建发展平台
提升农村职成教育服务经济社会发展能力

平遥县人民政府

平遥是山西省典型的人口大县、农业大县、旅游大县和教育大县。县域面积1260平方公里，辖5镇9乡3个街道办事处273个行政村，总人口52.8万，其中农业人口45.6万。耕地76万亩，是全省重要的农产品生产供应基地。以历史文化名城、世界文化遗产平遥古城为龙头的旅游业已成为全县经济的支柱产业之一。

平遥县有县级职业教育中心1个，2009年通过省政府验收。有2所中等职业学校，其中，平遥现代工程技术学校是国家级重点职业学校，是全国267所中等职业教育改革发展示范校之一；平遥综合职业技术学校是省重点职业学校。2所职业学校在校学生6000余名，专任教师542名。全县有成人文化技术学校167所，其中县级1所，乡镇14所，村级152所，覆盖率100%，全县成人文化技术学校教师366人。平遥是教育部确定的全省两个新型农民培训工作联系点之一。

近年来，我县围绕“建设国际更具知名度，国内最具影响力的晋商文化旅游中心城市”的战略目标，把大力发展农村职成教育作为推动由人口大县向人力资源大县转变、促进就业和改善民生的战略举措，摆在经济社会发展大局的突出位置，强化政府统筹，搭建发展平台，着力提升职业教育服务经济社会发展能力。尤其在创建全国农村职成教育示范县过程中，更是高点定标，综合施措，重点突破，整体推进，取得了明显成效。

一、做到“三到位”，强化政府统筹，形成整体推动、规范运作的大合力。

政府是发展职成教育的主体。近年来，平遥县委政府把农村职成教育作为一个系统工程，全面统筹，大力推进。主要为“三到位”。

（一）认识到位，营造发展氛围

认识的高度决定工作的力度。我县确立“抓教育就是抓经济，抓教育就是抓未来”的战略思想，坚持普通教育、职业教育、成人教育协调发展，整体推进，既注重抓实普通教育向高等院校输送拔尖人才，又重视职成教育为当地经济社会发展培养技能型人才。把大力发展职成教育作为服务县域经济社会发展的关键环节，突出战略摆位，优化发展氛围，加强组织领导。成立县长为组长，16个职能部门为成员的职业教育中心工作领导组，在政府的统筹领导下，明确相关部门职责任务，统一目标责任管理，统一安排全县各类科研项目，统一安排人力、物力、财力，努力形成加快职成教育发展的推动合力。建立议教制度。以县每年召开一次职成教育工作会，研究分析具体问题，决策重大工作事项，督查落实各项工作；每年组织2—3次联席会议，协调解决职成教育改革发展中的实际困难和问题。近年来，先后围绕兴建职教中心、充实专业教师、加强基地建设、中职招生等问题进行专门研究。实行督查机制。将职成教育发展纳入政府相关部门工作考核，每年进行2—3次过程督查、1次年终评估，考核结果作为县委政府评估相关部门工作的主要依据。

（二）统领到位，完善发展体系

我县把职成教育发展纳入全县经济社会发展总体布局和公共服务体系，与县域经济同步规划，同步实施，同步发展。发展规划统领。先后实施了“职业教育振兴计划”“农村教育工程行动计划”“职业教育创新跨越计划”和“现代职业教育提升计划”。尤其是2009年县职教中心通过省级验收后，政府乘势而为，立足县域产业发展和三农人才需求，将职成教育纳入全县经济和社会发展五年规划纲要以及中长期教育改革与发展规划纲要，到2020年，全县要形成适应现代经济发展、体现终身教育理念、中职高职沟通、职前职后衔接的职成教育体系。培训资源统领。由县职教中心培训处牵头，将11个职能部门、2所中职学校、14个乡镇综合教育中心、152所村级农民文化技术学校、60余个教育培训机构和单位全部纳入县职教中心统筹管理，从教育方向、经费投入、培训规划等方面加强协调与配合，发挥职教中心的人才、基地、技术优势，对职工进行岗前培训和岗位培训，对社会青年和在校学生进行专业技能和就业培训，扎实开展农村劳动力转移培训、实用技术推广、项目扶贫等。联动攻关统领。由政府牵头，组织47家规模企业和学校，组建了平遥县职业教育集团。与平遥推光漆协会等17个县域企业、全国人大会议中心、天津长城汽车集团、天津天海同步集团、北京月福汽车装设有限公司等14个企业建立了合作关系。为中职学生、社会青年就业创业提供载体，搭建平台，收到了良好的社会效益。

（三）保障到位，增强发展实力

我县结合县域经济社会发展实际，充分利用政策杠杆，支持和保障职业教育健康发展。师资保障。近年来，我县采取选招、抽调、聘请、培养等多种办法及渠道解决师资问题。选招是以政府牵头，深入高职院校，直接入编招聘专业教师和择优选招文化课教师充实职业教育师资。近年来，补充专业教师120人，文化课教师150人。抽调是从农科研、经济、艺术等部门借调专业技术人员任兼职教师；聘请是从离退休科技人员、高校教授、企业高级技术人员、科研单位和社会能工巧匠中聘请兼职教师；培养是选拔青年骨干教师到高等院校进修学习、聘请高等院校专业教师到学校培训指导。现在，全县职成教育学校有专业教师397人，高级技术职称教师109人，"双师型"教师328人，省、市级学科带头人、教学能手、骨干教师64人。制度保障。实行表彰激励制度，表彰为职业教育做出突出贡献的单位和个人；在全县优秀人才中评选“县委联系专家”32名，并落实政府津贴，从精神和物质两个层面激励和调动专业技能人才的工作积极性。实行就业准入和职业资格制度，由工商、劳动保障部门核查实行就业准入职业工种人员的职业资格证。实行学生资助和免学费制度，连续四年实现中等职业教育免学费全覆盖，保证了家庭困难学生基本学习和生活需要。实行职业学校“双证书”制度，中职学生在取得学历证书的同时，必须取得相应的职业资格证书。生源保障。扩大中职招生规模，由五年前的6所普高、1所职高调整为3所普高、2所中职，普职规模大体相当。并采取从紧控制普高招生计划、招生录取“基点”把控、实行“两对接”和捆绑考核以及强化专业优势吸引等措施，使职普生源基本均衡，职普招生比例均达到0.9：1以上，中职在校生规模达到6000人以上。经费保障。加强经费支持力度，坚持政府投入为主，设立职成教育专项经费；从城市教育费附加征收中，按比例足额划拨职业教育经费；足额落实中职学生资助免学费县级配套资金；加大农村劳动力转移培训扶贫资金比例。通过招商引资、校企共建、合作办学、上级支持多种形式，加强职业教育资金投入。五年间，县政府用于职成教育建设和配套资金达1.3亿元，争取上级资金1500多万元，引进社会和企业资金800余万元，增强了职成教育的发展实力和后劲。

二、发挥“三作用”，完善培训网络，形成一体贯通、城乡覆盖的大格局。

依托县乡村的教育资源，完善了以职教中心为龙头，乡镇综合教育中心为骨干，村级民校为基础的职成教育网络体系。

一是发挥县职教中心龙头示范作用。县职教中心依托校——平遥现代工程技术学校建设总投资1.5亿元，占地面积430亩，建筑面积11万平方米。目前，学校综合教学楼、图书馆、多功能餐厅、学生公寓、标准化运动场、数字化管理系统、高标准教育教学设备、实训实习基地、职工住宅生活区一应俱全，是全省高规格、一流化、信息化的国家级重点职业学校。中心集普通中专、职业高中及各类成人培训于一体，实行“政府统筹、教育主管、行业指导、企业参与”的办学体制。中心与当地经济发展、产业结构、市场需要、人才需求紧密对接和融合，适应传统产业转型升级、乡镇企业蓬勃兴起、旅游业成为支柱产业等县域经济结构特点，开设有数控技术应用、机械加工技术、计算机技术及应用、焊接技术应用、音乐、美术绘画、电脑动漫制作技术、旅游服务与管理、会计、美术设计与制作、工艺美术、电子商务、木材加工与雕刻等专业，构建了由18个专业组成的经贸商务、信息技术、艺术设计、机械制造4个专业群，4个专业成为省示范骨干专业，4个省重点专业正在建设中。充分发挥人才、基地、技术优势，统筹组织学历教育与非学历教育培训，近三年，学生在各类基地累计实习16000人次，配合学校进行新品种、新技术科研实验80多项，60多项成果获省级奖励，组织开展各类专业培训2000余批次，培训13.43万人次。

二是发挥乡镇综合教育中心骨干带动作用。在乡镇教育领域，全县各乡镇以一所乡办中学为依托，将乡镇成人民校、各类成人培训融为一体，综合利用教育资源，建成乡镇区域内多功能、综合化的教育中心，上挂县职教中心，横联乡镇各站所，下辐射各农村，形成面向群众公共教育的培训阵地，为乡镇教育培训、科技示范推广、农民脱贫致富奔小康和农村劳动力转移培训提供全面服务。全县的14个乡镇综合教育中心，均达到了有牌子、有机构、有校舍、有图书资料、有档案资料、有农科基地的“六有”要求，围绕实施“科教兴乡”战略，瞄准当地主导产业，贴近农业、农村和农民实际，开设了现代农业、种植、养殖、果树栽培等涉农科研项目和技术培训项目达150余种，扎实开展农村实用技术培训和剩余劳动力转移培训。在实用技术培训方式上，广泛开展“五个一工程”，做到“六个结合”：即推广一项技术、培养一批人才、开发一个专业、带富一方农民、振兴一方经济；坚持长班与短班相结合，单独与联合相结合，集中与分散相结合，面授与电化相结合，教学与生产相结合，点与面相结合。近几年来，全县依托乡镇成校进行实用技术培训13万余人次，劳动力转移培训5.5万人次，培训技术骨干2.5万人次，回乡初、高中毕业生受训率达90%以上。

三是发挥村级农民文化技术学校基础延伸作用。全县小学与有关村委联合，围绕当地产业结构，实行村校一体，村委和学校相互兼职，资源共享利用；村级民校与村办小学联合办学，实行一校多制。利用学校农科教基地开展科学试验，加强育人渗透，并聘请农村技术能手作为学校业务辅导员和农科辅导教师，共同开展学生劳动实践教育和当地农民职业技能培训。学校、民校的教学设备、图书资料、校舍场地共享共用，师资互聘互补。目前，全县村级民校教师达到285人，占全县成人文化技术学校教师总数的78%。学校充分利用师资优势，帮助当地农民通过网络学习文化科技知识、了解市场行情和致富信息。与此同时，加强农科试验基地的建设，全县中小学共落实农科教基地2600余亩，以县统筹协调，成立了平遥县中小学素质教育基地，开辟为全县农业、科技、教育示范园区，以此带动全县基地开发，为农民学习文化和科技知识搭建了平台。

三、搭建“四载体”，加强基地开发，形成强化实践、提升实力的大支撑。

实训基地是职成教育的办学载体和重要支撑。围绕专业设置开发基地建设，强化实习实践，提高就业能力，在整个人才培养体系中，基地作用非常关键和重要。在基地开发建设中，我们拓宽思路，树立了“无处不基地，无处不实践”的创建理念，主要搭建了“四大载体”。

一是校内实训基地。县域内两所中职学校根据专业选择建立与专业群紧密对接的学生实训基地。推光漆工艺是独具县域特色的民族传承艺术，旅游业发展使推光漆工艺品为各地游客所青睐，成为市场畅销品，相应带动了民间传统加工作坊的兴起，而相关技术人才又非常紧缺，学校于2012年开设了工艺美术（推光漆艺方向）专业，并在校内开辟了推光漆工艺品加工生产基地，聘请5名行业大师进行技术传授指导，当年计划招生30人，实际招生50多人，仅三年间，就培养出漆艺技术人才180多人，他们已成为我县民族传统艺术传承、弘扬的骨干人才。铸造业也是我县的支柱产业，遍布全县近10个乡镇60余家企业，需要大量熟练的技术工人，数控技术应用、机械加工技术、焊接技术应用三个专业应运而生，并不断扩大专业规模，增加专业选项，贴近企业生产需要，相应建立较大规模的实习车间，进行多种类技术人才培养，使人才适销对路。几年间，为当地制造加工业输送骨干技术人才达到1600余人，涵盖了全县煤业、机械、锻造、重工等各领域，数控专业实训基地成为中央财政支持的国家级实训基地。近年来，我县河西区仿古家具生产形成一定规模，木雕工艺技术人才非常短缺，县综合职业技术学校瞄准市场，及时选择开设木材加工与雕刻专业，并开辟了相应基地，通过系列化专业培训实践，有效缓解了紧缺人才需求。目前，全县已建和在建的实训基地有数控、焊接、美术设计与制作、旅游服务与管理、会计、工艺美术、音乐、美术绘画、木材加工与雕刻10个实训基地。基地配备158个专业实验室、活动室，建立实训工位4053个，成立职业技能鉴定机构1个，鉴定工种10个。校内实训设备总值达到6000余万元，建成5个省级以上实训基地，校内实训基地实力显著增强。

二是校外实践基地。将专业实践延伸到企业、社会，根据专业要求在更大区域开辟实践基地。适应旅游产业对相关人才的需求，我县将原先导游专业调整为旅游服务与管理专业，由过去为各景点、旅行社培养专门导游人员升级为与旅游产业相关的导游、礼仪、管理、营销、服务多类型人才的培养，该专业与境内13个旅行社联合开辟学生实践基地，并围绕我县旅游产业由城区聚集逐步向农村生态旅游延伸的趋势，及时与朱坑六河、襄垣郝温、段村横坡等初具旅游规模的乡村生态园区联手建立旅游服务与管理实践基地，每年招生两个班近百人，目前，已培养相关人才700余人，其中88%取得国导证，成为活跃在我省及全国各大景区、旅行社以及管理服务单位的重要力量。依托县职业教育集团，为农村规模养殖、中药材种植、特色菌类栽培等有关企业和公司牵线搭桥，培育了150多个合作基地，延伸产业链条，实行实习、实践、生产相结合；协同县域内煤化集团、旅游公司、农副产品加工规模企业等组建煤化、旅游、农副产品加工三个农训基地，有效拓宽旅游等相关专业学生实训基地。目前，我县职教中心以专业建设为平台，在旅游、铸造、花卉培育、种养殖、艺术等在县域内开辟230多个实践基地，与江苏、天津、北京、山东、太原等院企联合开辟30多个实践基地，拓展了基地活动区域。

三是课堂拓展基地。中心成立了专业建设指导委员会，每年牵头开展一次人才市场调查，坚持专业设置与产业需求对接、课程内容与职业标准对接、教学过程与生产过程对接的“三对接”，及时对专业和人才培养方案进行调整，确立了“以岗定学、学做融合、产训一体”的专业课堂教学与技能实践要求，将课程过程岗位化、任务化、项目化，注重能力提高和校企结合。同时，成立了专业教学指导委员会，加强专业教师的实践能力提升，先后从农科研、经济、艺术等部门的专业人员中借调和从离退休科技人员、高校教授企业高级工程技术人员、科研单位和社会上能工巧匠中聘请共75人作为学校的兼职教师，先后选派68名青年骨干教师到高一级院校进修学习、30多名专业教师进平遥减速器厂等企业挂职轮回式培训实践，壮大了骨干专业师资队伍。同时，根据专业能力体系标准和考核标准，近年来，职教中心自主编写32门课程41本校本教材，建立了“开放性、共享性”教学资源库。课堂真正成为学生活动的重要基地，达到了教学、实践共促共进的目的。

四是网络信息基地。为确保基地成效最大化，拓展基地时空，一方面，针对一些专业基地不足的实际，开辟网络仿真模拟实训基地。旅游实训基地的“3D环幕模拟导游实训室”，将全国知名景点采用3D影院技术实现实景再现，为导游讲解实训提供了仿真实习条件。另一方面，跟进信息时代发展步伐，借鉴网络营销策略和手段，新开设了电子商务专业，为大众创业创新搭建前沿平台。同时，以职教中心建立专题网站，点击率近30余万人次，每年为农民提供种植、养殖、加工、服务、技术等各类信息，为广大农民提供了及时、准确获取现代信息的便捷条件。

四、构建“四合作”，突出模式创新，形成合作多元、共建多赢的育人大平台。

职成教育就是就业教育。我们通过探索合作模式，优化合作机制，拓展合作空间，以就业为导向，创新办学模式，提高就业创业质量。主要构建了“四大合作”。

一是院校合作。利用高等院校的专业、师资和技术力量，实行联合办学，中高职贯通培养。中心先后与山西大学、山西综合职业技术学院、山西青年职业技术学院、太原旅游职业学院等10多个高校进行合作，共同制订教学计划，共同研发专业教材，实现资源共享，强化学生实践能力的培养，提高教育教学质量。几年来，中心有1300多名学生通过长短期不同形式，在高职院校进行了专业培训学习。现代工程技术学校聘请平遥籍著名歌唱家阎维文为名誉校长，建立著名艺术家“寒石工作室”，发挥名人效应，一方面聘请专家学者来校讲学和实际指导，另一方面，与全国知名艺术院校建立合作关系，组织学生赴高校深造进修。与山西农业大学、山西农业机械化学校等涉农高校建立长期合作，先后聘请30多名教授和专家围绕农村实用技术推广、农业技术开发深入农村田间地头，进行适时的专题讲座和指导，为进一步提升学生素质、农村劳动者素质提供了机遇。

二是校企合作。充分利用学校教学资源，根据企业行业需求，调整专业设置，突出实践能力培养，建立校企深度合作、紧密结合、优势互补、共同发展的合作机制。一是订单培养。学校负责招生，根据企业用工要求，确立培养目标，调整课程设置，制订教学计划，与企业共同组织实施教学。数控、焊接专业与上海船厂技校合作，成立“上海船工班”，已招收学员300多人，学生在上海船厂学习技术，并安排就业。戏剧表演、舞蹈表演专业与“又见平遥”订单培养，输送表演艺术人才120多人。酒店管理专业与青岛府新大厦、青岛黄海宾馆、烟台东方海天酒店、全国人大会议中心合作，订单培养260多人。数控焊接技术应用专业与天津富士达自行车制造有限公司、长城汽车哈佛动力事业部、天津天海同步制造有限公司三家上市公司合作，实行现代学徒制，学徒考核合格，成为企业准员工。二是工学交替。学校把第二学年的教学和第三学年的社会实践有效地融合起来，把企业实践和在校学习交替结合起来，学生在企业实践是员工，按企业管理制度参加企业具体岗位工作，在工学交替实践活动中，学生亲临现场接受职业指导，经受职业训练。学校与川奇光电科技有限公司等企业实行工学交替。三是引企入校。学校为企业提供场地、设施，企业参与人才培养方案制定，确保学生在全真的实践实训环境中锻炼。由政府牵头引入义佳鑫机械制造、恒隆泰漆艺、博美广告、隆森木业等4家企业，分别入住2所职业学校，通过资源整合，形成了教学、生产、实习为一体的校企深度合作，促进了学校和企业的共享双赢。近年来，我县学生参加山西省职业技能大赛，获得一等奖59个，二等奖122个，三等奖158个，充分展现了校企合作的显著成果。

三是校社合作。中心将专业进一步拓展延伸，以专业对接企业产业，以企业产业与合作社联合开发，将项目、技术、信息传播到广大农村，带动一方，致富一方。南政龙海公司以“产销一体，公司+农户”的发展模式，已经辐射9个县市，36个乡镇，105个村，形成35个养殖区、95个养殖场500万规模的鸡舍，合计散养户280户；岳壁晋伟中药材合作社以“合作社+农户”模式，带动全县13个乡镇，125个行政村，7570户，共种植药材5万亩，其中500亩以上种植村15个，100亩以上种植户64户，年产值1.38亿元；东泉丰翼天和公司，以“院企结合”模式，先后从荷兰、丹麦、美国、以色列等国引进设备及技术，和南京农大、南京医科大合作，成立“院士工作站”，实现养殖、种植、沼气循环利用，污染物零排放。以“一村一品，一乡一企”大打“梨花旅游节”的襄垣柒雨彤合作社，围绕全乡4万亩出口精品酥梨标准化生产基地，努力打造全国无公害酥梨第一乡的目标，做好梨文章，打造梨品牌，果农收入达到1.2万元以上。

四是村企社合作。就是通过职教中心引导扶持，村委搭台，企业唱戏，合作社总管，多轮联动。段村横坡村是一个人口仅为700多人的偏远丘陵小山村，几年来，支部村委全面布局，以建设农林生态庄园、山村休闲旅游度假村为目标，以发展合作化庄园经济为重点，推进村、企和社的紧密合作，成立峰威专业养殖合作社，从2009年发展至今，合作社秉承村企联合共同致富发展理念，全力打造厚德至善、合作共赢的村企文化，已累计吸纳农户348户，吸收股金456万元，合作社资产达到1150万元。五年累计合作社职工工资收入1170万元，社员股金分红259万元。全村走上了共同富裕的道路，实现了“老有所养、学有所教、病有所医、劳有所得、住有所居”，成为我县新农村建设的标兵。以横坡村为代表，在我县已经涌现出了不少典型。

五、体现“四效应”，凸显综合效益，形成经济发展、人民富裕的大局面。

县职教中心坚持以服务为宗旨，就业为导向，发展为基础，综合教育为特色，走出了一条符合当地实际、具有鲜明特色的职成教育创新发展之路，使职成教育与经济社会发展更加紧密地结合，实现了良性互动，取得了显著的效益。

一是品牌效应。县职教中心首批通过省级验收，中心依托校——平遥现代工程技术学校，是首批国家级重点职业学校和首批国家中等职业教育改革发展示范校，被授予“全国职业教育先进单位”“全国职业教育‘十面红旗’”。我县发展职业教育经验以全省唯一县份在全省做了交流，山西省教育为新农村服务现场会在我县召开，我县被山西省推崇为“各类教育协调发展的典范”，教育部副部长鲁昕视察我县职业学校，对我县职业教育给予了高度评价，并对学校校名予以题名，我县实训基地建设及学生职业技能展示得到了国务院副总理刘延东的高度赞誉。近年来，先后有各省、市、县近百个观摩考察团来我县进行职业教育考察观摩。

二是育人效应。县中职学校办学规模明显扩大，达到6000多人。学生参加各级各类技能大赛共获得国家级奖23项、省部级奖359项、地市级奖528项。共为社会培养和输送了23000多名学有专长的技术人才，55%以上的毕业学生获得中级以上专业技术等级证书，就业率达90%以上，对口升学向高等院校输送人才3500余人。在参加历届全国青少年科技创新活动中有300多项师生科研成果获市级以上奖，其中16项成果获国家金、银、铜奖。全县共涌现科技示范户24000余户，科技能手48000余名，平均每户家庭至少有1名劳动力通过培训掌握1—2项实用技术。

三是辐射效应。经过发展，职教中心集教学、生产、实习、科研、推广、服务为一体，已成为技能型人才培养中心、科研实验项目开发中心和科技推广辐射中心。几年来，中心为当地提供技术咨询指导和培训服务近13万余人（次），推广科技项目遍及全县200余个村，辐射面达全县80%以上的区域产业。围绕粮食生产保障、农业生态建设、农民增产增收、旅游产业发展主体，在全县建成了以推广实施先进实用高产技术措施为重点的玉米丰产示范基地，以蔬菜、双孢菇为重点的规模化特色种植基地，以酥梨、苹果、核桃等特色林果为主的水果生产标准化基地，以蛋鸡、生猪、奶牛为主的标准化养殖基地和以绿色观光、田园自然体验的生态旅游基地。

四是经济效应。据统计，2014年全县落实农业产业发展资金1903万元，新发展设施农业2020亩，总量达到6500亩，其中建成百亩以上园区12个；新发展食用菌大棚700亩，建成规模养殖小区20个，其中与伊利集团合作的香乐奶牛养殖项目总投资3.7亿元，首开与全国500强企业合作先河；龙海公司建成600万只肉鸡养殖基地；新发展水果1.3万亩，干果1万亩，干鲜果总产达15.5万吨；农业龙头企业实现销售收入37.5亿元；省市“一村一品”专业村达到38个；粮食总产量达到28万吨，单产511公斤，实现“十一连增”；农村常住居民人均可支配收入达到9721元，同比增长11%。

平遥县在创建农村职成教育示范县的实践探索中，虽然取得了一些成效，但任务依然艰巨，职成教育发展的基础还薄弱，与全省、全国的先进地区相比差距还很大。全县上下将紧紧抓住国家大力发展职成教育的大好机遇，进一步突出职成教育服务经济社会发展的重要功能，扎实创新，提升水平，奋力开创我县职成教育新局面。

聚力守心建设功能型学校
和衷共济打造特色化品牌

太谷职业中学

太谷职业中学是一所集教学、实战、生产、培训为一体的现代中等职业学校，是国家中等职业教育改革发展示范校、国家级重点职业中学、全国首批德育工作实验基地、半工半读试点学校、全国数字校园建设实验校、山西省管理五星级学校、晋中市文明单位、晋中市劳动模范单位。

近年来，学校全面贯彻党的教育方针，坚持“以立德树人为根本，以服务发展为宗旨”的办学方向，确立了“建设现代功能学校”的办学目标，践行“让社会充分享受职业教育成果”的核心价值观，弘扬职中精神，以“养身、养德、养智、养技、养心，成长、成人、成才、成功、成名”的教育理念为指导，将文化管理作为学校管理的最高层次，将督导管理作为学校管理的最高形式，确立了“系列化—体系化—特色化”三步走的发展战略，树立“提升自信、发挥功能、创建特色、共享成果”的职教梦想。狠抓提升教育教学质量的6大环节，成立了太谷县聚力电子商务有限公司，开创了产校合一的办学新模式，推行“实战化、职场化、智慧化、社会化”的人才培养模式，深化“课程设置、教材使用、考试模式、评价模式”四项改革，实现了学生带薪学习和带着技能出校门，为学生搭建了“艺术类高考、对口高考、自主招生、3+2分段、就业、创业”6条出路。让无业者有业，让升学者有望，让创业者实现梦想。

太谷职业中学是一所集教学、实战、生产、培训为一体的现代中等职业学校，是国家中等职业教育改革发展示范校、国家级重点职业中学、全国首批德育工作实验基地、半工半读试点学校、全国数字校园建设实验校、山西省管理五星级学校、晋中市文明单位、晋中市劳动模范单位。现有教职工349人，在校学生3252人，开设有15个专业。近年来，学校坚持主动作为、改革创新，实施功能型管理，实施“1355”工程，办学能力得到全面提升，被教育部、省市领导称为中等职业教育的窗口学校，示范学校。

一、实施过程与具体做法

（一）围绕一个目标：建设现代功能型中职学校

从2012年以来，学校提出了建设现代功能型中职学校的办学目标。其内涵包括5大方面，即：践行核心价值观，实施功能型管理，强化领导、教师、学生三支队伍建设，打造高效课堂，建设功能型班级。还将文化管理作为学校管理的最高层次，将督导管理作为学校管理的最高形式，确立了“系列化—体系化—特色化”三步走的发展战略，树立“提升自信、发挥功能、创建特色、共享成果”的职教梦想。

（二）稳固三大支柱：顶层设计、价值体系、依法治校

1. 科学顶层设计，指引学校发展方向。每学年初，领导班子从全局出发，对各项工作进行统筹考虑，对学校整体工作做出科学顶层设计，并在开学工作大会上进行详细解读，实现目标一致、理念一致、功能协调、资源共享；消除短板，在重点领域、重点工作上取得突破；各领导对分管工作、重点工作、项目工作也要做好顶层设计，避免走弯路、重复工作和无效工作。

2. 重树师生信念，铸就学校发展之魂。学校确立了“让每一个职中人充分享受职业教育成果”的核心价值观，明确了学校的校训、校风、教风和学风，经过三个月师生大讨论、专家论证，提炼出了“自信明礼、博学强技、励志求真、创新服务”的职中精神，确立了“职业教育最伟大，职中师生最幸福，职教工作最认真，职业劳动最光荣，职业技能最出彩”的精神坐标，建设了以“聚力守心，和衷共济”为主题的校园文化体系，设计了校徽，谱写了校

歌，以穿校服为荣，注重文明礼仪。并将这些理念通过多种形式深入人心，形成了“以素质为本，以技能为准，以品德为尚，以拓展为强”的良好氛围，弘扬正能量，凝聚人心，鼓舞斗志，逐渐形成了“有上班无下班”“有假期无休息”的工作作风，全体教职工投身职教的热情空前高涨。

3. 坚持依法治校，护航学校健康发展。依法办事，使各项工作有章可循。以上级文件指导学校工作，修订学校章程，完善教育教学管理、学籍管理、财务财产管理、教师管理、学生管理等各项管理制度，分别形成了制度、职责、流程汇编。实行校务公开，重点工作在行政例会通报，重大事项通过项目工作小组、教代会审议决策；关系教职工切身利益的重大问题召开职工代表大会，讨论审议；所有事项一旦经职代会审议通过或专题会议集体研究决定，当年不再修改，所有部门和教职工必须按规定执行。严格遵守财经纪律和学校财务管理制度，规范采购流程和手续，做到各项开支合法合矩，每年主动邀请审计部门对学校的各项收支进行审计。

（三）创建五大特色，强化学校内涵发展

1. 构建多层面管理网络，创建网络化大管理特色。学校管理实施功能型管理，遵循“尊重、服务、服从、健康、规范、坚持”的管理原则，实行以系管理，处室配合，全员参与的管理模式，做到了物尽其用，人尽其才。实行项目负责制，谁主管谁负责。加强事前教育，事中监控，事后总结，各部门按照“检查、排查、发现、解决、整改、通报、上报”的工作流程，推进各项工作，实现常规工作规范抓，重点工作重点抓，项目工作系统抓。强化领导力和执行力，做到言行一致，说到做到；责任与担当贯穿于工作的每个环节。按月部署系列工作，并按“落实、推进、提升、评价”的主题逐周推进。开展执行力建设讲座、演讲等系列活动，使教职工准确定位，明确职责，增强执行力。充分发挥教职工代表大会、教师代表会、校委会、周行政例会、月工作例会、学年工作安排会、处室系例会、重大工作专题会议等会议的功能。建立督导室和二级督导机构，对学校工作全程全面督导，督管、督教、督学，坚持日日督导、周周整治、月月排查、月月通报、及时上报的工作习惯。推行“7S”精细化管理，将“整理、整顿、清扫、清洁、素养、安全、节约”进行拓展应用。

2. 应用多形式德育模式，凸显全方位大德育特色。学校以“养身、养德、养技、养智、养心，成长、成人、成才、成功、成名”的“五养五成”理念为指导，坚持开展“每月一主题、每周一班会、每日一宣誓”“三个一”教育活动，每年举办三次大型文艺汇演；在展示中培养自信，积极组织文明风采竞赛、演讲比赛等活动，在竞争中培养品格；组织各种社团、青年志愿者活动、社会实践活动，在体验中提高能力；利用节日、纪念日对学生进行教育，在教育中树立理想信念；利用大型集会、活动宣讲正能量故事，以身边的人为榜样。树立美好的一天从早操开始的观念，以“健康”“规范”的管理理念为指导，培养学生健康向上的优秀品质。

强化班主任队伍和功能型班级建设。在绩效工资中，班主任的系数为1.26，远远高于校领导和普通教师1.0的标准；担任班主任是晋升职务的必要条件。班主任对班级建设做好顶层设计，从愿景建设、岗位建设、制度建设、文化建设、活动建设5个方面注入内涵，创出特色。实行值周班级活动，学生文明礼仪和素养大大提高。心理健康教育建有校—系—班三级预警网络，定期开展师生心理状况测评和监测，对重点师生进行心理疏导和干预；开设心理课，面向全体师生举办心理健康讲座。心理咨询室每天开放2小时，接待个体咨询和开展团体活动；将11月定为心理健康活动月，主题月中通过演讲、讲座、跟踪访谈、活动等方式，普及心理知识，提升师生心理品质。

3. 建设多层次安保体系，形成全覆盖大安全特色。以安全为重，开展安全能力建设工程。通过全方位、全覆盖的12种值班和系列化、实战化的12种安全演练和利用集会、班会进行多种形式的安全教育，培养师生“消除安全隐患的能力，灾害初起时的自救能力，灾害发生时逃生、施救能力，安全教育培训能力”4种能力。全面推行一岗双责制，建立并完善了大灾害隐患防范系统。2014年8月，张复明副省长一行来校调研安全工作，给予了充分肯定，全县教育安全现场会在学校召开。

4. 拓宽多渠道教育途径，形成全方面大教育特色。学校通过创办太谷县聚力电子商务有限公司、校企合作与引企入校相结合，拓宽学校功能，实现校企一体；进行“课程设置、教材使用、考试模式、评价模式”改革，实现学校教育与企业需求的全面对接；最终实现“实战化、职场化、智慧化、社会化”的常态化人才培养，学生上学即上班，上课即上岗。客服专业引进山西移动公司套餐业务市场调研等项目；平面设计专业不仅承担校内制作任务，而且承揽校外业务；酒店专业、烹饪专业依托聚力实训酒店，学生在真实的职场中提升技能；旅游专业为来校参观考察和到县党风廉政基地学习的各界人士提供解说服务，每年接待数千人次；数控焊接专业引进企业的生产任务，制造了课桌凳、簸箕、机器零配件，学校每年更新的1000套课桌凳均由学生完成；电商、平面设计、物流专业产品拍照上网、网店设计运营、配货发货、售后服务等流程全部由学生合作完成。采取多层次、多形式的工资待遇和模拟薪酬制度，带薪学习常态化。电商专业群将利润的20%作为薪资发给学生；酒店、烹饪等专业按岗位、职务制定工资标准；数控、焊接、平面设计专业根据合格产品数量核定报酬；客户信息服务专业按照岗位及业务完成情况给予学生一定报酬。“四化”人才培养极大地提升了学生技能，解决了理论与技能脱节的问题，极大地激发了学生的学习积极性，快速地提升了学生技能。

5. 深化专业群改革，打造集群化大发展特色。整合专业优势，打造专业群。专业建设突出“大”和“群”的发展方向，强化专业间的渗透，对专业进行整合，构建了六大专业群。每月以专业群进行技能测试，定期召开专业群推进会。发挥专业群捆绑发展的优势，对学生进行两种技能乃至多项技能的培养，进行多项技能鉴定。如电商专业群以真实的项目为载体，学生在实战过程中拥有了平面设计技能、电商运营技能，客服交流等多项技能。以电商专业群为样板，全面推进“课程设置、教材使用、考试模式、评价模式”四项改革，拓展示范校建设成果。2016年9月，教育部、省教育厅领导来校考察时特别强调实战化、职场化、智慧化和社会化的“产校合一”机制尚属全国首创，鼓励一直闯下去。

（四）紧抓六大环节，加强质量保证体系建设

学校以“师德建设、师资管理与培训、人才引进、青蓝工程”四大工程为支撑，制定了健全的教师专业成长规划，并设有师资培训、培养专项经费，积极组织教师参加国培、省市县骨干教师、专业技术等各级各类培训，并开展教师校本二级培训；鼓励教师积极参加各类教学、技能比赛；注重青年教师的培养，组织了新教师入职培训，开展师徒结对，以老带新、以新促老，共同提升，为青年教师成长创造良好的政策环境、工作环境和生活环境，逐步形成结构合理、梯次发展的教师队伍；聘请行业专家进校园，派遣教师下企业实践，拓宽了视野，更新了教育观念、知识结构，提升了专业技能和教学水平。

学校紧抓“师生品质、文明风采、技能大赛、升学、就业、创业”六大环节，每个环节都建立了一套把控体系。经过全体教职工的总结提炼，形成了适合职教课堂的合作学习五步教学法。五步教学法不仅是步骤更是一种模式，是通过小组合作学习、兵教兵（师傅教徒弟），突出学生的主体地位，体现以训练为主线，全面提升学生的技能和素质。落实管理水平提升行动计划，以五情诊改推进教学诊改，开展推动教学诊改。五情诊改包括系情诊改、班情诊改（班主任和代课教师）、学科诊改、学情诊改。充分发挥不同主体的作用，以诊改促教学，以教学促教育，全面诊改和提升，不断加快质量保证体系建设。

（五）打造学校文化，营造育人氛围

以文化引领学校发展，动态化打造以蓝色为主色调、以“聚力守心、和衷共济”为主题的校园文化体系，不断向文化管理迈进。丰富花草树木、厅轩楼宇的文化意蕴，发挥了灯箱、文化墙、文化长廊、校园铁塑、交通标线等的育人功能。赋予校服更多的文化内涵，最美职中人从穿校服做起，穿校服能形成制度、意识和习惯，人人穿校服便会成为学校靓丽的风景。各专业根据职业特点统一定制职业装，形成以职业礼仪、职业技能、职业素养为内涵的职业文化。加快推进产业文化进教育，企业文化进校园，职业文化进课堂；大力引进晋商文化、孟母文化、秧歌文化等地方特色文化。推广太极拳和形意拳，形成了人人练太极的氛围，传承太极拳文化和形意拳文化。引进茶文化，开设茶艺课，开展展示活动，陶冶师生情操。将修订的校园文化手册和《正能量故事集》作为校本教材，全体师生传承正能量、宣传正能量、践行正能量，形成浓厚的文化育人氛围。

二、成效与反响

学校服务体系的建设，为太谷职教赢得了学生的认可、家长的信任、媒体的点赞、社会的喝彩，特色化学校的建设使区域社会逐渐享受到了职教发展的成果！

1. 教育教学质量显著提高，培养了大量的技能型人才。近年来，高考本科达线率保持在65%以上，帮助没有被普通高中录取的学生实现了大学梦。技能大赛连续多年名列省市前茅；文明风采竞赛连续10年蝉联全国优秀组织奖。学生带着技能和品质出校门，得到了企业的欢迎。学校每年举办三次就业双选会，场场爆满，就业率达98.3%，就业薪资平均为3000元左右。学校还将10个网店免费赠送给毕业生，共扶持20名毕业生自主创业。建校以来累计为社会输送数万名技能型人才。2016年9月26日，晋中市中等职业学校提升管理质量现场会在我校胜利召开，全市11个县市的教育局分管局长、职教股股长和18所中职学校的校长、副校长、部分骨干教师共计150余人来校现场观摩了我校的办学质量。

2. 开创了“产校合一”的办学模式和“实战化、职场化、智慧化、社会化”的人才培养模式。2017年4月13日，校长王福贵作为全省唯一受邀的县级职业中学代表在全省推进职业教育现代化座谈会上进行了办学经验交流。

3. 社会服务能力明显增强。利用学校先进的设施设备和人力资源优势，为我县大型活动提供场地、设施和人员服务，如我县每年的高考，研究生、招聘教师考试，新教师上岗培训、中考特长生测试和体育测试及中小学生运动会都在我校进行。利用专业优势，提供技术指导和人员培训服务。2016年3月10日，学校创建了全省首家县级电商馆——淘宝特色中国·太谷馆正式开馆，现已有18家企业、30余个店铺入驻，为当地产品“抱团上网”、走向全国搭建了网络平台。年销售额达8000余万元，服务了当地的经济发展。2017年7月15—21日，受省教育厅委托对新疆五家渠职业技术学校的领导和教师进行了培训。电商专业牵头举办了电商论坛和太谷县首届电商培训，指导18家企业网上开店；社会文化艺术专业、酒店旅游专业学生多次为太谷县政府、鑫炳记等企业提供礼仪接待服务。

4. 社会影响力大大扩展。安徽、宁夏、新疆、河北及省内数十家政府单位和兄弟院校来校考察学习；2012年2月国务委员刘延东来校视察，教育部相关部门领导先后三次来校调研，省、市、县各级领导来校视察和指导工作，给予了学校高度评价。新华社、山西日报、晋中日报等媒体和网站进行了数十次宣传报道。

三、问题与不足

学校在各项工作取得重大发展的同时，也遇到了一些制约学校发展的矛盾和问题。主要表现在以下几个方面：

1. 学校编制问题严重不足。教师工作量严重超标，影响了教研教改及教学质量的提升；教师超负荷工作，身心健康受到影响；内聘人员的不稳定性，极大地影响和制约了学校的发展；内聘人员的工资，加大了学校的开支。希望从政府层面加大学校编制，以缓解师资不足的压力。

2. 生源问题。基于多年的传统观念，家长、学生、社会对职业高中的认可度还比较低，加之县域每年一定的初中毕业生人数，中职学校的招生压力还是很大。

3. 名师和“双师型”教师的培养问题。师资紧缺导致教师下企业实践的机会缩减，技能提升缓慢。名师和“双师”的打造受到影响。

4. 新开设型专业带来的师资不足和实战基地建设滞后的问题。

四、政策建议

1. 建议严格控制普高招生数，以确保职业中学的生源数量和质量；准许跨地域招生，促进优势专业发展。

2. 建议制定实施企业用工准入制度，企业招工要限定高中以上学历，并持有技能等级证，以此促进职业教育功能的充分发挥。

3. 建议把对行业企业员工的技能提升培训和技能鉴定工作整合到职业院校，统筹企业按规定提取的教育培训经费，用于职业学校对企业职工的教育和培训，进一步激发学校的办学活力。

4. 建议对积极开展校企合作、承担实习任务、开展职工教育和培训成效显著的企业，给予税收减免或资金资助。

5. 建议整合区域职业教育资源，促进优势专业发展，准许跨地域招生。

《尚书》有言：“功崇惟志，业广惟勤。”职业教育是流血、流汗的教育，是天天都在变化的教育。我们将务本立道、坚守初心、继往开来，不断推进学校的内涵式发展，为培养更多高素质技能型人才，促进职教事业的发展和社会进步做出更大的努力，让社会充分享受职业教育发展的成果！

附录1　重要文件

山西省财政厅　山西省教育厅 山西省人力资源和社会保障厅 关于建立山西省中等职业教育 生均拨款制度的实施意见

晋财教〔2016〕290号

省直各有关部门，各市财政局、教育局、人社局：

根据《国务院关于加快发展现代职业教育的决定》（国发〔2014〕19号）和《财政部教育部人力资源社会保障部关于建立完善中等职业学校生均拨款制度的指导意见》（财教〔2015〕448号）有关精神，为促进我省中等职业教育（以下简称“中职教育”）改革发展，整体提高中等职业院校（含技工学校，以下简称“中职学校”）经费保障水平和人才培养质量，促进中职院校办出特色、办出水平，现就建立完善山西省中等职业教育生均拨款制度提出如下意见：

一、建立中职生均拨款制度的意义

近年来，中职教育在教育大众化进程中承担了重要任务，培养了大批经济社会发展所需要的高素质技术技能人才，为推动我省经济社会发展作出了重要贡献。在各级政府的重视下，我省中职教育经费投入总量持续增长，为中职教育事业发展提供了有力保障。在加快推进转型综改示范区建设和加快发展现代职业教育的新形势下，建立和完善中职学校生均拨款制度，有效解决中职教育投入机制存在的问题，进一步加大中职教育的财政投入，推动我省中职教育深化教学改革，整体提高人才培养质量和办学水平，对于促进就业、改善民生、加快转型具有重要意义。

二、建立中职生均拨款制度的基本原则

1. 明确责任，依法制定

按照相关法律要求和中职教育“分级管理、地方为主、政府统筹、社会参与”的管理体制，按照“谁举办、谁负担”的原则，省属中职学校生均拨款经费由省财政负担，各市、县属中职学校经费由各市、县财政负担落实生均拨款。省财政建立“以奖代补”机制，激励和引导各市建立完善中职学校生均拨款制度，提高生均拨款水平，促进中职教育的改革发展。

2. 多元投入，分类支持

坚持政府投入为主，充分发挥市场机制作用，积极引导社会资本投入，建立健全政府、行业、企业及其他社会力量依法筹集经费的多元投入机制。实行级差性生均拨款标准，充分发挥财政投入的导向作用，引导中职学校不断提高办学水平。

3. 促进改革，突出绩效

发挥财政资金的激励引导作用，建立完善中职学校生均拨款制度要与推进人才培养模式创新相结合，坚持产教融合、校企合作，不断提高人才培养质量；加快现代职业教育管理体制改革，推动各地统筹整合职业教育资源、优化中职学校布局和专业布点相结合，促进中等职业教育规模、结构、质量、效益协调发展，提升办学能力。建立完善中职学校生均拨款制度要与强化绩效管理相结合，将绩效理念和绩效要求贯穿于职业教育经费分配使用全过程，体现目标定位和结果导向。

三、建立中职生均拨款的主要内容

1. 实施范围。中等职业教育生均拨款制度覆盖所有独立设置的公办中等职业学校，包括普通中专、成人中专（普通班）、职业高中、技工学校，以及高等职业学院附属中专班。

2. 生均拨款标准。从2017年起，我省开始实施中职学校生均拨款制度，全省公办中职学校生均财政拨款达到8000元。目前按实际投入水平不达这一标准的要加大投入达到省定的生均拨款水平，实际投入超过这一标准的要确保投入不下降。各级要视财力状况建立动态稳定增长机制，逐步提高拨款水平，要统计分析近年来本地区中职学校公用经费的实际支出情况，结合本地区其他各类学校生均公用经费标准和实际支出情况，研究确定本地区中职学校生均公用经费基本标准，逐步完善本地区中职生均拨款制度。

3. 正确导向。在保基本、促公平的同时，切实体现改革和绩效导向，以学生规模存量调整为重点，促进中职学校加强内涵建设。向改革力度大、办学效益好、就业质量高、校企合作紧密的学校倾斜，向管理水平高的学校倾斜，向当地产业转型升级急需的专业以及农林水等艰苦行业专业倾斜，引导中职学校合理定位，办出特色和水平。要防止出现吃“大锅饭”和盲目扩招等问题。

四、工作要求

1. 切实加强组织领导。各级财政、教育等相关部门要落实工作职责，健全工作机制，共同推进建立完善中职学校生均拨款制度。

2. 着力推进改革创新。各地、各有关部门应积极推动中职学校围绕发展现代中职教育转变办学理念，以服务发展为宗旨，以促进就业为导向，合理确定办学定位，优化专业设置，强化内涵建设，改革人才培养模式，积极推进校企合作制度化，将产教融合理念贯穿于人才培养工作的各个环节，大力推进中职教育改革创新，促进各中职学校提高质量、办出特色。

3. 积极开展绩效评价。各市、各有关部门要积极探索建立中职教育经费使用绩效评价机制，制定科学合理的评价指标和管理办法，扎实开展绩效评价工作，并充分利用评价结果，调整完善支持所属中职学校改革发展的政策措施，不断提高经费使用管理水平。

4. 各有关单位学校要严格规范支出科目，要切实将单位支出按规定列入中等职业教育科目。

5. 强化省级督促引导。省财政厅、省教育厅、省人社厅将积极督促各市落实所属中职学校的生均拨款制度。各市要保证经费按标准足额使用到校，严禁截留、调控挪作他用。同时，加强对民办中职学校的规范管理和科学引导，制定完善的相关政策，积极探索通过政府补贴、购买服务等多种方式，鼓励企业和社会力量参与举办职业教育，促进民办中职教育发展。

6. 切实加强管理监督。各地、各有关部门要充分发挥现代信息技术的作用，进一步加强基础管理工作，确保学生数等信息真实准确。要加大对中职教育经费使用管理情况的监督检查力度，建立健全相关管理制度。中职学校要切实加强管理，完善经费使用内部稽核和内部控制制度；强化预算管理，防范财务风险；积极配合审计、监察等部门开展相关检查，对发现的问题及时整改；按照有关规定公开财务信息，自觉接受广大师生员工和社会的监督，确保经费使用安全规范有效。

山西省财政厅　　山西省教育厅　　山西省人力资源和社会保障厅

2016年12月20日

山西省教育厅关于印发《山西省职业院校管理水平提升行动计划实施方案》的通知

晋教职〔2016〕5号

各市教育局，各高等职业学校，各普通中专学校：

为深入贯彻落实全国、全省职业教育工作会议精神和国务院、省政府关于加快发展现代职业教育有关文件要求，推动职业院校以强化教育教学管理为重点，全面贯彻落实国家有关政策、制度、标准和要求，根据教育部《职业院校管理水平提升行动计划（2015—2018）》，结合我省实际，制定《山西省职业院校管理水平提升行动计划实施方案》，现印发给你们，请认真贯彻执行。

附件：山西省职业院校管理水平提升行动计划实施方案

（附件请从山西省教育厅官方网站职教处专栏下载，网址：http://www.sxedu.gov.cn/）

山西省教育厅

2016年1月29日

山西省教育厅关于推进职业院校实训基地和重点专业（含特色专业）项目建设的指导意见

晋教职〔2016〕6号

根据《山西省人民政府关于贯彻落实〈国务院关于加快发展现代职业教育的决定〉的实施意见》（晋政发〔2015〕22号）精神，现就推进我省职业院校实训基地和重点专业（含特色专业）项目建设提出如下意见：

一、指导思想和总体目标

（一）指导思想

贯彻落实《教育部关于深化职业教育教学改革全面提高人才培养质量的若干意见》和《山西省人民政府关于贯彻落实〈国务院关于加快发展现代职业教育的决定〉的实施意见》精神，进一步加强职业院校基础能力建设，深化教育教学改革，改善实习实训条件，提高专项资金使用效益，提升技术技能人才培养质量和专业服务产业发展能力。

（二）总体目标

通过实训基地和重点专业项目建设，引领带动职业院校彰显职业特色和专业特色，搭建学校教学、实训和社会服务平台，适应经济发展新常态和技术技能人才成长成才需要，完善产教融合、协同育人机制，创新人才培养模式，构建教学标准体系，健全教学质量管理和保障制度，使职业院校教学环境得到改善，办学水平和人才培养质量有较大提高，基本满足社会对专业人才的需要。

二、实训基地项目建设内容

（一）场所建设

1. 实训基地的建筑面积要根据工科类、财经与现代服务类、农业类等专业实习实训装备标准，要满足一定规模的训练要求，实训过程应体现行业与企业要求；设施设备布局合理规范，符合相关生产与工艺流程，符合安全和环保要求。

2. 实训场所的环境布置要按照“基地建设企业化”和“实践教学生产化”原则构建。要营造生产现场的氛围，引进企业文化元素。在实训现场推行现代企业管理模式，陈列展示企业的产品、技术文件、工/量具等实物，使学生在校内实训基地训练基本技能的同时，能熟悉企业生产现场环境，了解企业运行管理模式，增强学生对就业岗位的适应能力，较好的体现教学和生产交叉融合。同时，校内实训场所要按照理实一体化教学要求对场地进行功能分区，要有现场集中教学空间和多媒体教学设施，实现“做中教”“做中学”的一体化教学目标，提高教学效果。

3. 实训场所环境布置应兼顾教学和实训，通过制作展板、墙报等形式，将实训基地管理制度、实训内容、安全操作规程、岗位工作流程、技术技能标准、对应的职业（工种）及职业资格证书等信息充分传达给学生，形成学生了解企业文化，感受工作岗位，提高技术技能的真实环境氛围。

（二）设备购置

1. 实训设备先进、真实。实训基地建设必须做好充分的调研和论证，把握好行业技术发展的前沿。设备购置前须进行考察，召开专家论证会，选用本区域产业或行业已经开始使用，并且能够代表本行业技术应用发展趋势的先进的真实工具和设备。同时为了能较好地实现学校和企业的对接，方便学生今后开展企业顶岗实习，要适当兼顾企业的普适性。

2. 经济实用、功能多样。要保证实训教学设备设施的数量及功能多样化，使实训教学的工位数和学时数达到合理水平，符合实训项目要求，使学生掌握的技能比较全面。鼓励院校自主开发创新型的先进教学设备。

3. 与校外实训基地优势互补、统筹设计。同时积极开发、利用自身的优势，采取各种方式在校内建设具有教学、科研和社会服务等多功能的基地，完善校内外优势互补的实训体系。

（三）师资队伍建设

1. 加强“双师型”教师队伍建设，优化实习实训指导教师结构，可以从企业中选聘部分工程师、技师、能工巧匠和管理人员，经过教学业务培训后担任实训指导教师。在实习、实训项目教学实施过程中，要配足指导教师，以保证实习、实训教学效果。

2. 实训基地师资队伍建设与基地建设同步进行，基地建成后，与实训基地相关的专业应有2名专业带头人（含行业或企业1名）和3名以上专业骨干教师，具有中级及以上相应专业技术职称或具有丰富实践经验的教师应占60%以上。同时从行业、企业聘请的兼职教师任课时数应达到总实训课时的1/3。

（四）实训教学资源建设

1. 校企合作开发实训课程标准，加强实训方案（教材、指导书）建设并认真实施。实训课程标准要明确对实训项目、实训目标、实训要求、实训内容、实训条件及考核评价等进行详细阐述。实训方案、配套实训教材（指导书）要服从实训课程标准，以学生为中心，实训方案（教材、指导书）要突出操作流程、设备（含工具）选型与配套、安全事项等重要内容，实现学生专业技能、职业素养双达标的实训目标。

2. 建设信息化实训教学资源。鼓励教师利用多媒体技术开发仿真实训课程或项目，将课程视频资源、实训课件、教学软件、实训室仪器设备等采用现代化的手段加以科学管理和有效重组，形成由纸质教材、音像制品、电子图书、多媒体课件、虚拟仿真软件等共同组成的立体化教学资源，使有限的资源发挥最大的效益。

（五）完善实践教学保障机制

依托学校数字化教学管理系统，开发、完善实践教学保障平台，建立学校实践教学工作诊断与改进制度，加强对实践教学过程的检查和监督。保障平台应具有教师测评、在线考试、课程资源发布等功能。要充分运用信息化手段，形成实践教学质量保障的长效运行机制，强化以育人为目标的实习实训考核评价，不断提高实践教学质量和水平。

三、重点专业项目建设内容

（一）制定重点专业人才培养方案

每所职业院校都要确定一至若干个专业进行重点建设。重点专业的确定和设置，要在对本地行业发展趋势、行业发展对本专业高素质技术技能人才要求分析的基础上，根据学校办学历史、传统优势及师资、设备及其教学实训等资源确定。重点专业确定后，要通过科学地对本专业职业面向、职业活动特点、职业特质进行分析，依据教育部颁发的专业标准，制定旨在提高学生综合素质和基于工作过程的重点专业人才培养方案。基本内容如下：（1）专业名称；（2）招生对象；（3）学制；（4）培养目标及人才培养规格；（5）职业岗位分析与职业资格证书；（6）教学分析与课程体系；（7）人才培养模式；（8）教学安排与教学进程表；（9）教学方法与考核评价；（10）实施保障等。

（二）研究制定重点专业课程标准

人才培养方案制定后，学校应围绕培养目标，以学生职业能力和素养的形成为重点，制定除国家规划德育课之外的本专业全部课程标准，合理确定文化课、专业课和实训课的结构和比例，为教与学提供详细指导。要对每门课程的目标、内容、组织及教材选用与实施确定基本要求，使培养目标具体化，推动教学内容与职业标准对接、教学过程与生产过程对接、课程考试与职业资格鉴定对接。课程标准可采用项目式、模块式、理实一体化等体例。基本内容包括如下方面：（1）项目名称；（2）参考学时；（3）教学目标；（4）综合素质和能力培养；（5）操作训练；（6）考核评价；（7）知识拓展等。

（三）加强专业教学资源建设

要注重加强重点专业教学资源建设，在学校内注重将优质资源向重点专业倾斜，同时广泛开发、拓展多种校内外教学资源，形成能保障重点专业核心课程开设的教学资源体系。重点专业校内基本教学资源应包括：（1）PPT课件；（2）试题库；（3）网络课程；（4）多媒体微课件；（5）实训指导书；（6）教学案例集；（7）技能大赛方案集等。每门课程应建设2种以上的教学资源。

（四）加强师资队伍建设

重点专业建设，每个专业必须有2名专业带头人（含行业或企业1名）和3名以上骨干教师。要建立健全教师培训制度，引导教师通过顶岗、挂职、进修等方式提高实践教学能力和操作水平，提高“双师素质”。积极聘请企业技术人才担任专兼职教师，引进社会上的能工巧匠担任实训指导教师，各院校重点专业聘请行业专家、企业工程技术人员、社会能工巧匠等三类教师占专业教师总数应达30%以上。

（五）搭建教学资源及质量管理平台

依托学校数字化教学管理系统，搭建教学资源平台和教学质量管理平台。运用信息化手段，选择专业核心课程建设优质教学资源，将开发的学生学习资源、教师教学资源、教师发展和教科研资源，共享到教学资源平台，推动教育教学改革。要建立学校教育教学工作诊断与改进制度，加强对教育教学活动过程的指导和管理，不断完善内部质量保证制度体系和运行机制，强化内涵建设，努力提高人才培养质量和水平。

（六）注重专业实训条件建设

重点专业必须要有适应本专业技术技能人才培养的校内实训室和校外实训基地，项目资金可用于校内实训教学仪器设备的更新升级。对于职业院校新增设的紧缺专业建设项目，可用于本专业基础性实验实训仪器设备的购置，但使用金额均不得超过省财政项目资金的50%。

四、工作要求

（一）组织与管理。各职业院校要高度重视实训基地和重点专业项目建设工作，成立专门的领导小组和项目建设工作组，定期研究建立、健全项目管理制度，完善相关的保障措施，确保项目建设质量和项目建设工作顺利实施。同时，要按照建设指导意见抓好各项工作落实，最大限度地发挥实训基地及重点专业项目对促进教育教学改革、服务经济社会发展的作用。

（二）科学论证。实训基地和重点专业建设要服务于技术技能人才培养。必须要进行深入调研和科学的可行性论证，依据国家及省、市有关部门颁布的产业发展规划，综合考虑区域经济社会发展趋势、专业人才市场需求和企业生产实际情况，合理定位项目建设目标，合理确定建设进度，科学选配实训设备，努力提高资金使用绩效，实现实训基地和重点专业建设项目的可持续发展。

（三）资金管理。实训基地和重点专业建设资金的使用，应严格执行省财政厅和省教育厅制定的有关专项资金管理办法，规范资金的预算、支出、决算、审计等各项工作。项目建设完成后，项目学校要按照建设任务书约定事项，由具有资质的审计机构对项目资金（含省级财政专项资金、地方财政专项资金、行业企业资金、学校自筹资金）进行审计，并提交《项目建设资金审计报告》。

（四）质量监测。实训基地和重点专业项目实行建设过程质量监测制度，凡2014年以来获得省财政支持项目的职业院校都要填报质量监测数据（见附件），填报周期为半年，填报时间与数据时间节点另行通知。各市、县（区）、校确立的实训基地和重点专业项目也要比照指导意见要求，建立质量监测制度。

（五）检查与验收。实训基地和重点专业项目实行验收制度。建设期间，省教育厅和省财政厅将组织专家组依据《建设项目任务书》和有关规定对项目建设工作进行检查指导。建设期满，省教育厅和财政厅组织专家组进行项目验收，对验收未达标的项目，责令其限期整改，整改期为半年，仍不达标将进行问责。各市、县（区）、校确立的实训基地和重点专业项目也要比照指导意见要求，建立验收制度。

附件：山西省职业教育实训基地和重点专业项目质量监测表（样表）

（附件：请从山西省教育厅官方网站职教处专栏下载，网址：http://www.sxedu.gov.cn/）

山西省教育厅

2016年2月14日

山西省教育厅关于做好2016年中等职业学校毕业生对口升学工作的通知

晋教职〔2016〕9号

各市招生委员会、教育局，各有关职业院校：

为贯彻《国务院关于深化考试招生制度改革的实施意见》和《教育部关于积极推进高等职业教育考试招生制度改革的指导意见》精神，加快推进具有山西特色的现代职业教育体系建设，促进我省中等职业教育和高等职业教育的有效衔接、协调发展，经研究，2016年部分高等院校继续从中等职业学校（含普通中专学校、职业中专学校、职业高中学校、成人中专学校、技工学校，下同）毕业生中对口招生。现将有关事项通知如下：

一、招生对象及报考条件

山西省中等职业学校应届毕业生及具有我省户籍的省内外中等职业学校的往届毕业生均可报考。

根据《国务院、中央军委关于加强退役士兵职业教育和技能培训工作的通知》（国发〔2010〕42号）及《山西省人民政府办公厅关于加强退役士兵接受职业教育和技能培训工作的实施意见》（晋政办发〔2011〕97号），2015年退出现役、自主就业（符合并选择安排工作的城镇退役士兵要办理自谋职业手续)、具有高中阶段教育学校毕业证书的退役士兵，可报名参加我省中等职业学校毕业生对口升学考试。

成人中专学校毕业生参加对口升学考试，必须是经省招生考试管理中心批准录取的普通中专毕业生。

二、招生计划

对口升学招生计划在我省年度普通高等教育招生计划内统筹安排，招生院校申请招生计划要充分考虑单独编班的要求。

考生根据所学专业对照《山西省2016年对口升学招生专业类别及考试科目》（见附件）填报志愿。退役士兵根据实际需求，选报本省高等职业院校相关专业。

2017年起，中医药类、工商管理类、酒店管理类、食品工程类等生源较少的专业不再单列招生专业类别，并入相近招生专业。

三、资格审查

各确认点负责本确认点考生的资格审查工作，各市招生考试部门和各市教育局学籍管理部门共同负责本市考生的资格审查工作；退役士兵报名资格审查，参照山西省民政厅、山西省教育厅《关于2010年退役士兵参加高等职业院校对口招生考试报名工作的通知》（晋民发〔2011〕24号）有关规定办理，由省招生考试管理中心另行组织安排。各有关部门、单位要严格审查考生的报考资格，本着“谁审查，谁负责”的原则，采取有效措施，坚决杜绝不符合报考条件的考生参加考试，为广大中等职业教育毕业生营造一个公开、公正、公平的考试环境。

四、考　　试

2016年对口升学考试于6月7日、8日进行。对口升学继续实行全省统一单独命题、单独考试、单独录取。考试内容分文化课和专业课两部分。文化课考语文、数学、英语三科，每科满分100分；专业课考专业综合，满分300分。

外语类、教育类、音乐类、舞蹈类、表演类、美术类专业类别只考文化课，不考专业综合，考试总分为300分；其他专业类别考文化课和专业综合，考试总分为600分。

音乐、美术、舞蹈、表演、酒店管理类专业的考生须进行专业测试，报考外语专业的考生须进行口语测试。

专业测试及考务工作安排由省招生考试管理中心另行发文。

2017年起，中职对口升学考试将在部分专业试行“文化素质+职业技能”考试形式。试行“文化素质+职业技能”考试之外的专业，考试仍执行文化课和专业课两部分内容，到2020年中职对口升学考试全部实行“文化素质+职业技能”。具体实施办法由省教育厅另行制定。

五、录　　取

对口升学的录取工作由省招生考试管理中心组织实施。按照报考志愿和考试成绩，从高到低投档，由招生院校择优录取。生源不足的专业，可调整招生计划。

为适应中、高职衔接贯通培养高素质技能人才的需要，各招生院校通过对口升学渠道招收的新生，应单独编班，实施针对性的教学计划。

六、待　　遇

通过对口升学渠道录取的学生，同普通高考录取的学生待遇相同。录取后凭录取通知书办理户口迁移手续（北京市的高等职业院校除外）。学习期满，修完教学计划规定的全部课程，成绩合格者，由学校颁发相应的毕业证书、学位证书和就业报到证。

七、其　他

对获得全国、全省职业院校技能大赛奖项的考生在录取时实行加分鼓励的政策：获得全国职业院校技能大赛各比赛项目一、二、三等奖的选手参加对口升学考试，可按相应专业在录取总成绩中分别加80、60、40分；获得全省职业院校技能大赛各比赛项目一、二、三等奖的选手参加对口升学考试，可按相应专业在录取总成绩中分别加40、30、20分；获奖选手在参加对口升学考试，获多个奖项的，以其中最高的一项计算，不作累计加分。获得加分奖励资格的考生以教育部、省教育厅公布的竞赛相关文件为准。

各市招生委员会、教育局要高度重视，做好相关工作，加强组织领导，严肃考风考纪，将招生政策、改革办法提前通知到有关职业院校，确保对口招生工作的顺利完成。

附件：山西省2016年对口升学招生专业类别、考试科目及时间

（附件：请从山西省教育厅官方网站职教处专栏下载，网址：http://www.sxedu.gov.cn/）

山西省教育厅

2016年3月23日

山西省教育厅关于印发《山西省高等职业院校内部质量保证体系诊断与改进工作实施方案》的通知

晋教职〔2016〕10号

各高等职业院校：

根据《教育部办公厅关于建立职业院校教学工作诊断与改进制度的通知》（教职成厅〔2015〕2号）和《关于印发〈高等职业院校内部质量保证体系诊断与改进指导方案（试行）〉启动相关工作的通知》（教职成司函〔2015〕168号）文件精神，结合我省实际情况，制定《山西省高等职业院校内部质量保证体系诊断与改进工作实施方案》，现印发给你们，请认真贯彻执行。

各院校要于今年内全面启动内部诊改工作，成立学校各层面质量保证主体人员参与的校级工作机构，认真组织对相关文件的学习领会，要根据教育部诊改工作指导方案和本实施方案，制定学校诊改工作实施方案，主要内容应包括：组织领导、实施步骤、工作机制、进度安排、保障措施等。

请各院校于2016年9月15日前将学校诊改工作实施方案及工作机构函报省教育厅职教处，同时上报电子版，电子邮箱：sxsjzx@163.com。

附件：1. 山西省高等职业院校内部质量保证体系诊断与改进工作实施方案

2. 山西省高等职业院校教学工作诊断与改进专家委员会成员名单

（附件：请从山西省教育厅官方网站职教处专栏下载，网址：http://www.sxedu.gov.cn/）

山西省教育厅

2016年4月6日

山西省教育厅关于公布 2016年中等职业学历教育办学资质清查及中等职业学校管理星级评估认定结果的通知

晋教职〔2016〕14号

各市教育局，各有关职业院校：

2016年全省中等职业学校办学资质清查和管理星级学校评估认定工作全部完成，现予以公布（见附件）。

2016年，全省共清查举办中等职业学历教育的学校376所，其中347所学校符合中等职业学校设置标准，具备中等职业学历教育办学资质；28所学校有不同程度的问题存在，需按要求限期整改；其中1所学校不具备中等职业学校办学条件，取消中等职业学历教育办学资质。2015年提出限期整改意见，今年达到合格标准的学校，要进一步加强内部管理，提高办学水平；今年限期整改但暂准招生的中等职业学校，按照管理权限，由省、市教育行政部门分别提出限期整改意见，有关学校要集中力量解决办学中存在的问题，在一年内问题没有得到切实解决的，2017年起停止招生；今年限期整改并停止招生的中等职业学校，如果一年内仍不达标，2017年将取消中等职业学历教育办学资质；未接受办学资质清查的学校，一律不得招生。

中等职业学校管理星级创建工作从2015年进入动态评估阶段。截止到

2016年，全省共认定管理五星级学校34所，管理四星级学校102所，管理三星级学校132所，管理二星级学校70所，管理一星级学校21所。

各级教育行政部门、各有关职业院校要认真贯彻落实《山西省职业院校管理水平提升行动计划实施方案》，在总结加强内部管理三年行动计划经验的基础上，结合本地本校实际，充分调动广大教职工的积极性、主动性，针对性地采取措施，倡导“改变从今天开始”，以6项行动20项活动为载体，坚持立知、立行、立改，通过扎扎实实的活动，进一步提升管理水平，推动我省中等职业学校内部管理工作再上新台阶。

2017年，省教育厅将对各市办学资质清查工作进行抽查，请各市于2017年3月10日前将本市2017年中等职业学历教育办学资质清查结果报省教育厅。各市要严格按照教育部《中等职业学校设置标准》开展办学资质清查，对不具备基本办学条件和招生办学不规范的学校，要坚决停止招生或取消办学资质。要把办学资质清查和区域内中等职业学校布局结构调整有效结合起来，加大力度整合现有办学资源，逐步形成规模效益、质量效益和各具特色的办学格局。

附件：2016年全省中等职业学历教育办学资质清查及中等职业学校管理星级评估认定结果

（附件：请从山西省教育厅官方网站职教处专栏下载，网址：http://www.sxedu.gov.cn/）

山西省教育厅

2016年5月16日

山西省教育厅关于印发《山西省高等职业教育考试招生制度改革方案》的通知

晋教职〔2016〕19号

各市教育局、招办，各高等职业学校，各普通中专学校：

《山西省高等职业教育考试招生制度改革方案》已经山西省委全面深化改革领导小组第七次会议审议通过，报教育部备案，现印发给你们，并提出以下工作要求，请认真贯彻执行。

一、高度重视做好高等职业教育考试招生制度改革统筹推进工作。推行高等职业教育考试招生制度改革，是加快构建具有山西特色的现代职业教育体系，为促进我省经济社会发展选拔培养大批高素质技术技能人才的客观需要，是完善职业教育人才多样化成长渠道，推动高等职业教育持续健康发展的重要举措。高等职业教育考试招生制度改革事关考生的切身利益、社会稳定和教育发展大局，涉及面广，创新点多，政策性强，各地、各类职业院校要深入研究，广泛宣传，加强统筹领导，提前做好相关准备工作，确保改革顺利实施。

二、大力加强实训条件建设，强化实践教学，为改革深入实施创造条件。根据本《方案》的推进进程，各地要大力加强中等职业学校实训条件建设，加强专业建设和课程改革，提高学生职业素养和技术技能，以适应“文化素质+职业技术”考试方式对学生全面素质的要求。各高等职业院校要根据各类生源的不同特点，加快制订单独招生考试标准，完善考试办法，加强技能考试条件建设，为全面推行技能考试（测试）做好相应准备。

附件：山西省高等职业教育考试招生制度改革方案

（附件：请从山西省教育厅官方网站职教处专栏下载，网址：http://www.sxedu.gov.cn/）

山西省教育厅

2016年8月12日

山西省教育厅关于印发《山西省中等职业学校教学诊断与改进工作实施方案》的通知

晋教职〔2016〕24号

各市教育局，各中等职业学校：

根据《教育部办公厅关于建立职业院校教学工作诊断与改进制度的通知》（教职成厅〔2015〕2号）和《关于做好中等职业学校教学诊断与改进工作的通知》（教职成司函〔2016〕37号）文件精神，结合我省实际，山西省教育厅研究制定了《山西省中等职业学校教学诊断与改进工作实施方案》（简称《实施方案》见附件1），现印发给你们，并就有关事项通知如下：

一、各市教育局要依据《实施方案》要求，在今年内制定本市诊改工作执行方案和实施规划。各中等职业学校要按照省、市诊改方案要求，制定校级诊改方案，按实施方案要求进度高质量完成数据采集与上传。

二、我省采用标准版数据管理系统，系统入口设在职业教育诊改网（http：//www.zyjyzg.org/），所填报数据格式见“中等职业学校人才培养工作状态数据采集与管理平台数据结构”（附件2）。省教育厅将于2017年上半年组织诊改工作校长培训和校级数据管理系统技术培训，具体事宜另行通知。

附件：1. 山西省中等职业学校教学诊断与改进工作实施方案

2. 中等职业学校人才培养工作状态数据采集与管理平台数据结构

（附件：请从山西省教育厅官方网站职教处专栏下载，网址：http://www.sxedu.gov.cn/）

山西省教育厅

2016年12月1日

山西省教育厅
关于进一步推进职业教育集团化办学的意见

晋教职〔2016〕25号

省直各有关部门，各市教育局，各高等职业院校，省属普通中专学校：

为认真贯彻落实2015年全国职业教育工作会议精神以及国务院、山西省《中长期教育改革和发展规划纲要》（2010—2020），进一步深化我省职业教育办学体制和机制改革，加快推进现代职业教育体系建设，根据《教育部关于深入推进职业教育集团化办学的意见》（教职成〔2015〕4号）、《山西省人民政府关于贯彻落实〈国务院关于加快发展现代职业教育的决定〉的实施意见》（晋政发〔2015〕22号）及《山西省人民政府办公厅关于印发山西省职业教育校企合作促进办法（实行）的通知》（晋政办发〔2015〕74号）等文件精神，结合我省职业教育集团化办学的现状和产业转型发展对技术技能人才培养的需求，现就进一步推进我省职业教育集团化办学工作提出以下意见：

一、充分认识职业教育集团化办学的重要意义

（一）深刻理解职业教育集团化办学的重要地位。当前，我国正处于全面建成小康社会的决定性阶段和深化改革、加快转变经济发展方式的攻坚时期。落实中央“四个全面”战略布局，提升服务我省“六大发展”的能力，职业教

育必须加快改革创新，进一步增强活力和吸引力。实践证明，开展集团化办学是职业教育深化改革、推进产教融合、深化校企合作、激发办学活力、促进资源开放共享的重大举措；是提升治理能力，完善职业院校治理结构，健全政府、行业、企业、学校多方参与发展职业教育体制机制的有效途径；是推进山西现代职业教育体系建设，服务我省国家资源型经济转型综合配套改革，系统培养高素质技术技能人才，打通职业教育人才多样化成长渠道的重要载体；是服务经济发展方式转变，促进技术技能积累与创新，同步推进职业教育与经济社会发展的有力支撑。加快发展现代职业教育，要把深入推进集团化办学作为重要方向。

（二）准确把握职业教育集团化办学的形势。近年来，职业教育集团化办学作为职业教育改革创新的重要举措在我省逐步推开。2007年以来，我省组建了9个省级行业性职业教育集团，参与集团化办学的成员单位共817家，其中政府部门行业组织8个，行业协会、学会29个，科研院所37个，企业事业单位498家，职业院校176所，其他经济组织5个。十年来，职业教育集团化办学的广泛开展，对于促进职业院校与行业企业、科研院所以及院校之间的密切合作，实现资源共享、优势互补、合作育人、共同发展等起到了积极作用，积累了宝贵经验。同时也要看到，集团化办学基础还比较薄弱，行业企业参与度不高，成员合作关系不紧密，管理体制和运行机制不健全，支持与保障政策不完善，集团化办学在促进教育链和产业链有机融合中的重要作用还没有得到充分发挥，需要以改革创新的思路和办法，采取切实有效的措施深入推进。

（三）明确职业教育集团化办学的指导思想和目标任务。以邓小平理论、“三个代表”重要思想、科学发展观和习近平总书记系列重要讲话精神为指导，坚持以服务发展为宗旨、以促进就业为导向，以建设现代职业教育体系为引领，以提高技术技能人才培养质量为核心，以深化产教融合、校企合作、创新技术技能人才系统培养机制为重点，充分发挥政府推动和市场引导作用，探索多种形式的集团化办学模式，创新集团治理结构和运行机制，全面增强职业教育集团化办学的活力和服务能力。围绕我省“十三五”产业发展规划，优先办好现有9个省级行业性职业教育集团和晋中、运城2个区域性职业教育集团，探索多种形式的集团化办学模式，在条件成熟的领域再组建一批职业教育集团，到2020年，职业教育集团基本覆盖全省职业院校、主要行业产业以及大中型企业，建成一批在全省、全国有影响力的示范性职业教育集团，初步形成教育链与产业链融合的局面。

二、创新完善职业教育集团治理结构

（一）鼓励多元主体组建职业教育集团。为充分发挥政府对职业教育集团化办学的统筹规划、综合协调、政策保障和监督管理作用，强化行业指导、企业参与，按照《山西省人民政府关于贯彻落实〈国务院关于加快发展现代职业教育的决定〉的实施意见》（晋政发〔2015〕22号）重点任务分工，现有9个省级行业性职业教育集团由行业部门和组织牵头组织运行。职业教育集团牵头单位的主要职责是协调推进校企合作，指导本行业职业教育集团有效运行，根据行业需求指导本行业职业教育深化改革，可实质性参与职业院校人才培养工作。职业教育集团的办事机构可设在牵头单位内部，也可设在牵头单位指定的职业院校，负责职业教育集团的日常工作。

支持其他部门、行业、企业和职业院校，围绕行业人才需求，牵头组建新的职业教育集团。支持各地围绕区域发展规划和产业结构特点，组建面向区域主导产业、特色产业的区域性职业教育集团。支持地方之间、行业之间的合作，组建跨区域、跨行业的复合型职业教育集团。

（二）逐步完善职业教育集团管理制度。本着加入自愿、退出自由、育人为本、依法办学的原则，支持行业主管部门、企业、职业院校牵头组建职业教育集团，鼓励行业、企业、职业院校、科研院所和其他社会组织等各方面力量加入职业教育集团。省级教育行政部门积极配合有关行业主管部门以及其他职业教育集团牵头单位开展工作，对集团化办学提供政策咨询、业务指导等方面的服务。建立备案制度和工作报告制度，各职业教育集团的组建、变更、撤销、管理情况要报同级教育行政部门备案，并按照要求报告工作开展情况，以利于统筹开展工作。

（三）完善职业教育集团内部治理结构。职业教育集团要建立联席会、理事会或董事会等治理结构和管理决策机制，健全工作章程、管理制度、工作程序，设立秘书处等内部工作和协调机构，完善决策、执行、协商、投入、考核、监督等日常工作机制。探索集团内部产权制度改革和利益共享机制建设，鼓励集团按照国家有关规定成立社团法人或民办非企业单位法人，探索集团通过土地、房舍、资产、资本、设备、技术等使用权租赁、托管、转让等形式登记企业法人。

（四）建立健全职业教育集团运行机制。职业教育集团要逐步建立健全职责明确、统筹有力、有机衔接、高效运转的运行机制。要健全民主决策和成员单位动态调整机制，保障职业教育集团可持续发展。要找准利益共同点，强化产教融合、校企合作，推动建设以相关各方“利益链”为纽带，集生产、教学和研发等功能于一体的生产性实训基地和技术创新平台，实现各成员单位之间资源共享、优势互补、互惠共赢。要强化校校合作、贯通培养，鼓励应用技术类型高等学校参与职业教育集团化办学，系统培养技术技能人才，广泛开展职业培训，促进人才成长“立交桥”建设。要强化区域合作、城乡一体，支持优质职业教育集团开展跨区域服务，深化招生就业、专业建设、课程开发、资源共享、学校管理等合作，促进区域间职业教育协调发展。

三、不断提高职业教育集团的综合服务能力

（一）提升职业教育集团服务发展方式转变的能力。职业教育集团要围绕

我省转型发展的现实需求，协调推进人力资源开发与技术进步，推动职业教育教学改革与产业转型升级衔接配套。建立健全专业设置与产业发展动态调整机制，不断适应经济社会对技术技能人才结构、规格和质量的要求。充分发挥职业教育集团成员单位中行业企业的作用，推进办学模式、培养模式、教学模式、评价模式改革，促进产业链、岗位链、教学链深度融合。鼓励职业教育集团与跨国企业、境外职业教育机构等开展合作，组建涉外型职业教育集团，提升我省职业教育国际影响力和产业竞争力。

（二）提升职业教育集团服务区域协调发展的能力。职业教育集团要统筹成员学校的专业布局和培养结构，根据资源条件和优势产业发展，为区域经济建设发展提供人才支撑。鼓励农村地区、贫困地区围绕支柱产业和特色产业，明确职业教育集团办学定位，重点培养新型职业农民、服务民族文化传承创新、推动贫困家庭脱贫致富。发挥集团化办学的优势，服务我省转型综改试验区建设，以产业为纽带，推动人才培养链与产业链相融合。整合集团各类资源，充分发挥优质资源的引领、示范和辐射作用，实现以城带乡、以强带弱、优势互补，推动职业院校标准化、规范化和现代化建设。面向职业教育集团内部企业员工开展岗前培训、岗位培训、继续教育，提升企业员工的技能水平和岗位适应能力。面向未就业初高中毕业生、农村富余劳动力、退役士兵、失业人员、残疾人等群体，广泛开展职业教育和培训，提高其就业、再就业和创业能力。

（三）提升职业教育集团服务创新人才培养的能力。职业教育集团要紧贴产业、行业发展水平和职业岗位需求，深入开展市场调研，共同制订专业标准，共同开发人才培养方案，共同实施专业建设计划。要不断探索工学交替的现代学徒制实施路径，选择矿产、机械、医卫、建筑、化工、旅游、餐饮服务等劳动密集型行业领域试行行业用工准入制度，积极推动校企联合招生、联合培养、一体化育人的现代学徒制试点。建立集生产、教学和研发等功能于一体的生产性实训基地和技术积累平台，将实训基地建设成为培养学生职业技能的教学基地、“双师型”教师队伍的培养平台、教学科研的创新平台以及企事业员工岗位能力再提升服务平台。职业教育集团成员共享招生、就业信息，坚持校企合作、工学结合，广泛开展委托培养、定向培养、订单培养等，不断提高学生的就业、创业能力，保证就业质量。

（四）提升职业教育集团服务现代职教体系建设的能力。职业教育集团要探索适合产业发展的人才培养途径，合理定位、协调发展、办出特色，按照国家有关规定，拓宽学生从中职、专科、本科到专业学位研究生的上升通道。以健全课程衔接体系为重点，推动人才培养目标、专业布局、课程体系、教育教学过程、行业指导、校企合作的衔接。积极推动落实“文化素质+职业技能”的考试招生办法，为集团成员学校的学生接受不同层次高等职业教育提供多种机会。建立学分积累与转换制度，为集团成员、企业员工接受职业教育提供机会，拓宽技术技能人才成长通道。

四、健全完善组建职业教育集团的保障机制

（一）加强组织领导。各级教育行政部门要充分认识集团化办学的战略地位和重要作用，会同有关部门制定职业教育集团化办学发展规划。建立职业教育集团办学质量保障体系和评价标准，完善第三方评价机制，加强对集团化办学的统筹、协调、指导和管理。将集团化办学情况纳入职业教育工作目标考核体系，发布年度发展报告，积极宣传成绩突出的优秀案例。

（二）加大政策支持。各市、各部门要对职业教育集团开展体制机制改革、培养模式创新、现代学徒制试点、招生招工一体化等探索实践优先给予政策支持。要落实教育、财税、土地、金融等政策，支持集团内企业成员单位参与职业教育发展。要落实捐赠职业教育的优惠政策，鼓励社会力量通过资金、土地、装备、技术、人才等多种要素投入职业教育集团办学。

（三）落实经费投入。要通过政府购买服务等多种渠道加大职业教育集团的办学投入。支持职业教育集团建设具备教学、生产、培训等功能的共享型实训基地，建设共享型专业教学资源和仿真实训系统，建设就业、用工、招生、师资、图书、技术、管理等信息共享平台，建设产学研一体化研发中心和共享型教学团队，提高集团内涵发展和社会服务能力。

（四）深化科学研究。各职业教育集团要坚持边实践边研究，加强管理体制、运行机制、产权改革、投融资方式等方面的系统化研究，探索建立完善办学质量保障与评价体系，积极开展集团内中高职衔接、共建共享、协同创新、集团文化、国际交流等研究与实践，进行国际比较研究等，形成推动全省职业教育集团办学发展的理论基础和实践经验，促进理论与实践同步发展。

山西省教育厅

2016年12月28日

山西省教育厅关于印发实施《山西省贯彻落实〈高等职业教育创新发展行动计划（2015—2018）〉实施方案》做好任务项目申报承接工作的通知

晋教职函〔2016〕80号

各高职院校：

根据《教育部关于印发〈高等职业教育创新发展行动计划（2015—2018年）〉的通知》（教职成〔2015〕9号）精神，我省制定了《山西省贯彻落实〈高等职业教育创新发展行动计划（2015—2018）〉实施方案》（以下简称《实施方案》），《实施方案》中依据全省职业教育工作会议精神和职业教育工作总体布局情况，申报承接了47项任务和14项项目。我省申报承接的所有任务（项目）已经教育部《关于确定〈高等职业教育创新发展行动计划（2015—2018)〉任务（项目）承接单位的通知》（教职成司函〔2016〕30号）确认，进入全面实施阶段。现将我省《实施方案》印发给你们，请认真贯彻执行，并就申报承接任务（项目）有关事项通知如下。

一、加强统筹，认真贯彻落实我省《实施方案》制定的各项工作

我省《实施方案》是贯彻落实全国、全省职业教育工作会议精神和助推我省高职教育加速发展的具体举措，是我省高职院校今后一段时期内创新发展的重要抓手。各高职院校要按照教育部行动计划和我省《实施方案》相关要求，结合本校实际情况，制订校级创新发展行动计划实施方案并组织实施，通过贯彻落实各级《实施方案》有力推进学校发展。

《实施方案》中经教育部确认的任务（项目）由省教育厅统筹实施。省教育厅将根据各院校实施方案和申报承接意向情况进行汇总，按照“承诺预算支持的优先、实施方案可操作性强的优先、预期成果量化程度高的优先”原则，统筹安排各院校承担的具体工作，形成并发布我省《实施方案》任务（项目）承担情况一览表，各院校据此开展相关工作，并定期上报年度工作进度。

二、做好教育部已确认的任务（项目）申报和编制工作

1. 任务（项目）申报。各高职院校按照本校创新发展行动计划实施方案（实施方案中原则上应将教育部文件中涉及职业院校的任务和项目列入），结合自身发展需要自主申请承接各任务（项目），并通过“高等职业教育创新发展行动计划（2015—2018）平台”填报承接意向表。

2. 任务（项目）方案编制。各高职院校要按照本校承接意向，按照“一任务（项目）一方案”的原则，认真编制相关任务（项目）方案。任务方案内容应包括：实施内容、工作目标、工作进展、预期结果、保障措施等；项目方案内容应包括：建设目标、现有基础条件、项目建设具体内容和措施、经费投入、分年度工作进展、预期结果、保障措施等。

各任务（项目）方案要在充分征求意见的基础上，经学校组织相关专家论

证后方可上报，我厅将优先满足有预算支持的申请。

三、任务（项目）认定程序

1. 院校申报。各院校通过“高等职业教育创新发展行动计划（2015—2018）平台”填报。网址为：www.36ve.com/jihua/index.php/site/loginS，用户名为学校代码，初始密码为：12345。各院校要将本校实施方案上传平台，同时填报承接教育部确认的任务（项目）意向。各院校在校级实施方案中所列的任务（项目），原则上均应编制、上报任务（项目）实施方案或建设方案。

2. 专家审核。省教育厅将组织专家组对各院校上报的校级实施方案和任务（项目）实施方案及项目建设方案进行审核，提出认定意见或建议。

3. 确认下达。省教育厅将根据专家组意见和申报承接所列（任务）项目布点数量，通过教育部“高职教育创新发展计划管理平台”下达确认的任务（项目）。

四、有关事项

1. 鼓励各高职院校，特别是国家示范（骨干）院校、省级示范校积极申报承接各项任务（项目）。省教育厅确认下达任务（项目）前，对尚无院校承接的任务（项目），省教育厅将整合院校优势资源，确立牵头院校，统筹组织实施。

2. 各院校应根据教育部确认的任务（项目），结合自身工作实际，提出本单位拟申报承担意向，完成平台填报和上传相关资料等工作，网络生成意向承担一览表，并于2016年12月10日前将意向承担一览表盖单位公章（一式两份）报送至山西省教育厅职业教育处（太原市长风街30号省行政办公中心1号楼418室），电子版发送至sxszjc@163.com。

附件：

1. 山西省贯彻落实《高等职业教育创新发展行动计划（2015— 2018）》实施方案

2. 关于确定《高等职业教育创新发展行动计划（2015—2018年）》任务（项目）承接单位的通知

3. 山西省承接任务（项目）情况一览表

4. 任务（项目）申报表（供参考）

（附件：请从山西省教育厅官方网站职教处专栏下载，网址：http://www.sxedu.gov.cn/）

山西省教育厅

2016年12月1日

山西省职业教育精准扶贫对口帮扶工作实施方案

根据《山西省教育扶贫行动方案》的总体部署，为切实做好职业教育精准扶贫对口帮扶工作，制定本实施方案。

一、帮扶目标

按照“人人有学上，个个有技能，家家有希望，县县有帮扶”的总体要求，组织全省60所重点、骨干职业院校对口帮扶58个贫困县（结对帮扶名单见附件），通过加快发展职业教育，加强职业技能培训，力争使所有建档立卡的适龄贫困人口都能接受相应的职业教育和培训，切实提高新成长劳动力的就业创业能力，增强成年贫困人口的增收致富能力，发挥职业教育在扶贫攻坚中的独特作用，从根本上增强贫困人口的“造血功能”和内生动力，阻断贫困代际传递，为打赢我省脱贫攻坚战做出积极贡献。

二、主要任务

（一）围绕产业发展开展重点专业和课程建设。宣传贯彻近年来国家和我省加快发展现代职业教育的方针政策，指导帮助贫困县做好职业教育发展规划，通过多种形式的人员和信息交流，如教师互派、管理人员相互挂职、教师培训、专业组（教研组）集体办公等方式，指导帮助县级职教中心树立现代职业教育理念，深化教学改革，强化内部管理，提高办学水平。根据县域产业发展和脱贫攻坚的实际需要，通过研究制订培训方案、派出或帮助聘请培训教师、提供技术支持等方式，帮助县级职教中心开展各类职业培训。

（二）增强职业教育合作办学吸引力。与县级职教中心开展多种形式的联合办学、合作育人，把重点骨干院校多年积累的行业、企业资源和优质教学资源引入县级职教中心，支持县级职教中心坚持就业导向，深化校企合作和人才培养模式改革，强化职业技能培养，促进县级职教中心学生充分就业。承担帮扶任务的院校还可以通过帮助受助单位申请项目、合作办学提供实物支持等方式，多渠道、多途径帮助受助单位提高办学水平和服务区域经济社会发展的能力。

（三）发挥县级职教中心的龙头带动作用。主动对接扶贫部门承接教育精准扶贫任务，结合区域特点，针对本县（市、区）建档立卡贫困户的实际需要，与当地扶贫部门紧密配合为需要接受培训的贫困人口建立精准培训档案，配合当地脱贫攻坚中心任务，广泛开展以提高贫困家庭成员职业技能和就业创业能力为核心的精准培训。集中各方面力量完成县级职教中心建设任务，力争到2018年所有贫困县的职教中心都能通过省级督导验收。各县级职教中心的职业培训要实现常态化、规模化，见实际成效，受群众欢迎。

三、工作要求

（一）加强组织领导。承担帮扶任务的职业院校，要成立由院校主要领导牵头的对口帮扶工作领导组，组成专门的工作班子，及时研究帮扶工作。要派出由院校级领导、管理干部和专业教师组成的帮扶队伍深入到帮扶学校工作，解决实际问题，做到真心负责、真抓实干、务求实效。接受帮扶的县要由政府主要领导牵头，责成扶贫、教育等相关职能部门承接职业教育对口帮扶工作。

（二）精心组织实施。承担帮扶任务的院校要组织力量深入受助单位进行调查研究，主动听取县里意见，制定5年帮扶规划，每年制定年度工作计划。各贫困县人民政府要把教育扶贫作为脱贫攻坚的重要治本措施，纳入本县脱贫攻坚总体实施方案，重点做好“三个统筹”，即统筹发展县域职业教育与继续教育，统筹制定职业教育精准扶贫方案，统筹配置各方面资源实施职业技能培训，支持有关院校做好对口帮扶工作。省教育厅集中职业教育各方面的政策、资金向贫困县倾斜，同时采取有效方式加强对职业教育对口帮扶工作的宣传、通报、考核、表彰。要按照山西省脱贫攻坚领导小组办公室制定的退出机制，经确认符合退出机制的标准要求，可及时退出。

（三）做好帮扶宣传工作。实施职业教育精准扶贫，既是职业教育主动服务国家战略的政治任务，又是职业院校提升社会服务能力的客观要求，要全面宣传我国扶贫事业取得的重大成就，调动各方面的积极性，营造良好氛围。各有关职业院校要高度重视，深入研究，把对口帮扶的过程作为深入实际、服务社会的过程，作为面向脱贫攻坚主战场、接受办学能力检验的过程，作为积累办学经验、提升服务能力的过程，真抓实干，主动作为，创造性地开展工作，为实现我省脱贫攻坚战略目标做出应有的贡献。

附件：山西省职业教育结对帮扶名单

附件

山西省职业教育结对帮扶名单

序号	职业院校	帮扶对象	贫困县类别	备注
1	山西交通职业技术学院	天镇县	国家扶贫开发工作重点县	★
2	山西省雁北煤炭工业学校	阳高县		
3	山西药科职业学院	广灵县		
4	山西省农业机械化学校	灵丘县		
5	大同煤炭职业技术学院	浑源县		
6	山西省经贸学校	大同县		★
7	山西林业职业技术学院	右玉县		★
8	太原铁路机械学校	神池县		
9	山西建筑职业技术学院	宁武县		★
10	山西省好艺中等专业学校	五台县		
11	山西艺术职业学院	河曲县		
12	山西旅游职业学院	静乐县		★
13	山西电力职业学院	偏关县		
14	山西省城乡建设学校	五寨县		★
15	山西省工贸学校	保德县		
16	忻州职业技术学院	繁峙县		
17	山西省司法学校	代县		
18	山西省畜牧兽医学校	岢岚县		

续表

序号	职业院校	帮扶对象	贫困县类别	备注
19	山西青年职业学院	临县	国家扶贫开发工作重点县	★
20	华北机电学校	石楼县		
21	山西省工业管理学校 吕梁市农业学校	方山县		★
22	太原旅游职业学院	中阳县		★
23	山西水利职业技术学院	兴县		★
24	山西经贸职业学院	岚县		
25	太原城市职业技术学院	娄烦县		★
26	晋中师范高等专科学校	左权县		
27	山西财政税务专科学校	和顺县		
28	临汾职业技术学院	大宁县		★
29	山西省贸易学校	永和县		★
30	山西工程职业技术学院 忻州市原平农业学校	隰县		★
31	晋中职业技术学院	汾西县		★
32	山西职业技术学院	吉县		
33	潞安职业技术学院	武乡县		
34	山西煤炭职业技术学院	壶关县		
35	长治职业技术学院	平顺县		
36	山西财贸职业技术学院	平陆县		
37	山西轻工职业技术学院	离石区	省定贫困县	★
38	山西体育职业学院	交口县		

续表

序号	职业院校	帮扶对象	贫困县类别	备注
39	山西警官职业学院	柳林县	省定贫困县	
40	山西省商务学校	榆社县		
41	山西戏剧职业学院	安泽县		★
42	山西省应用技术学校	浮山县		
43	山西省临汾会计学校	古县		
44	山西省建筑工程技术学校	蒲县		
45	山西管理职业学院	乡宁县		
46	山西省中医学校	沁县		★
47	山西机电职业技术学院	沁源县		
48	运城幼儿师范高等专科学校	闻喜县		
49	山西省运城农业职业技术学院	万荣县		
50	运城护理职业学院	夏县		★
51	运城师范高等专科学校	垣曲县		
52	山西省广播电影电视学校	陵川县		
53	晋城职业技术学院	沁水县		
54	朔州师范高等专科学校	平鲁区	插花贫困县	
55	朔州职业技术学院	山阴县		★
56	山西省铁路工程学校	交城县		
57	山西金融职业学院	阳曲县		
58	阳泉师范高等专科学校	昔阳县		

备注：★代表该县县级职教中心未通过验收

附录2 获奖名单

山西省教育厅关于我省职业院校师生参加2016年全国职业院校技能大赛获奖情况的通报

晋教职函〔2016〕46号

各市教育局，各高等职业学校，各普通中专学校：

2016年全国职业院校技能大赛，我省有64所中高职学校的410名参赛选手参加了70个专业项目的比赛，其中高职项目39项，中职项目31项。山西省财政税务专科学校成功承办了全国高职院校会计技能大赛。我省参赛师生经过顽强拼搏，获得7个一等奖、20个二等奖、55个三等奖，获一等奖学生的指导教师获得指导教师奖（获奖名单见附件，并可在山西省教育厅网http：//www.sxedu.gov.cn/和山西省职业教育网http://www.sxve.net/查询下载）。获奖师生按照《山西省教育厅 山西省人力资源和社会保障厅 山西省总工会关于举办山西省第十届职业院校技能大赛的通知》（晋教职〔2016〕12号）文件规定，在对口升学、“专升本”考试、职业资格证书核发等工作中给予相应奖励。

举办职业院校技能大赛，是加快发展现代职业教育的重要举措，对引导职业院校强化技术技能教育，提升教师信息化教学水平发挥着重要作用。各级教育行政部门、各类职业院校要进一步加强对竞赛工作的组织领导，广泛总结宣传技能大赛各类成果，营造氛围，积极开展和参与各类竞赛活动，强化实践教学，推进教学改革，提高教学质量，促进职业教育又好又快发展。

附件：山西省代表团参加2016年全国职业院校技能大赛获奖情况

山西省教育厅

2016年6月15日

抄报：省政府办公厅、张复明副省长

抄送：省劳动竞赛委员会、省人力资源和社会保障厅

厅内发送：有关处室

山西省代表团参加2016年全国职业院校技能大赛获奖情况

高职组

项目名称	姓名	所在学校	指导教师姓名	获奖情况
移动互联应用软件开发	贺新华、张凯凤、张茹敏	山西省财政税务专科学校	孙波、杨泽辉	一等奖
园林景观设计	安玉洁、宋杨帆	山西林业职业技术学院	李庆华	一等奖
中药传统技能	王佳佳	山西药科职业学院	杨东方	一等奖
汽车营销	田晓婷、申文华	晋中职业技术学院	郭琼琳、李静	一等奖
普通话导游服务	王瑾	太原旅游职业学院	魏莉霞	一等奖
中餐主题宴会设计	王倩、苏芮、胡宇	太原旅游职业学院	张旭红、董文甫	一等奖
计算机网络应用	贾钦宇、武建勇、任晓东	山西职业技术学院	朱壮普、韩继英	二等奖
移动互联应用软件开发	付江涛、王雅琴、车敏	晋城职业技术学院	张婷娟、张惠春	二等奖
电子产品芯片级检测维修与数据恢复	张毅、桑建周	山西职业技术学院	王赟、张剑	二等奖
云计算技术与应用	李强、吕源峰、李少锋	山西职业技术学院	苏彬、吴瑞强	二等奖
蔬菜中有机磷类农药残留的检测	王娇	晋中职业技术学院	郭玮	二等奖

续表

项目名称	姓名	所在学校	指导教师姓名	获奖情况
畜禽肉中兽药残留的检测	胡越	晋中职业技术学院	牛永旺	二等奖
茶叶中重金属含量的检测	王景	山西药科职业学院	杨兆艳	二等奖
护理	周丽娜、王甜甜、刘妍、于健	山西职工医学院	李艳荣、郑军	二等奖
矿产地质勘查技术	胡希琳、余永康、张天星	山西煤炭职业技术学院	郗宝华、李松峰	二等奖
测绘/一级导线测量	太小勇、杨洋、张晓磊、邓少龙	山西交通职业技术学院	李培荣、史永宏	二等奖
测绘/1：500数字测图	陈英迪、马文杰、杜晓东、邓冕	山西水利职业技术学院	王百勇、陈帅	二等奖
测绘/1：500数字测图	原江涛、雷威震、贾槐瑞、魏晨琰	晋中职业技术学院	乔林全、霍莉芳	二等奖
汽车营销	李皓、弋瑞	山西省财政税务专科学校	韩建东、赵轶	二等奖
艺术专业—音乐表演	郭培鑫	晋城职业技术学院	刘志刚	二等奖
艺术专业—音乐表演	乔翔	山西艺术职业学院	王晋敏	二等奖
信息安全管理与评估	邓敏、武琦、张健祥	山西职业技术学院	苏彬、王珽	三等奖
信息安全管理与评估	贺绍志、郭兴华、张阳	山西交通职业技术学院	柴玉辉、刘国峰	三等奖
物联网技术应用	赵杨聪、王景蓉、常雪雪	晋城职业技术学院	张涛、庞根明	三等奖

续表

项目名称	姓名	所在学校	指导教师姓名	获奖情况
4G全网建设技术	吴婧、冯振阳	山西机电职业技术学院	魏瑾、刘健	三等奖
4G全网建设技术	刘芳、王钰颖	山西职业技术学院	张雪梅、程琦	三等奖
蔬菜中有机磷类农药残留的检测	任雪芳	晋中职业技术学院	刘兆宏	三等奖
畜禽肉中兽药残留的检测	杜雪姣	晋中职业技术学院	白晓娟	三等奖
园林景观设计	赵仁艳、郝志亮	晋中职业技术学院	王学府	三等奖
鸡新城疫抗体水平测定	刘晶辉、邓登龙	晋中职业技术学院	乔淑文	三等奖
英语专业组	宁心铭	山西省财政税务专科学校	史洁	三等奖
文秘速录	张丽娟、豆露露、刘强	山西警官职业学院	程炜夏、杨富春	三等奖
中药传统技能	杨彩虹	山西药科职业学院	景晓琦	三等奖
测绘/一级导线测量	陈英迪、马文杰、杜晓东、邓冕	山西水利职业技术学院	王百勇、陈帅	三等奖
测绘/一级导线测量	原江涛、雷威震、贾槐瑞、魏晨琰	晋中职业技术学院	乔林全、霍莉芳	三等奖
机械设备装调与控制技术	严凯、刘健	山西机电职业技术学院	韩兴言、周晓旭	三等奖
机械设备装调与控制技术	鲍晓龙、李怀智	山西工程职业技术学院	杨国生、杨宜宁	三等奖

续表

项目名称	姓名	所在学校	指导教师姓名	获奖情况
三维建模数字化设计与制造	梁文生、李浩冉	晋城职业技术学院	赵飞、赵娜	三等奖
工业产品造型设计与快速成型	芦浩、姚义源	山西机电职业技术学院	申军伟、杨高宏	三等奖
现代电气控制系统安装与调试	王凯、张泽锦	山西职业技术学院	胡颖、李亚韫	三等奖
风光互补发电系统安装与调试	杨城慧、郭雨杭、王文豪	晋城职业技术学院	宋秀玲、郭翠锋	三等奖
汽车检测与维修	苏红海、毋晋财、岳金超	山西交通职业技术学院	范常盛、张少华	三等奖
服装制版与工艺	申祺	山西青年职业学院	李佩革	三等奖
服装制版与工艺	张霖	晋城职业技术学院	任波	三等奖
艺术专业技能大赛（音乐表演）	郝鑫	山西艺术职业学院	蒋鸣	三等奖
艺术专业技能大赛（音乐表演）	梁海斐	山西戏剧职业学院	高鹤	三等奖
艺术专业技能大赛（音乐表演）	段凯文	山西戏剧职业学院	胡睿	三等奖
普通话导游服务	霍超楠	山西旅游职业学院	胡果	三等奖
英语导游服务	刘林鑫	山西职业技术学院	张紫玲	三等奖
中餐主题宴会设计	尹雪敏、张洁、赵珍珠	山西旅游职业学院	孙勇兴、王文燕	三等奖

续表

项目名称	姓名	所在学校	指导教师姓名	获奖情况
西餐宴会服务	张珂	太原旅游职业学院	成玮	三等奖
市场营销技能	程康燕、刘贵君、赵忭忭、张聪聪	山西省财政税务专科学校	全盼、韩建东	三等奖
电子商务技能	魏燕、潘安、杨磊、王燕辉	太原城市职业技术学院	王勤菊、杜敏	三等奖
电子商务技能	郭远静、吴一帆、白书凤、史磊	山西金融职业学院	贾雅娟、梁文陶	三等奖
会计技能竞赛	尉晓林、杨如萍、牛婷婷、高美琴	山西职业技术学院	李慧丽、任小玲	三等奖
化工生产技术	苏锦涛、刘晶、田锐	晋中职业技术学院	郭景念、张腊	三等奖

山西省代表团参加2016年全国职业院校技能大赛获奖情况
中职组

项目名称	姓名	所在学校	指导教师姓名	获奖情况
艺术专业—地方戏表演	李泽斌	山西戏剧职业学院附属中等艺术学校	武学文	一等奖
机电一体化设备组装与调试	胡浩、毛午阳	太原铁路机械学校	李世杰	二等奖
装配钳工技术	郭国俊	太原市高级技工学校	刘海英	二等奖

续表

项目名称	姓名	所在学校	指导教师姓名	获奖情况
烹饪(中)/中餐热菜	刘帅	山西省经贸学校	李昭平	二等奖
护理	郝慧	太原市卫生学校	张钦	二等奖
护理	薛娇瑶	吕梁市卫生学校	薛文晶	二等奖
单片机控制装置安装与调试	李雷冰	华北机电学校	秦梅	三等奖
电梯维修保养	李钰、张振林	灵石县第一职业高级中学	智国文/王建平	三等奖
装配钳工技术	刘逢春	山西省农业机械化学校	王文丽	三等奖
烹饪—冷拼与食雕	李文禁	太原市财政金融学校	杜利江	三等奖
烹饪—中餐热菜	折亚非	太原市财政金融学校	石金贵	三等奖
烹饪—中餐热菜	李励添	太原市财政金融学校	石金贵	三等奖
烹饪—中西餐面点	高圆	山西省经贸学校	王力群	三等奖
酒店服务—客房中式铺床	原星	芮城县第一职业中学	杨丽	三等奖
酒店服务—中餐宴会摆台与服务	薛玉	芮城县第一职业中学	范莉	三等奖
果蔬嫁接	刘紫慧	忻州市原平农业学校	安重莹	三等奖

续表

项目名称	姓名	所在学校	指导教师姓名	获奖情况
工程测量	苏虹、赵静烽、和树耀、刘瑞斌	山西省城乡建设学校	刘雁伟	三等奖
工程测量	何焜、吴桐、王佳晋、康瑞敏	山西省建筑工程技术学校	张玉龙	三等奖
建筑CAD	程贤军	山西省城乡建设学校	呼丽丽	三等奖
建筑CAD	刘宏伟	山西省建筑工程技术学校	相婷	三等奖
护理	王怡	长治卫生学校	邢丽娜	三等奖
艺术专业—地方戏表演	康乃方	山西戏剧职业学院附属中等艺术学校	詹俊芬	三等奖
艺术专业—地方戏表演	路通	山西戏剧职业学院附属中等艺术学校	闫飞瑜	三等奖
计算机辅助设计（工业产品CAD）	郭宇杰	平遥现代工程技术学校	陈宏强	三等奖
数字影音后期制作技术	高馨	灵石县第一职业高级中学	李艳	三等奖
智能家居安装与维护	陈龙龙、董世灵、曹艳斌	山西省贸易学校	武美莲/张艳芳	三等奖

第十二届全国中等职业学校“文明风采”竞赛活动决赛山西省学生作品获奖名单

赛项	学校名称	作品名称	作者	获奖情况
“牢记历史，爱我中华”主题征文演讲	榆社县职业中学	牢记历史，爱我中华	曹　琼	三等奖
“牢记历史，爱我中华”主题征文演讲	阳泉市工业学校	牢记历史，振兴中华	吕　麟	三等奖
“牢记历史，爱我中华”主题征文演讲	阳泉市工业学校	牢记历史，爱我中华	李星言	三等奖
“牢记历史，爱我中华”主题征文演讲	临汾市文化艺术学校	牢记历史，爱我中华	孟思宇	三等奖
“牢记历史，爱我中华”主题征文演讲	太原市卫生学校	牢记历史，爱我中华	刘帅佳	三等奖
“成长中的感动”主题征文演讲	长治卫生学校	浓香绿豆汤，感动伴成长	胡豆豆	二等奖
“成长中的感动”主题征文演讲	长子县职业技术学校	我成长路上的女英雄	王皓杰	二等奖
“成长中的感动”主题征文演讲	阳泉市工业学校	成长中的感动	杨　帆	二等奖
“成长中的感动”主题征文演讲	山西省贸易学校	不忘初心，方得始终	李夏星	二等奖
“成长中的感动”主题征文演讲	太原市第八职业中学	茧子	高若萱	三等奖
“成长中的感动”主题征文演讲	山西省农业机械化学校	成长中的感动	张学仙	三等奖
“成长中的感动”主题征文演讲	山西省贸易学校	他们	王兴华	三等奖

续表

赛项	学校名称	作品名称	作者	获奖情况
“成长中的感动”主题征文演讲	临汾立达职业学校	我与奶奶的故事	李旺芳	三等奖
“成长中的感动”主题征文演讲	长治卫生学校	让感动伴我启程	申婷婷	三等奖
“成长中的感动”主题征文演讲	山西省好艺中等专业学校	成长中的感动	张琼丹	三等奖
“成长中的感动”主题征文演讲	山西省好艺中等专业学校	成长中的感动	雷舒琪	三等奖
“成长中的感动”主题征文演讲	阳泉市工业学校	在平凡中感动 在感动中成长	张　珂	三等奖
“成长中的感动”主题征文演讲	太原铁路机械学校	成长中的感动	赵星宇	三等奖
“成长中的感动”主题征文演讲	长治卫生学校	世间最甜美的笑	李仟僖	三等奖
“成长中的感动”主题征文演讲	永和县职业中学	母亲，我一生的感动	靳亚妮	三等奖
“我的未来我做主”职业生涯设计	山西省贸易学校	我的未来我做主	燕鹏波	二等奖
“我的未来我做主”职业生涯设计	忻州市创奇学校	我的未来我做主	范子溶	二等奖
“我的未来我做主”职业生涯设计	太谷县职业中学校	我的生涯我做主	韩瑞丽	二等奖
“我的未来我做主”职业生涯设计	河曲县职业教育中心	我要成为一名高级会计师	刘　娟	二等奖
“我的未来我做主”职业生涯设计	长治市太行职业中专学校	精彩人生，合理规划	李伟杰	二等奖

续表

赛项	学校名称	作品名称	作者	获奖情况
“我的未来我做主”职业生涯设计	太谷县职业中学校	为梦想插上腾飞的翅膀	白嘉玲	三等奖
“我的未来我做主”职业生涯设计	太原市综合高级中学	我的未来不是梦	程小丽	三等奖
“我的未来我做主”职业生涯设计	山西省贸易学校	我的未来我做主	秦鹏凤	三等奖
“我的未来我做主”职业生涯设计	山西省贸易学校	职业生涯规划书	赵莹莹	三等奖
“我的未来我做主”职业生涯设计	运城市信息工程学校	我的未来不是梦	张　晶	三等奖
“我的未来我做主”职业生涯设计	山西省农业机械化学校	我的未来我做主	郭　源	三等奖
“职校美·学习美·劳动美”摄影	山西省工业管理学校	专注	卫亚建	二等奖
“职校美·学习美·劳动美”摄影	高平市中等专业学校	传承	孟璐璐	二等奖
“职校美·学习美·劳动美”摄影	山西省煤炭职业中等专业学校	模拟矿井教学	李志政	二等奖
“职校美·学习美·劳动美”摄影	大同县职业技术学校	师父	马　艳	二等奖
“职校美·学习美·劳动美”摄影	太原市信息技术学校	劳动美	马文博	三等奖
“职校美·学习美·劳动美”摄影	襄汾县职业技术教育中心	劳动美	牛　瑞	三等奖
“职校美·学习美·劳动美”摄影	左权宏远学校	苹果的故事	孟　丽	三等奖

续表

赛项	学校名称	作品名称	作者	获奖情况
“职校美·学习美·劳动美”摄影	沁水县职业中学	精准	马锦亮	三等奖
“职校美·学习美·劳动美”摄影	侯马市职业中专学校	碧血催桃李	刘伟利	三等奖
“奋斗的青春最美丽”微视频	太原广播电视中等专业学校	奋斗吧，青春	杨旭硕	三等奖
“奋斗的青春最美丽”微视频	运城市农业机电工程学校	奋斗吧，少年	朱泽敏	三等奖
“奋斗的青春最美丽”微视频	太原市卫生学校	我的青春	刘乔生	三等奖
“奋斗的青春最美丽”微视频	山西省经贸学校	奋斗的青春最美丽	王程慧	三等奖
“法治·安全·环保·健康”校园情景剧	山西省贸易学校	速度与激情——在校生飙车始末	山西省贸易学校	三等奖
“法治·安全·环保·健康”校园情景剧	山西省贸易学校	送给姐姐的礼物	高莉、刘亚清、刘雅婷、许杨	三等奖
“法治·安全·环保·健康”校园情景剧	左权县职业技术中学校	为爱捐款	李　刚	三等奖
“人人尽展其才”才艺展示——舞台类	临汾市文化艺术学校	百花争妍	临汾市文化艺术学校	二等奖
“人人尽展其才”才艺展示——舞台类	大同市第一高级职业中学	载歌载舞的人们	大同市第一高级职业中学军乐队	二等奖
“人人尽展其才”才艺展示——舞台类	侯马市职业中专学校	百花争艳	侯马市职业中专学校舞蹈队	二等奖

续表

赛项	学校名称	作品名称	作者	获奖情况
“人人尽展其才”才艺展示——舞台类	临汾市文化艺术学校	山西牧歌	庞晋文	二等奖
“人人尽展其才”才艺展示——舞台类	平遥县综合职业技术学校	彝族舞曲	梁小丽	二等奖
“人人尽展其才”才艺展示——舞台类	绛县职业高级中学	如果有来生	高　敏	二等奖
“人人尽展其才”才艺展示——舞台类	长治市文化艺术学校	母爱同行	焦银燕、王紫微	二等奖
“人人尽展其才”才艺展示——舞台类	大同市第一职业中学	美丽中国梦	大同一职中合唱队	二等奖
“人人尽展其才”才艺展示——舞台类	晋城职业技术学院	练	晋城职业技术学院	二等奖
“人人尽展其才”才艺展示——舞台类	阳泉市文化艺术学校	红珊瑚	张欣叶、史荟汝	二等奖
“人人尽展其才”才艺展示——舞台类	阳泉市文化艺术学校	牧民新歌	聂志国	二等奖
“人人尽展其才”才艺展示——舞台类	大同市第一职业中学	歌唱祖国	大同一职中管乐团	二等奖
“人人尽展其才”才艺展示——舞台类	长治市文化艺术学校	八女投江	长治市文化艺术学校	二等奖
“人人尽展其才”才艺展示——舞台类	大同市第一职业中学	云冈长袖飞天舞	大同一职中舞蹈队	二等奖
“人人尽展其才”才艺展示——舞台类	大同市第一职业中学	云冈美	大同一职中民乐队	二等奖
“人人尽展其才”才艺展示——舞台类	阳泉市文化艺术学校	梦里寻他千百度	李欣、郝敏	三等奖
“人人尽展其才”才艺展示——舞台类	阳泉市文化艺术学校	翻身农奴把歌唱	阳泉市文化艺术学校	三等奖

续表

赛项	学校名称	作品名称	作者	获奖情况
“人人尽展其才”才艺展示——舞台类	绛县职业高级中学	嘎达梅林	侯帅	三等奖
“人人尽展其才”才艺展示——舞台类	晋中市文化艺术学校	梳妆	何颖慧	三等奖
“人人尽展其才”才艺展示——舞台类	乡宁县职业中学	藏女的梦想	乡宁县职业中学	三等奖
“人人尽展其才”才艺展示——舞台类	晋中市文化艺术学校	红色童年	李秀清	三等奖
“人人尽展其才”才艺展示——舞台类	阳泉市文化艺术学校	女儿花	张茜、刘芝彤	三等奖
“人人尽展其才”才艺展示——舞台类	大同市第一职业中学	顶碗	大同一职中舞蹈队	三等奖
“人人尽展其才”才艺展示——舞台类	山西省应用技术学校	梦想起飞	宋云飞	三等奖
“人人尽展其才”才艺展示——舞台类	长治市文化艺术学校	九龙杯	郜熠东	三等奖
“人人尽展其才”才艺展示——舞台类	长治市文化艺术学校	山乡春	王　军	三等奖
“人人尽展其才”才艺展示——舞台类	长治市文化艺术学校	黄河	李　勇	三等奖
“人人尽展其才”才艺展示——舞台类	乡宁县职业中学	春到湘江	左瑾瑶	三等奖
“人人尽展其才”才艺展示——舞台类	太原幼儿师范学校	蓝色爱情海	王新月	三等奖
“人人尽展其才”才艺展示——舞台类	晋城职业技术学院	岁月如歌	朱佳欣、郭玉茹、成玉杰	三等奖
“人人尽展其才”才艺展示——舞台类	晋东南幼儿师范学校	传承	晋东南幼儿师范学校	三等奖

续表

赛项	学校名称	作品名称	作者	获奖情况
“人人尽展其才”才艺展示——舞台类	左权县职业技术学校	我的祖国	左权县职业技术学校	三等奖
“人人尽展其才”才艺展示——舞台类	长治卫生学校	赞哈	苏　畅	三等奖
“人人尽展其才”才艺展示——舞台类	临汾市文化艺术学校	怀念战友	王鹏杰	三等奖
“人人尽展其才”才艺展示——舞台类	大同市第一职业中学	奥林匹克的号角	大同市第一职业中学管乐团	三等奖
“人人尽展其才”才艺展示——舞台类	山西省航空（基础）学校	武术武魂	程浩峰、张沛轩、杨林、白彦宇、王鑫	三等奖
“人人尽展其才”才艺展示——舞台类	长治市文化艺术学校	妞啊扭	长治市文化艺术学校	三等奖
“人人尽展其才”才艺展示——舞台类	阳泉市文化艺术学校	卖杂货	张浩	三等奖
“人人尽展其才”才艺展示——舞台类	大同市第一职业中学	火样青春梦飞扬	大同一职中舞蹈队	三等奖
“人人尽展其才”才艺展示——舞台类	乡宁县职业中学	九儿	乡宁县职业中学	三等奖
“人人尽展其才”才艺展示——舞台类	大同市第一职业中学	飞向蓝天	大同一职中舞蹈队	三等奖
“人人尽展其才”才艺展示——非舞台类	阳泉市工业学校	林泉隐逸	赵安琪	一等奖
“人人尽展其才”才艺展示——非舞台类	乡宁县职业中学	祈归	连晓霞	一等奖
“人人尽展其才”才艺展示——非舞台类	阳泉市工业学校	蝶恋花	刘君雅	一等奖
“人人尽展其才”才艺展示——非舞台类	太原幼儿师范学校	黯香	闫延	二等奖

续表

赛项	学校名称	作品名称	作者	获奖情况
“人人尽展其才”才艺展示——非舞台类	乡宁县职业中学	暮舍	杨江翠	二等奖
“人人尽展其才”才艺展示——非舞台类	阳泉市工业学校	老人头像	王震	二等奖
“人人尽展其才”才艺展示——非舞台类	阳泉市工业学校	街景写生	王星乐	二等奖
“人人尽展其才”才艺展示——非舞台类	临汾市文化艺术学校	出水芙蓉	袁璇	二等奖
“人人尽展其才”才艺展示——非舞台类	阳泉市工业学校	太行春色	王晓凯	二等奖
“人人尽展其才”才艺展示——非舞台类	左权宏远学校	印象	张楠	二等奖
“人人尽展其才”才艺展示——非舞台类	太原幼儿师范学校	海中幻象	张琪	三等奖
“人人尽展其才”才艺展示——非舞台类	太原生态工程学校	花开富贵	张宏	三等奖
“人人尽展其才”才艺展示——非舞台类	阳泉市工业学校	溪山清赏	王晓凯	三等奖
“人人尽展其才”才艺展示——非舞台类	临汾市文化艺术学校	旖旎秋色	孙辉英	三等奖
“人人尽展其才”才艺展示——非舞台类	绛县职业高中	张玄墓志	刘壮壮	三等奖

第十二届全国中等职业学校
“文明风采”竞赛活动决赛山西省优秀指导教师获奖名单

指导教师	学校名称	指导教师	学校名称	指导教师	学校名称
韩晓华	大同市第一职业中学	马俊清	大同市第一职业中学	王　超	大同市第一职业中学
武聪明	大同市第一职业中学	郁妍超	大同市第一职业中学	赵　霞	大同市第一职业中学
孙　梅	乡宁县职业中学	祁培忠	阳泉市工业学校	郗红敏	阳泉市工业学校
刘　森	大同市第一高级职业中学	李　芳	大同市第一高级职业中学	李　莉	大同市第一高级职业中学
李英明	大同市第一高级职业中学	刘国薇	临汾市文化艺术学校	李晓光	高平市中等专业学校
李军旗	侯马市职业中专学校	赵　茜	绛县职业高级中学	董江河	晋城职业技术学院
郭延平	晋城职业技术学院	王彩云	临汾市文化艺术学校	梁东芳	平遥县综合职业技术学校
王　晶	山西省工业管理学校	乔　琦	临汾市文化艺术学校	侯建云	山西省贸易学校
李春琴	山西省贸易学校	马文骁	山西省煤炭职业中等专业学校	葛丽蓉	忻州市创奇学校
刘文斌	河曲县职业教育中心	王永伟	山河曲县职业教育中心	张瑞莲	太谷县职业中学校
崔　丹	太原幼儿师范学校	王小琴	忻州市创奇学校	窦文华	阳泉市工业学校

续表

指导教师	学校名称	指导教师	学校名称	指导教师	学校名称
赵新平	阳泉市工业学校	王志龙	阳泉市文化艺术学校	袁江	阳泉市文化艺术学校
刘瑞芳	长治市太行职业中专学校	王向萍	长治卫生学校	崔娅琴	长治市文化艺术学校
范隆龙	长治市文化艺术学校	李云忠	长治市文化艺术学校	解红霞	长子县职业技术学校
程 科	左权宏远学校				

第十二届全国中等职业学校“文明风采”竞赛活动决赛山西省组织奖获奖名单

学校优秀组织奖

学校名称	学校名称
大同市第一高级职业中学	太原幼儿师范学校
高平市中等专业学校	乡宁县职业中学
绛县职业高级中学	阳泉市工业学校
临汾市文化艺术学校	阳泉市文化艺术学校
沁水县职业中学	长治市太行职业中专学校
山西省贸易学校	长治市文化艺术学校
山西省农业机械化学校	长治卫生学校
太谷县职业中学校	左权宏远学校

附录3

2016年山西省职业教育大事记

1月13日，对平遥县创建国家级职业教育与成人教育示范县进行省级验收。根据教育部文件要求，省教育厅组织专家组，对平遥县创建职业教育成人教育示范县工作进行了验收。经过两年建设，平遥县创建工作基本符合国家标准要求，完成预定建设任务，取得良好成效，省级复检通过。11月29日，教育部、科技部、水利部、农业部、国家林业局、国家粮食局联合印发《教育部等六部门关于公布第一批国家级农村职业教育和成人教育示范县名单的通知》（教职成函〔2016〕16号），正式认定平遥县为第一批示范县。

3月15日，部署2016年对口升学和“三二分段”五年制职业教育招生工作。3月15日，印发《2016年对口升学专业课考试大纲》和《山西省教育厅关于做好2016年中等职业学校毕业生对口升学工作的通知》，明确了2016年对口升学各项具体工作事项，确保对口招生工作顺利完成。印发《关于做好2016年度“三二分段”五年制职业教育招生工作的通知》，组织各相关职业院校报送培养意向书，促进中、高职有效衔接、协调发展。

3月21日，公布2016年我省中等职业教育新增招生专业。经院校申报和中职专业评审工作组专家集体评审，印发《山西省教育厅关于公布2016年中等职业教育新增招生专业的通知》，同意山西省雁北煤炭工业学校等39所职业院校新增“焊接技术应用”等75个专业或专业方向。

3月下旬，配合省政府督查室，做好全省职业教育专项督查工作。为推动各市全面贯彻落实全省职业教育工作会议精神和省委省政府加快发展现代职业教育的战略部署，省政府办公厅印发《关于开展职业教育专项督查的通知》，在全省开展职业教育专项督查。3月下旬，在各单位自查总结的基础上，省政府派出6个督查组进行实地督促检查。各督查组通过听取汇报、查阅文件资料和账册数据、实地查看、个别访谈、召开座谈会等形式，对照督查任务清单逐一检查，核对落实情况，重点抽查了22个县、12所省属职业院校和55所市县职业院校，并以问卷形式全面督查了119个县级人民政府和全省职业院校的贯彻落实情况。职教处全程参与此次专项督查，并协助起草督查要点，整理汇总自查、督查报告。7月14日，省政府督查室印发《关于职业教育专项督查情况的通报》，向全省通报督查结果，指出了督查发现的问题，并提出相应的整改意见，督促各地、各单位对照问题，逐一整改。12月，以省教育体制改革领导组名义，又对各市、各有关部门近两年贯彻落实全省职业教育工作会议重点工作进展情况和专项督查整改情况进行了一次摸底检查，确保省委省政府加快发展现代职业教育战略部署的全面落实。

3月22日—24日，张复明副省长到晋城市调研基础教育和职业教育工作。省教育厅张文栋厅长及相关处室负责人陪同调研。在晋城职业技术学院、晋城市中等专业学校、陵川职业中学、高平市中等专业学校，张复明详细了解了职业教育发展水平以及社会对职业教育的认可程度等。他强调，要充分认识加快发展现代职业教育的重大意义，认真贯彻落实中央有关政策，按照省委、省政府的决策部署，坚持提高质量、促进就业、服务发展的导向，创新思路、完善举措，落实责任、营造氛围，不断提高职业教育水平；要坚持技能教育与德育教育两手抓、两手硬，积极探索人才培养新模式，突出办学特色，面向传统产业转型升级需求，对接现代新兴产业发展，配强师资力量，加强校企合作，深化教学改革，加快形成校企合作办学、合作育人、合作就业的长效机制，为经济社会发展提供源源不断的合格高技能人才，为学生就业搭建优良平台；要改进教学理念，不断提高教学质量，创新教学模式，促进专业与产业融合、教学与生产融合、知识与技能融合，创建社会服务实训基地，不断激发学生创业意识，以创业带动就业，加快推动大众创业、万众创新。

3月24日，公布2016年我省新增普通高等学校高等职业教育专业。根据教育部备案和审批结果，我省2016年共新增长治职业技术学院“绿色食品生产与检验”等89个专业点。

4月6日，部署推进高职院校内部质量保证体系诊断与改进工作。按照教育部总体部署，成立高职诊改专家委员会，印发《山西省高等职业院校内部质量保证体系诊断与改进工作实施方案》，要求各高职院校成立校级工作机构，认真制定本校诊改工作实施方案，年内全面启动内部诊改工作。

4月7日，公布《山西省普通高等学校高等职业教育（专科）专业设置目录（2016年）》。经各有关高等学校通过全国职业院校专业设置管理与公共信息服务平台，对各校设置的专业进行了新旧对照、整理及备案，印发《山西省教育厅关于公布山西省普通高等学校高等职业教育专业对照整理情况的通知》，公布《山西省普通高等学校高等职业教育（专科）专业设置目录（2016)》，从2016年起高等职业教育（专科）的计划编制、招生录取、事业统计、毕业证书发放等工作均按此次公布的目录执行。

4月，对我省6所教育部第一批教育信息化试点单位进行验收。经验收，6所院校均全面完成了试点工作，试点工作内容、项目和完成程度均超过了《试点工作实施方案》，超额实现了试点目标。6所试点学校加强和提升院校网络和信息化硬件系统建设，提高了信息化应用平台和服务教学的支撑能力，完成了“三通两平台”建设。同时围绕提高学生实际操作能力和实践能力的要求，重点以教学模式改革、课程资源建设和服务社会方面做了大量建设和应用工作，特别是在网络课程资源建设、虚拟仿真实训资源开发应用、教学模式改革和特色数字化校园建设上，取得了一批优秀建设成果，信息技术在教学、实习实训和学校管理中得到有效应用，成效明显。

4月28日，2016年度全省职业教育工作会议在山西省教育宾馆召开。各市教育局分管局长、职教科长，相关部门负责人参加。会议传达了2016年度全国职业教育与继续教育工作会议精神，听取了各市教育局工作进展情况汇报，并对2016年度全省职业教育重点工作进行了安排部署。

4月—5月，部署2016年度中职招生工作。4月，在2016年度全省职业教育工作会议上安排部署包括年度招生工作在内的全省职业教育年度重点工作。5月，转发《教育部办公厅　人力资源社会保障部办公厅关于做好2016年高中阶段学校招生工作的通知》，并结合我省实际，对2016年度全省中等职业学校招生工作进行了安排部署，要求各市进一步加强高中阶段教育统筹管理，切实落实高中阶段教育普职招生比例大体相当的要求。2016年，全省中职招生14.5万人。

5月9日—15日，山西省2016年职业教育活动周在全省举行。2016年5月9日上午，山西省2016年“职业教育活动周”启动仪式在山西省交通职业技术学院文华校区隆重举行。启动仪式由省教育厅厅长张文栋主持，省人大常委会副主任周然宣布活动周启动，副省长张复明作了讲话，省政协副主席李悦娥、省政府副秘书长郭立及省交通运输厅厅长李正印、省教育厅副厅长任月忠出席了活动。省城各相关职业院校的代表、行业企业代表、太原市综合高级中学校的师生代表和山西交通职业技术学院的师生代表参加了启动仪式。启动仪式之后，省领导观摩了山西交通职业技术学院的职业教育宣传展示活动，省教育厅就我省职业教育周活动及职业技能大赛相关情况进行了新闻发布。2016年职业教育活动周主题是“弘扬工匠精神，打造技能强国”。省、市、校三级活动同期开展，全省职业院校全部参加，共举办各类活动300多场，接待中小学生、家长和社区居民35000多人（次），营造了学生、家长、社会广泛参与职业教育的良好氛围，让全社会了解职业教育，培养职业兴趣和职业意识，扩大职业教育的影响力。

5月16日，完成2016年度中等职业学校办学资质清查和管理星级评估认定工作。印发《山西省教育厅关于公布2016年中等职业学历教育办学资质清查及中等职业学校管理星级评估认定结果的通知》，向社会公布相关情况。2016年全省共清查举办中等职业学历教育的学校376所，其中347所学校符合中等职业学校设置标准，具备中等职业学历教育办学资质；28所学校不同程度地存在问题，需按要求限期整改；1所学校不具备中等职业学校办学条件，取消中等职业学历教育办学资质。从2015年开始，中等职业学校管理星级创建工作进入动态评估阶段。目前，全省共认定管理五星级学校34所，管理四星级学校102所，管理三星级学校132所，管理二星级学校70所，管理一星级学校21所。

5月，举办山西省第十届职业院校技能大赛。大赛分设中职组和高职组，比赛项目分19个专业大类，84个比赛小项，其中中职组又分为中职学生组、中职教师组。在校、市二级比赛的基础上，全省职业院校的4600多名师生参加了省级决赛，比赛共决出一等奖319个，二等奖626个，三等奖953个，有25所职业院校、山西省教育科研院和山西省职业技能鉴定中心获得优秀组织奖，45个合作企业获得特殊贡献奖。

5月—6月，参加全国职业院校技能大赛。2016年全国职业院校技能大赛于5月8日至6月7日在北京、天津、山西、吉林、江苏、浙江、安徽、福建、山东、河南、湖北、广东、重庆、甘肃、青岛、宁波16个赛区分别举行。共有来自全国37个地区的12042名选手参加了中、高职组94个项目的比赛。2016年全国职业院校技能大赛，我省有64所中高职学校的410名参赛选手参加了70个专业项目的比赛，获得7个一等奖、20个二等奖、55个三等奖，获一等奖学生的指导教师获得指导教师奖。山西省财政税务专科学校成功承办了全国高职院校会计技能大赛。

技能大赛同期举办山西省第八届中等职业学校“文明风采”竞赛活动。本届“文明风采”竞赛活动，设有征文、摄影及微电影制作、职业生涯规划、动漫设计、才艺展演等6类7项比赛，共有120所职业院校学生参加了“文明风采”竞赛，校级初赛作品83600件，省级复赛作品2153件，评选出一等奖作品402件、二等奖作品601件、三等奖作品590件，5个市的教育局和16所职业院校获得优秀组织奖。

6月3日，公布2016年“三二分段”五年制职业教育职业中专招生院校和专业。在院校申报的基础上，综合社会需求、专业布局等情况，公布了2016年“三二分段”五年制职业教育职业中专招生院校和专业，要求各相关职业院校认真执行人才培养方案，保证教育教学质量，满足学生多样化成长、成才需要。

6月4日，2016年全国职业院校技能大赛高职组会计技能赛项在山西省财政税务专科学校举行。省教育厅张文栋厅长、任月忠副厅长、教育部职业教育与成人教育司周为副巡视员等领导参加了开幕式。本赛项由教育部、财政部、山西省人民政府等38个部门（单位）主办，来自全国31个省、自治区、直辖市和新疆生产建设兵团共60支代表队的240名选手参赛，是自2012年该赛项开赛以来参赛队伍最多的一届。赛项于6月4日下午圆满落下了帷幕。此次大赛共有200余名嘉宾和全国高职院校师生约3000余人参与了赛项的各项活动。赛项所体现出的“政行企校相结合、手工与信息化相结合、制造业与流通业相结合、岗位分工与团队协作相结合、内部环境与外部环境相结合、会计文化与会计技能相结合”的特点为参赛者留下了深刻印象，也为会计教学改革提供了良好的借鉴。

6月，*加强职业院校实习管理工作*。2016年，适应国家职业教育的快速发展和经济社会发展面临的新形势、新要求，教育部等五部门印发了《职业学校学生实习管理规定》，明确了实习的分类和定义，突出实习的教育教学属性，并将管理范围从中职扩展到了包括高职在内的所有职业学校，从组织、管理、考核、安全职责等方面，细化完善了职业学校学生实习所有环节的制度设计。6月28日，山西省教育厅会同省财政厅、省人社厅、省安监局、省保监局共同转发《教育部等五部门关于印发〈职业学校学生实习管理规定〉的通知》，要求各市、各职业院校认真组织学习，充分认识新形势下贯彻执行《职业学校学生实习管理规定》的重要意义，仔细查找实习管理工作的薄弱环节，完善实习管理制度，建立长效机制。要确立安全第一的原则，做好安全制度建设和安全教育、培训、考核工作。严格落实实习指导教师制度、实习三方协议制度、实习信息通报制度、实习考核评价制度，坚决杜绝《规定》明确的禁止性事项，切实保障学生、学校和实习单位的合法权益和实习教学效果。

7月8日，*省教育厅召开职业院校评估工作部署培训视频会议*。根据国家《教育督导条例》、国务院教育督导委员会办公室关于高等职业院校适应社会需求能力评估和中等职业学校办学能力评估两个暂行办法及全国职业院校评估工作（上海）部署培训会议精神，7月8日上午，山西省教育厅以视频会议的形式，就贯彻落实国家相关要求，召开了全省职业院校评估工作部署培训。部署培训期间，传达了《国务院教育督导委员会办公室关于开展2016年全国职业院校评估工作的通知》，解读了职业院校评估指标、工具和办法，以及数据填报要求，演示操作了“全国职业院校评估数据信息采集系统”。省教育厅任月忠副厅长出席部署培训，并从“充分认识评估工作的重要意义、准确把握评估工作特点、明确工作要求”等三个方面作了部署讲话，并对各级各类职业院校学生暑假顶岗实习、指导学生就业创业、扎实做好招生工作、合理安排应急值班、切实做好校园安全防范等方面工作提出了明确要求。视频会议设主会场1个，分会场11个。各市分管职业教育的副局长、职教科长、政府教育督导部门负责同志，48所高职院校副院长、319所中职学校副校长、院校数据管理员共计770余人参加了部署培训会议。

7月22日，通报省财政厅中职免学费相关数据。按照我省中职免学费政策要求，统计确认截至2015年12月相关数据，通报省财政厅。各市属学校在校生人数由各市教育局主管领导签字盖章确认，各相关高职院校和省属中等专业学校在校生人数由校（院）长签字盖章确认，作为2016年免学费资金拨付（预拨）和清算的依据。同时督促各市与相关部门密切沟通，及时足额落实配套资金，保证免学费政策全面落实。

8月7日—10日，举行2016年山西省职业院校信息化教学大赛。为提高职业院校教师信息素养、教育技术应用能力和信息化教学水平，鼓励教师在日常教学中采用信息化手段，开发数字教学资源，大赛分中等职业教育组和高等职业教育组进行。经专家组评判，大赛组委会审核，共产生一等奖12个、二等奖18个、三等奖30个。

9月20日，调整充实山西省职业教育工作部门联席会议制度。按照《山西省人民政府办公厅关于设立调整和撤销省人民政府有关议事协调机构的通知》（晋政办函〔2011〕50号）要求，经与各相关部门（单位）对接沟通，9月20日，印发《关于调整充实职业教育工作部门联席会议制度的通知》。联席会议职能：统筹协调全省职业教育工作，及时研究解决职业教育工作中的有关问题。联席会议按照加强业务指导、协调各方力量、交流情况经验、研究发展措施、督促政策落实的要求，由各成员单位负责督促、检查、指导本部门职责范围内的有关职业教育工作政策措施的落实。联席会议成员单位有：省委政研室、省教育厅、省发展改革委、省经信委、省财政厅、省人力资源和社会保障厅、省农业厅、省商务厅、省国资委、省扶贫办、省中小企业局。联席会议办公室设在省教育厅，负责日常工作。

10月17日，召开职业教育精准扶贫对口帮扶工作推进会。会议印发了《山西省职业教育精准扶贫对口帮扶工作实施方案》，组织全省60所重点、骨干职业院校的院校长与对口帮扶的58个贫困县职教中心负责人进行对接，并对今后一段时间的职业教育扶贫具体工作进行了安排，要求各职业院校要帮助贫困县加快发展职业教育，加强职业技能培训，力争使所有建档立卡的适龄贫困人口都能接受相应的职业教育和培训，提高新成长劳动力的就业创业能力，增强成年贫困人口增收致富能力，发挥出职业教育在扶贫攻坚中的独特作用。

10月24日—27日，张复明副省长带队开展职业教育省外调研工作。此次调研省政府高度重视，张复明副省长亲自带队，省政府办公厅、省教育厅、省文化厅相关人员一行11人组成调研组，考察了沪、浙2省市的职业教育工作，考察了上海经贸旅游学校、上海大众工业学校2所中等职业学校和杭州职业技术学院1所高等职业院校。调研期间，听取了2省市工作情况汇报，实地参观了3所学校的办学情况，张复明副省长及考察组同志就办学与管理体制机制、学校建设与经费保障、学校管理与教师队伍建设、对外开放与提高人才培养质量、校企合作与学生就业等有关问题进行了深入了解，3所学校的办学经验给调研组留下了深刻印象。在此之前，根据张复明副省长批示精神，省教育厅组成8人调研组，由任月忠副厅长带队，于10月18日—20日，赴四川省德阳市考察学习职业教育改革发展的先进经验。调研组先后实地参观考察了3所中职学校（1所公办2所民办）、1所技师学院（企业办）、1所高职学院，并与院校以及四川省、德阳市省市两级教育部门进行了深入的座谈交流，对四川省特别是德阳市职业教育改革发展经验、做法有了一个比较清晰、全面的认识和了解。

10月31日，完成高等职业教育2017年新设专业考核工作，上报教育部审核备案。全省27所学校申报2017年新设置87个专业，3所学校增设7个专业方向，2所学校3个专业进行学制调整。根据《山西省普通高等学校高等职业教育（专科）专业设置实施细则（试行）》要求，对申报新增设专业进行了考核论证答辩。专家通过网上审核、实地考核、答辩论证等方式对新设专业进行了评审，81个专业同意开设，6个专业不同意开设。

11月1日—3日，教育部职业教育专项调研组一行6人在我省调研。本次专项调研由教育部职教所党总支书记、所长杨进同志任组长。11月1日上午，调研组一行与我省有关部门负责人座谈。省教育厅副厅长任月忠向调研组介绍了山西职业教育改革发展情况，并重点汇报了中职招生、学生升学、“双师型”教师队伍建设、校企合作、学生实习实训管理、职业教育管理体制等多方面工作。省发改委、财政厅、人社厅和教育厅相关处室负责同志分别从各自工作角度提出了加快发展现代职业教育的意见、建议。11月2日—3日，教育部调研组赴太原、长治进行实地调研。

12月1日，部署推进高等职业教育创新发展行动计划。按照教育部总体部署，印发《山西省贯彻落实〈高等职业教育创新发展行动计划（2015—2018）〉实施方案》，方案明确了“十三五”期间全省高等职业教育创新发展的指导思想、目标任务和保障措施，启动省级优质专科高等职业院校建设、“双师型”教师培养培训基地、专业教学资源库、现代职业能力培养虚拟仿真实训中心、技能大师工作室等项目建设。经教育部审核批准，我省承担的各项任务（项目）均已分解下达。

12月1日，部署推进中等职业学校教学诊断与改进工作。成立中职诊改专家委员会，经教育部批准，印发《山西省中等职业学校教学诊断与改进工作实施方案》，要求各市教育局要依据《实施方案》要求，在今年内制定本市诊改工作执行方案和实施规划。各中等职业学校要按照省市诊改方案要求，制定校级诊改方案，按实施方案要求进度高质量完成数据采集与上传。

12月21日，建立山西省中等职业教育生均拨款制度。省财政厅、教育厅联合印发《关于建立山西省中等职业教育生均拨款制度的实施意见》，从2017年起，我省开始实施中等职业学校生均拨款制度，全省公办中职学校生均财政拨款达到8000元。

12月26日，组织开展第四批国家级农村职业教育和成人教育示范县申报、评审工作。根据教育部工作安排及《山西省教育厅关于印发〈山西省创建农村职业教育和成人教育示范县工作方案和评估细则〉的通知》要求，组织开展了第四批国家级农村职业教育和成人教育示范县申报、评审工作，经过专家实地考察和教育厅批准，推荐太谷县、祁县和垣曲县申报第四批国家级农村职业教育和成人教育示范县。

12月29日，印发《山西省教育厅关于进一步推进职业教育集团化办学的意见》。推动现有9个省级行业性职业教育集团进一步完善机制、丰富内涵、扩大效应；支持其他部门、行业、企业和职业院校，围绕行业人才需求，牵头组建新的职业教育集团；支持各地围绕区域发展规划和产业结构特点，组建面向区域主导产业、特色产业的区域性职业教育集团；支持地方之间、行业之间的合作，组建跨区域、跨行业的复合型职业教育集团，扩大各类职业院校参与率。逐步完善职业教育集团管理制度、运行机制、内部治理结构和保障机制，不断提高职业教育集团的综合服务能力。

1月—6月，开展第三批国家级中等职业教育改革发展示范校省级验收工作。2016年1月，会同省人社厅、省财政厅组织专家组开展第三批11所和第二批暂缓通过的2所国家级中等职业教育改革发展示范校省级验收工作。在学校总结的基础上，通过听取汇报、查阅材料、访谈座谈、现场考察等方式，全面审核项目学校建设情况。验收按照“学校总结、省级验收、部委复核”的程序进行，6月省级验收完成。

1月—11月，完成全省职业教育专项调研工作和高职高专院校评估总结工作。组织调研组对专业建设、师资队伍建设、实训基地建设、院校布局等关键问题进行了广泛调研，2016年上半年通过汇总、分析全省现状和具体数据，找出存在的困难和问题，提出相应的解决意见和建议，最终形成9个专项调研报告和1个评估总结报告，为今后进一步加强我省职业教育的宏观管理与指导提供了一定的决策依据。对全省高职高专院校人才培养工作水平评估进行了全面总结，11月16日发函公布结论意见。

1月—12月，全力推动县级职教中心建设。专门组织尚未建成合格县级职教中心的30个县（市、区）教育局相关领导，召开县级职教中心建设工作研讨会，针对这部分县（市、区）的实际困难，在保证建设指标符合县级职教中心的功能要求的前提下，对验收标准进行了适当调整，并重新规划了分年度建设任务，确保2018年全面完成县级职教中心建设任务。2016年，又有两个县职教中心建设通过省教育督导委员会督导验收，目前全省共建成合格县级职教中心84个。

1月—12月，加强职业院校实习实训基地和重点专业建设。2016年，会同省财政厅，利用中央财政现代职业教育质量提升计划专项资金和职业教育奖补资金共计44600万元，立项建设实训基地项目和重点专业项目255个，所有项目经费已经全部下达。目前，全省建成或在建的实训基地和重点专业项目达到652个，职业院校实训条件得到显著改善。为进一步加强对相关建设项目管理，提高专项资金使用效益，保证项目建设科学、规范、顺利推进，2016年年初，印发《山西省教育厅关于推进职业院校实训基地和重点专业（含特色专业）项目建设的指导意见》，开发并启用了“山西省职业院校实训基地和重点专业建设质量监测系统”，依托该系统对实训基地项目建设过程进行质量监测。9月，会同山西省财政厅印发《关于开展职业教育实训基地建设情况检查的通知》，按照学校自查、市级检查、省级抽查的程序，对全省中央财政和省财政支持的实训基地建设情况进行了一次全面检查，并将此次检查结果作为未来项目支持、骨干示范职业院校遴选的重要依据，进一步加强对实训基地建设的监管，提高项目实施质量并充分发挥效益。

1月—12月，积极推进高等职业教育考试招生制度改革。推行高等职业教育考试招生制度改革，是加快构建具有山西特色的现代职业教育体系、为促进我省经济社会发展选拔培养大批高素质技术技能人才的客观需要，是完善职业教育人才多样化成长渠道、推动高等职业教育持续健康发展的重要举措。2016年8月12日，《山西省高等职业教育考试招生制度改革方案》经山西省委全面深化改革领导小组第七次会议审议通过，报教育部备案，印发全省。在部分专业中职毕业生对口升学考试和高等职业院校单独招生中，开展“文化素质+职业技能”考试办法试点工作，引导职业院校进一步强化实践教学，提高技术技能人才培养质量。为将此项工作做细做实，依托教指委组织成立了5个试点专业大类考试大纲起草小组，起草小组同时参与研究制定具体实施办法。经过反复研讨、修改，目前《中等职业学校毕业生对口升学“文化素质+职业技能”考试招生实施办法》《高等职业院校单独招生实施办法》和《五年制高职教育考试招生实施办法》已经厅务会审议通过，即将印发。

2月—12月，实施职业院校管理水平提升行动计划。2月6日，根据教育部《职业院校管理水平提升行动计划（2015—2018）》，结合我省实际，制定印发了《山西省职业院校管理水平提升行动计划实施方案》，在全省职业院校倡导“改变从今天开始”，以6项行动20项活动为载体，把落实《行动计划》与日常管理工作系统有机地结合起来，坚持“活动贯穿”始终和全员参与的工作方法，坚持立知立行立改，在巩固总结前期加强规范管理工作的基础上，力争通过三年努力，使职业院校办学行为更加规范，管理水平显著提升，推动我省职业院校内部管理工作再上新台阶。为加强行动计划的过程监管，我们在山西职教网建立“山西省职业院校管理水平提升行动计划管理和监测系统”，监测各级教育部门、各类职业院校6项行动20项活动开展情况，督促指导职业院校及时反映工作动态，交流工作经验。今年上半年，系统首先由6所国家教育信息化建设试点职业院校试用3个月，通过试用、反馈、交流、总结，目前已将6项行动20项活动细化为96个工作参考点，并增加了管理创新内容，进一步明确了院校的具体工作任务和工作要求，系统的各项功能和操作运行也正在逐步完善。11月9日，印发《关于启用山西省职业院校管理水平提升行动计划管理与监测系统的通知》，系统全面上线运行。